CONTRARREFORMAS ou REVOLUÇÃO
respostas ao capitalismo em crise

EDITORA AFILIADA

Coordenadora do Conselho Editorial de Serviço Social
Maria Liduína de Oliveira e Silva

Conselho editorial de Serviço Social
Ademir Alves da Silva
Elaine Rossetti Behring
Ivete Simionatto
Maria Lucia Silva Barroco

Dados Internacionais de Catalogação na Publicação (CIP)
(Câmara Brasileira do Livro, SP, Brasil)

Contrarreformas ou revolução : respostas ao capitalismo em crise : (volume II) / Maria Lúcia Teixeira Garcia, Franciani Bernardes (Orgs.). – São Paulo : Cortez, 2022.

Vários autores.
Bibliografia.
ISBN 978-65-5555-265-2

1. Capitalismo 2. Capitalismo - Aspectos sociais 3. Crise econômica 4. Movimentos sociais 5. Política - Brasil 6. Políticas sociais 7. Serviço social I. Garcia, Maria Lúcia Teixeira. II. Bernardes, Franciani.

22-113274   CDD-306.342

Índices para catálogo sistemático:
1. Capitalismo : Sociologia 306.342

Cibele Maria Dias - Bibliotecária - CRB-8/9427

Maria Lúcia Teixeira Garcia
Franciani Bernardes (Orgs.)

CONTRARREFORMAS ou REVOLUÇÃO
respostas ao capitalismo em crise
Volume II

São Paulo - SP

2022

CONTRARREFORMAS OU REVOLUÇÃO: respostas ao capitalismo em crise – Volume 2
Maria Lúcia T. Garcia | Franciani Bernardes (Orgs.)

Capa: de Sign Arte Visual
Preparação de originais: Ana Paula Luccisano
Revisão: Patrizia Zagni
Diagramação: Linea Editora
Coordenação editorial: Danilo A. Q. Morales
Assessora editorial: Maria Liduína de Oliveira e Silva
Editora-assistente: Priscila Flório Augusto
Direção editorial: Miriam Cortez

Nenhuma parte desta obra pode ser reproduzida ou duplicada sem autorização expressa das organizadoras e do editor.

© 2022 by Autores

Direitos para esta edição
CORTEZ EDITORA
R. Monte Alegre, 1074 — Perdizes
05014-001 — São Paulo-SP
Tel.: +55 11 3864 0111 / 3611 9616
cortez@cortezeditora.com.br
www.cortezeditora.com.br

Impresso no Brasil — outubro de 2022

Sumário

Prefácio
    Paulo Nakatani 9

Apresentação
    Maria Lúcia T. Garcia
    Franciani Bernardes 15

Unidade I
Os desdobramentos teóricos em Marx e a formação marxiana

Sociedades pré-capitalistas, consequências do colonialismo e países não europeus: a pesquisa do velho Marx
    Marcello Musto 21

A formação marxiana dos conceitos científicos: explicitando e desconstruindo estereótipos
    Potyara A. P. Pereira
    Camila Potyara Pereira 61

A contribuição da teoria marxiana para a análise da realidade concreta: uma relação necessária entre teoria e método

Jane Cruz Prates.. 84

Riqueza, trabalho e capital

Mauricio de S. Sabadini

Márcio Lupatini.. 113

Crise, economia e política no capitalismo contemporâneo

Victor Neves 137

60 años de la revolución cubana

Olga Pérez Soto

Silvia Odriozola Guitart 158

Unidade II

A busca por uma contra-hegemonia: entre retrocessos e resistências

A Política de Assistência Social nas regiões Norte e Nordeste do Brasil: percepções dos sujeitos e configurações dos conselhos municipais

Alba Maria Pinho de Carvalho

Leila Maria Passos de Sousa Bezerra

Maria Antônia Cardoso Nascimento 197

A busca por uma contra-hegemonia no campo das drogas

Fabiola Xavier Leal... 223

Os sentidos do trabalho invisibilizado dos catadores na
realidade fluminense

Valeria Pereira Bastos 249

Desafios à política de saúde do trabalhador e da trabalhadora
na Região Metropolitana I do estado do Rio de Janeiro

Debora Lopes de Oliveira 269

Trabalho e meio ambiente: implicações socioeconômicas
aos trabalhadores atingidos por barragem no contexto do
capitalismo dependente brasileiro

Soraya Gama de Ataide Prescholdt
Renata Silva Souza
Nayane Viale Vargas
Marineia Viale Quinelato 291

Sobre os(as) Autores(as) 315

Prefácio

Há quase um século, durante a grande depressão iniciada em 1929, Keynes considerava que, cem anos depois, o capitalismo atingiria um estado pleno de bem-estar econômico e social. "Eu prediria que o padrão de vida nos países em progresso será daqui a cem anos entre quatro e cinco vezes maior do que o atual. E não seria absurdo considerar a possibilidade de um progresso ainda maior"[1] (KEYNES, 1978, p. 154). Ele tinha razão se considerarmos a renda *per capita*. Mas esta é uma média, e ela não considera a enorme desigualdade entre os países e entre as classes sociais no interior das sociedades. Assim, para as classes dominantes, o progresso foi muitas vezes maior, enquanto para as camadas mais pobres e miseráveis, não ocorreu nenhum e, em muitos casos, houve até o regresso a situações pretéritas.

Atualmente, a economia mundial capitalista, com exceção da Índia e da China, encontra-se em uma situação de estagnação, além dos processos cíclicos de crises. Nos últimos anos, "[...] o crescimento foi de 2,6% em 2018 e 1,73% em 2019. [...] A título de comparação, na década [2009-2018], o PIB dos Estados Unidos (EUA) cresceu 1,76% ao ano, o dos países da OCDE 1,48% e os da União Europeia 0,99%"

---

1. Para minimizar a questão do desemprego decorrente do progresso técnico, ele achava que "turnos de três horas ou semanas de quinze horas poderão adiar o problema por algum tempo" (KEYNES, 1978, p. 156). Quase um século depois, chegamos a contratos de trabalho sem jornadas ou turnos determinados e também sem salários, o trabalhador fica à disposição para trabalhar quando e quanto o empresário quiser e recebe apenas pelo tempo trabalhado.

(MARQUES *et al.*, 2021, p. 18). Essa tendência de queda é registrada pelos dados das últimas décadas. A tendência à estagnação não é uma ideia nova, desde os economistas clássicos como Adam Smith (1776) e David Ricardo (1817), essa tendência era mostrada em suas teorias. A discussão em torno dessa possibilidade retornou mais recentemente, mas não é um ponto para ser detalhado aqui.

O que consideramos importante, nos dois últimos séculos, é que todo o progresso da humanidade, em particular dos países desenvolvidos sob o modo de produção capitalista, produziu um gigantesco avanço das forças produtivas, mas infelizmente direcionado sempre ao benefício das classes dominantes. Além disso, desde inícios do século passado, a produção capitalista, voltada para o lucro, iniciou um processo conhecido como obsolescência programada ou planejada.[2] Assim, os produtos de consumo mais demandados e desejados pelas camadas consumidoras média e superior do planeta, bem como uma infinidade de produtos descartáveis, foram e continuam sendo projetados com vida útil, física e tecnológica cada vez mais curta. A consequência foi e continua sendo a enorme produção de dejetos e lixo, disseminando uma poluição por todo o planeta. O atual padrão de consumo médio da população mundial produziu uma tal quantidade de resíduos, de emissões de gás de efeito estufa, que a vida no planeta está cada vez mais comprometida. A capacidade de regeneração de vários dos recursos naturais renováveis mais importantes já atingiu o ponto de não retorno devido ao atual padrão de consumo, e se estima que seria preciso 1,7 planeta[3] para sustentar esse padrão. Esse é um ponto crucial no desenvolvimento das sociedades que estão sofrendo gravíssimas crises, decorrentes do excesso de exploração dos recursos naturais que já transformaram as condições climáticas e de

---

2. O primeiro livro sobre esse tema, ao que me consta, foi publicado em 1960 por Vance Packard (1965). O objetivo da obsolescência planejada é reduzir a vida útil dos bens de consumo para manter um crescimento contínuo de sua demanda. Assim, quanto antes um produto se torna obsoleto, mais a demanda pelos novos se mantém.

3. Estimativas de Pegadas Ecológicas. Disponível em: https://www.wwf.org.br/overshootday/. Acesso em: 4 maio 2021.

disponibilidade de alguns recursos naturais essenciais, como a água, em várias partes do planeta.

Assim, o modo de produção capitalista ao longo dos séculos, desde os seus primórdios, tem mostrado seu caráter extremamente destrutivo contra a vida humana e contra todos os recursos naturais, e está atingindo seus paroxismos. Entretanto, desde o século XIX, a classe trabalhadora tem-se insurgido contra esse suposto destino inexorável, com a curtíssima experiência da Comuna de Paris. Depois disso, passamos por diversos processos revolucionários e experiências da construção consciente de uma nova forma de sociedade, para além do mundo capitalista, cujas classes dominantes e dirigentes constroem e reconstroem mundos paralelos, onde não há espaço para a maioria da população do planeta. Mundos nos campos político-ideológico, econômico e social, eivados de crenças em fetiches absolutamente inexplicáveis de um ponto de vista racional e científico.

Os processos revolucionários dirigidos e comandados pelas classes trabalhadoras durante o século XX, com poucas exceções, foram sendo derrotados, em particular após a longa guerra fria desencadeada pelos Estados Unidos contra a União Soviética logo após a Segunda Guerra Mundial. Desse período, sobraram as experiências de Cuba, da China, do Vietnã e da Coreia do Norte, com muitas dúvidas e questionamentos nesses projetos sociais como caminhos para a construção de novas formas de sociabilidade e do modo de produção comunista. Uma das formas que os governos das burguesias encontraram para cooptar e obter a aceitação de parcelas importantes da população no processo de luta de classes do pós-guerra ficou conhecida como o Estado do Bem-Estar. Este foi duramente atacado e continuamente destruído após as crises das décadas de 1970 e 1980, com o avanço da ideologia neoliberal e a destruição das políticas econômicas e sociais existentes em muitos países. Essa alternativa e a opção de conciliação de classes já foram completamente destruídas, mesmo que muitos ainda acreditem nessa possibilidade, por isso devem ser descartadas. As opções entre reformas e contrarreformas encontram-se em seus limites. A revolução é a opção efetiva para a sobrevivência futura da humanidade, para uma melhoria das condições de vida da parcela mais vilipendiada da população mundial, que foi sendo acumulada nas periferias das cidades, nos guetos e favelas, não só das grandes como de médias cidades, e isso por todo o mundo. Isso graças à mundialização do capital que articulou fontes de produção predatórias, como a exploração no Lago Vitória na África que foi mostrada no documentário *O pesadelo de Darwin*,[4] além dos registros fotográficos dos excluídos do mercado disputando ossos com resquícios de carne descartados pelos açougues "no bairro da Glória, zona Sul do Rio de Janeiro".[5]

O processo histórico não é linear, ao longo dele ocorreram progressos e retrocessos. No final de sua vida, Marx estudou processos civilizatórios distintos aos que deram origem ao capital. Formas de sociedade em que não existia a propriedade privada das terras, elas eram apropriadas e utilizadas em formas comunais, e foram destruídas pelo progresso do capital. Assim, para que a vida humana realmente atinja um nível de plena realização de sua própria natureza e o processo histórico tome um novo curso, é essencial que os processos revolucionários avancem rapidamente.

Este segundo volume de *Contrarreformas ou Revolução: respostas ao capitalismo em crise* constitui uma importante contribuição para o entendimento de parte dos processos de mudança econômica, política e social do capitalismo mundializado. Ele indica que a resistência às contrarreformas é essencial para evitar a degradação ainda maior das populações mais pobres e excluídas do mercado, mas coloca igualmente a necessidade das revoluções.

Vitória, 5 de outubro de 2021.

Paulo Nakatani

---

4. Filme de Hubert Sauper, disponível em: https://www.youtube.com/watch?v=ujDfAD-qIVJQ. Acesso em: 4 out. 2021.

5. Disponível em: https://extra.globo.com/noticias/rio/capa-do-jornal-extra-sobre-garimpo-da-fome-repercute-em-todo-pais-no-mundo-politico-25217529.html. Acesso em: 4 out.2021.

Referências

KEYNES, John M. As possibilidades econômicas de nossos netos. *In*: SZMREC-SÁNYI, Tamás (org.). *John Maynard Keynes*. São Paulo: Ática, 1978.

MARQUES, Rosa Maria *et al*. *Pandemias, crises e capitalismo*. São Paulo: Expressão Popular, 2021.

PACKARD, Vance. *Estratégia do desperdício*. São Paulo: Ibrasa, 1965.

Apresentação

> *"Até que os leões tenham seus próprios historiadores,*
> *a história da caça sempre glorificará o caçador."*
>
> (Provérbio africano, autor desconhecido)

Esta obra apresenta um conjunto de artigos que dão continuidade a uma memorável trajetória que vem sendo construída ao longo de 18 anos pelo Programa de Pós-graduação em Política Social da Universidade Federal do Espírito Santo (Ufes), concretizada em atividades de âmbito nacional e internacional em nível de ensino, pesquisa e extensão, e que já se consolidaram em nossa crítica acadêmica, política e social.

À luz do contexto histórico e teórico da produção intelectual de Marx, o segundo volume da coletânea *Contrarreformas ou Revolução: respostas ao capitalismo em crise* retoma o debate sobre os efeitos da relação contraditória entre capitalismo ultraliberal, democracia e cidadania, sustentados na teoria marxista, o cerne da discussão teórica e metodológica em torno da qual os textos que compõem este segundo volume se apresentam.

O livro está estruturado em duas unidades. Os capítulos que compõem a **Unidade I**, intitulada **Os desdobramentos teóricos em Marx e a formação marxiana**, demonstram a validade da formação e a utilização metodológica dos conceitos na teoria marxiana. O manuscrito que inaugura esta obra, de autoria do italiano Marcello Musto, um dos maiores estudiosos da obra de Marx da contemporaneidade e autor convidado para compor esta coletânea, parte das investigações que Marx conduziu nos últimos anos de sua vida sobre sociedades pré-capitalistas e as consequências do colonialismo em países não europeus — as partes mais inexploradas de sua obra. As considerações críticas de Marx desenvolvidas nesta fase sobre a propriedade da terra; o colonialismo europeu; o desenvolvimento do capitalismo em escala global; a concepção materialista da história; e as novas possibilidades para a revolução dissipam o mito de que ele deixou de escrever em seus anos finais e, ao contrário disso, evidenciam o vigor intelectual insaciável do pensador alemão.

Os textos dessa primeira unidade também problematizam incompreensões estereotipadas acerca do papel da abstração na formação marxiana dos conceitos. Trazem à tona, além disso, apontamentos sobre a dimensão política da crise do capital e algumas formas funcionais de geração de riqueza e seus impactos na dinâmica de acumulação do capitalismo contemporâneo. Potyara A. P. Pereira e Camila Potyara também dão corpo a essa primeira unidade temática, trazendo uma discussão acerca da validade da formação e utilização metodológica dos conceitos na teoria marxiana. Na continuação, a autora Jane Prates trata das relações entre teoria e método para a análise da realidade concreta. A seguir, Mauricio Sabadini e Márcio Lupatini fazem uma análise sobre a natureza da riqueza no modo de produção capitalista, com destaque para o capital fictício e para a riqueza fictícia. Na sequência, Victor Neves traz alguns apontamentos sobre economia e política no capitalismo contemporâneo em crise. E para fechar essa primeira parte do livro, no último texto da seção, as autoras cubanas Olga Pérez Soto e Silvia Odriozola Guitart rememoram os 60 anos da Revolução Cubana e apresentam a forma política em vigor em Cuba em sua transição ao socialismo.

Os capítulos da **Unidade II**, intitulada **A busca por uma contra-hegemonia: entre retrocessos e resistências**, colocam em evidência a pertinência do debate sobre os desafios das políticas sociais, utilizando-se de ferramentas teóricas, práticas e metodológicas.

Denunciam os rebatimentos das políticas neoliberais — que priorizam os interesses do capital privado em detrimento das políticas sociais. Mostram que tanto a formulação quanto a implementação de uma política social não são resultados de um consenso, mas de processos complexos de busca de legitimidade política articulada à acumulação do capital no seu conjunto. Refletem, além disso, sobre como o deslocamento semântico-político da Assistência Social para o campo da política pública estatal tem sido marcado por lutas simbólicas, com efeitos reais. E analisam como, inegavelmente, a Assistência Social, embora reconhecida e regulamentada pelo Estado como Política Pública de Proteção Social, em meio a lutas e avanços, também tem enfrentado entraves e retrocessos de diferentes ordens, no contexto do Brasil contemporâneo.

O texto que inaugura essa segunda unidade coloca em evidência as ultrajantes investidas ultraliberais e autoritárias que aprofundam o desmanche da Política de Assistência Social e, especificamente, do Sistema Único de Assistência Social (SUAS), com destaque para a região Norte e Nordeste. O capítulo é assinado por Alba Maria Pinho de Carvalho, Leila Maria Passos de Sousa Bezerra e Maria Antônia Cardoso Nascimento. Na sequência, Fabiola Xavier trata sobre a política hegemônica vigente sobre drogas e mostra como o movimento de resistência, a organização e a conformação das lutas aos ataques proibicionistas se apresentam na conjuntura capitalista atual. Já Valeria Bastos analisa a catação do lixo na realidade fluminense como questão de fragilidade das políticas públicas, apesar da contribuição social e ambiental ofertada por meio da atividade de coleta e separação de resíduos sólidos. No capítulo seguinte, Debora de Oliveira apresenta um panorama da grave situação a que estão submetidos os trabalhadores na região metropolitana do Rio de Janeiro, o aviltamento das condições de trabalho, a supressão de direitos, a invisibilidade social, a desproteção social, a discriminação e a exposição a riscos ocupacionais. E para fechar essa segunda unidade, por fim, temos a análise dos impactos ambientais nos trabalhos em barragem, de Soraya Prescholdt, Renata Souza, Nayane Vargas e Marineia Viale Quinelato.

Os rebatimentos de toda a problemática conceitual e concreta tratada nesta obra colocam em evidência as convulsões e as instabilidades no campo político, econômico e social as quais enfrenta a classe trabalhadora. Assistimos a uma plena execução das reformas e políticas neoliberais, bem como à ampla destruição dos direitos sociais e trabalhistas conquistados desde os anos 1930 e ampliados na Constituinte de 1988. Homens e mulheres perdem a cada dia seus empregos; reformas trabalhistas conjugam perda de direitos e aumento da jornada de trabalho em um cenário desolador; trabalhadores dos países dependentes intensificam onda de imigração para os países centrais em busca de melhores salários e condições de vida; pacientes morrem nas filas de espera, em hospitais abarrotados, na constante luta pela sobrevivência em um contexto histórico pandêmico.

Diante desse contexto, esta coletânea como um todo trata de uma cuidadosa análise intelectual, desde uma perspectiva marxiana e marxista, sobre a conjuntura atual para a nossa compreensão do ontem, do hoje e do amanhã.

Boa leitura!

Maria Lúcia T. Garcia
Franciani Bernardes
As organizadoras

Unidade I

Os desdobramentos teóricos em Marx e a formação marxiana

Sociedades pré-capitalistas, consequências do colonialismo e países não europeus:
a pesquisa do velho Marx

Marcello Musto

Introdução

Apesar dos graves problemas de saúde e dos múltiplos problemas familiares que teve de enfrentar durante a última fase de sua vida, Marx continuou a ocupar seus dias incansavelmente com pesquisas, trabalhando sempre que as circunstâncias lhe permitiam. Mesmo assim — ao contrário das afirmações da maioria de seus biógrafos de que sua curiosidade intelectual e perspicácia teórica enfraqueceram em seus anos finais —, ele não apenas prosseguiu seus estudos, mas sobretudo os estendeu para novas áreas.

O último período de trabalho de Marx foi certamente difícil, muitas vezes tortuoso, mas também foi muito importante teoricamente. Sua principal esperança era terminar *O capital*, cujo volume dois estava em preparação desde a publicação do volume um em 1867. No entanto, como sua energia intelectual era frequentemente reduzida e os problemas teóricos a resolver para a conclusão do livro ainda eram relevantes, de 1879 a 1882, ele preencheu dezenas de novos cadernos com notas e trechos de vários volumes que leu. A mente enciclopédica de Marx sempre foi guiada por uma curiosidade insaciável, e isso o levou a continuar atualizando seus conhecimentos e a ficar a par dos mais recentes desenvolvimentos científicos, em uma série de disciplinas e em muitas línguas. Além disso, além de livros e periódicos, ele vasculhou registros parlamentares, material estatístico, relatórios e publicações do governo.

As pesquisas que ele conduziu nesses anos sobre sociedades pré-capitalistas, as consequências do colonialismo e países não europeus estão entre as partes mais inexploradas de sua obra e têm uma relevância significativa para uma reavaliação abrangente de algumas de suas ideias-chave. As considerações críticas de Marx desenvolvidas nessa fase sobre a propriedade da terra, o colonialismo europeu, o desenvolvimento do capitalismo em escala global, a concepção materialista da história e as novas possibilidades para a revolução dissipam o mito de que ele deixou de escrever em seus últimos anos, além disso desafiam a deturpação duradoura de ser um pensador eurocêntrico e economista que se fixava apenas no conflito de classes. Elas também mostram como Marx escapou da armadilha do determinismo econômico em que muitos de seus seguidores caíram.

Ainda que totalmente absorvido por intensos estudos teóricos, Marx nunca deixou de se interessar pelos acontecimentos econômicos e políticos internacionais de sua época, tentando prever os novos cenários que estes poderiam ter produzido para a emancipação da classe trabalhadora. Além de ler os principais jornais "burgueses", ele recebia e consultava regularmente a imprensa operária alemã e francesa. Curioso como usual, Marx sempre começava o dia lendo as notícias para ficar por dentro do que estava acontecendo no mundo. A correspondência com importantes figuras políticas e intelectuais de vários países era frequentemente outra fonte valiosa de informação,

CONTRARREFORMAS OU REVOLUÇÃO

dando-lhe novos estímulos e conhecimento mais profundo sobre uma ampla gama de assuntos.

O tempo que Marx dedicou a atualizar seus conhecimentos sobre assuntos que conhecia muito bem e, ao mesmo tempo, a abrir novos campos de pesquisa foi notável também nos últimos anos de sua vida. Não evitou a dúvida, mas a confrontou abertamente, preferiu prosseguir os estudos a se refugiar na autocerteza e desfrutar da adulação acrítica dos primeiros "marxistas" (ver MUSTO, 2018).

Propriedade da terra em países colonizados

Em setembro de 1879, Marx leu com grande interesse, em russo, *Common landownership: the causes, course and consequences of its decline* (1879), de Maksim Kovalevsky (1851-1916), e compilou trechos das partes que tratam da propriedade de terras em países sob regra estrangeira. Marx resumiu as várias formas através das quais os espanhóis na América Latina, os britânicos na Índia e os franceses na Argélia regulamentavam os direitos de posse (ver KRADER, 1975, p. 343). Ao considerar essas três áreas geográficas, suas primeiras reflexões relacionam-se com as civilizações pré-colombianas. Ele observou que com o início dos impérios Asteca e Inca "a população rural continuou, como antes, a possuir terras em comum, mas ao mesmo tempo teve que subtrair parte de sua renda na forma de pagamentos em espécie aos seus governantes". De acordo com Kovalevsky, esse processo lançou "as bases para o desenvolvimento dos latifúndios, em detrimento dos interesses de propriedade dos proprietários das terras comuns. A dissolução da terra comum só foi acelerada com a chegada dos espanhóis" (MARX, 1977, p. 28).[1] As terríveis consequências de seu

---

1. Uma seção das notas de Marx sobre Kovalevsky, que inclui algumas das citações fornecidas aqui, ainda não foi traduzida para o inglês.

império colonial foram condenadas tanto por Kovalevsky — a "política original de extermínio contra os Redskins" — como por Marx, que acrescentou, por sua própria mão, que "depois que os [espanhóis] saquearam o ouro que encontraram lá, os Índios [foram] condenados a trabalhar nas minas" (MARX, 1977, p. 29). No final dessa seção de trechos, Marx observou que "a sobrevivência (em grande medida) da comuna rural" era em parte devido ao fato de que, "[...] ao contrário das Índias Orientais Britânicas, não havia legislação colonial estabelecendo regulamentos que daria aos membros do clã a possibilidade de vender suas propriedades" (MARX, 1977, p. 38).[2]

Mais da metade dos trechos de Marx retirados de Kovalevsky foram sobre a Índia sob o domínio britânico. Ele prestou atenção especial às partes do livro que reconstruíram as formas de propriedade comum da terra na Índia contemporânea, bem como nos rajás hindus. Usando o texto de Kovalevsky, ele observou que a dimensão coletiva permaneceu viva mesmo após o parcelamento introduzido pelos britânicos: "Entre esses átomos, certas conexões continuam a existir, reminiscentes dos antigos grupos de proprietários de terras comunais" (MARX, 1977, p. 388).[3] Apesar de sua hostilidade compartilhada ao colonialismo britânico, Marx foi crítico de alguns aspectos do relato histórico de Kovalevsky que projetou erroneamente os parâmetros do contexto europeu para a Índia. Em uma série de comentários breves, mas detalhados, ele o censurou por homogeneizar dois fenômenos distintos, pois embora "a concessão (*farm-out*) de ofícios — de forma alguma simplesmente feudal, como Roma atesta — e *commendatio*[4]

---

2. Anderson (2010, p. 223-224) sugeriu que a diferença com a Índia se deve em parte ao fato de que "a Índia foi colonizada em um período posterior por uma potência capitalista avançada, a Grã-Bretanha, que ativamente tentou criar propriedade privada individual nas aldeias".

3. Ver Marx (1975, p. 388). As palavras adicionadas por Marx estão entre aspas simples. Kevin Anderson (2010, p. 233) as relacionou ao significado das "formas comunais da Índia" para Marx como "locais potenciais de resistência ao colonialismo e ao capital".

4. O ato pelo qual um homem livre se coloca em uma relação de dependência (implicando certas obrigações de serviço) de um poder superior em troca de "proteção" ou reconhecimento de sua propriedade na terra.

[foram] encontrados na Índia", isso não significa que o "feudalismo no sentido do termo na Europa Ocidental" se desenvolveu lá. Na opinião de Marx, Kovalevsky omitiu o fato importante de que a "servidão" essencial ao feudalismo não existia na Índia (cf. MARX, 1977, p. 383). Além disso, uma vez que "de acordo com a lei indiana, o poder governante não [estava] sujeito à divisão entre os filhos, portanto, uma grande fonte de feudalismo europeu [foi] obstruída" (MARX, 1977, p. 376).[5] Em conclusão, Marx era altamente cético quanto à transferência de categorias interpretativas entre contextos históricos e geográficos completamente diferentes (cf. HARSTICK, 1977). As percepções mais profundas que ele obteve do texto de Kovalevsky foram posteriormente integradas por meio de seu estudo de outras obras sobre a história indiana.

Por fim, no que diz respeito à Argélia, Marx não deixou de destacar a importância da propriedade comum da terra antes da chegada dos colonos franceses, ou das mudanças por eles introduzidas. De Kovalevsky, ele copiou: "A formação da propriedade privada da terra (aos olhos da burguesia francesa) é uma condição necessária para todo o progresso na esfera política e social. A continuação da manutenção da propriedade comunal 'como forma que apoia as tendências comunistas nas mentes é perigosa tanto para a colônia quanto para a pátria'" (MARX, 1977, p. 405).[6] Ele também extraiu os seguintes pontos de *Communal landownership: the causes, course and consequences of its decline*:

> [...] a distribuição das propriedades do clã é encorajada, até mesmo prescrita, primeiro, como meio de enfraquecer as tribos subjugadas que estão sempre sob o impulso de revolta; segundo, como a única forma de uma transferência posterior da propriedade da terra das mãos dos

---

5. Para uma análise das posições de Kovalevsky e de certas diferenças com as de Marx, consulte o capítulo "Kovalevsky sobre a comunidade da aldeia e propriedade da terra no Oriente", em Krader (1975, p. 190-213) e Hudis (2010, p. 84). As palavras entre colchetes são de Marx.

6. As palavras entre aspas simples são dos *Annales de Assemblée Nationale*, VIII, Paris, 1873, incluídos no livro de Kovalevsky.

nativos para as dos colonos. A mesma política foi seguida pelos franceses sob todos os regimes. [...] O objetivo é sempre o mesmo: a destruição da propriedade coletiva indígena e sua transformação em objeto de livre compra e venda, e assim a passagem final facilitada para as mãos dos colonos franceses (MARX, 1977, p. 405).

Quanto à legislação sobre a Argélia proposta pelo republicano de esquerda Jules Warnier (1826-1899) e aprovada em 1873, Marx endossou a afirmação de Kovalevsky de que seu único propósito era "[...] expropriar o solo da população nativa pelos colonos e especuladores europeus" (MARX, 1977, p. 411). A afronta dos franceses chegou ao ponto de "roubo direto" ou conversão em "propriedade do governo" (MARX, 1977, p. 412) de todas as terras não cultivadas em comum para uso nativo. Esse processo foi pensado para produzir outro resultado importante: a eliminação do perigo de resistência por parte da população local. Novamente por meio das palavras de Kovalevsky, Marx (1977, p. 408 e 412) observou:

[...] a fundação da propriedade privada e o assentamento de colonos europeus entre os clãs árabes seriam os meios mais poderosos para acelerar o processo de dissolução das uniões de clãs. [...] A expropriação dos árabes pretendida pela lei tinha dois propósitos: 1) fornecer aos franceses o máximo de terra possível; e 2) arrancar os árabes de seus laços naturais com o solo para quebrar a última força das uniões de clãs que estão sendo dissolvidas e, portanto, qualquer perigo de rebelião.

Marx (1977, p. 412) comentou que esse tipo de "individualização da propriedade da terra" não só garantiu enormes benefícios econômicos para os invasores, mas também alcançou um "objetivo político [...]: destruir os alicerces dessa sociedade".

A seleção de pontos de Marx, bem como as poucas, mas diretas palavras condenando as políticas coloniais europeias que ele acrescentou aos trechos do texto de Kovalevsky, demonstra sua recusa em acreditar que a sociedade indiana ou argelina estava destinada a seguir o mesmo curso de desenvolvimento da Europa (KRADER, 1975, p. 343). Enquanto Kovalevsky pensava que a propriedade da terra seguiria o exemplo europeu como uma lei da natureza, passando do comum ao privado em todos os lugares, Marx sustentava que a propriedade coletiva poderia durar em alguns casos e que certamente não desapareceria como resultado de alguma inevitabilidade histórica (cf. WHITE, 2018, p. 37-40).

Tendo examinado as formas de propriedade da terra na Índia por meio de um estudo da obra de Kovalevsky, do outono de 1879 ao verão de 1880, Marx compilou uma série de *Notebooks on Indian history* (Cadernos de história da Índia) (664-1858). Esses compêndios, cobrindo mais de mil anos de história, foram tirados de uma série de livros, em particular de *Analytic history of India* (1870) (História analítica da Índia), de Robert Sewell (1845-1925), e *History of India* (1841) (História da Índia), de Mountstuart Elphinstone.

Marx dividiu suas anotações em quatro períodos. O primeiro conjunto apresenta uma cronologia bastante básica, desde uma conquista muçulmana, começando com a primeira penetração árabe em 664, até o início do século XVI. Um segundo conjunto cobriu o Império Moghul, fundado em 1526 por Zahīr ud-Dīn Muhammad que durou até 1761; também contina um breve levantamento das invasões estrangeiras da Índia e um esquema de quatro páginas da atividade mercantil europeia de 1497 a 1702. Do livro de Sewell, Marx copiou alguns pontos específicos sobre Murshid Quli Khan (1660-1727), o primeiro Nawab de Bengala e arquiteto de um novo sistema tributário. Marx o descreveu como "[...] um sistema de extorsão e opressão sem escrúpulos, que criou um grande excedente [dos] impostos de Bengala que foram devidamente enviados para Delhi" (MARX, 2001, p. 58). De acordo com Quli Khan, foi essa receita que manteve todo o Império Moghul à tona.

O terceiro e mais substancial conjunto de notas, cobrindo o período de 1725 a 1822, referia-se à presença da Companhia Britânica das

Índias Orientais (*British East India Company*). Marx não se limitou aqui à transcrição dos principais eventos, datas e nomes, mas acompanhou com mais detalhes o curso dos eventos históricos, particularmente no que diz respeito ao domínio britânico na Índia. O quarto e último conjunto de notas foi dedicado à revolta dos Sepoys, de 1857, e ao colapso da Companhia Britânica das Índias Orientais (*British East India Company*) no ano seguinte.

Em *Notes on Indian history (664-1858)*, Marx deu muito pouco espaço para suas reflexões pessoais, mas suas anotações marginais fornecem pistas importantes para seus pontos de vista. Os invasores foram frequentemente descritos com termos como "cães britânicos" (MARX, 2001, p. 165, 176 e 180), "usurpadores" (MARX, 2001, p. 155-156 e 163), "hipócritas ingleses" ou "intrusos ingleses" (MARX, 2001, p. 81). Em contraste, as lutas de resistência dos indianos sempre foram acompanhadas de expressões de solidariedade.[7] Não foi por acaso que Marx sempre substituiu o termo "amotinados" de Sewell por "insurgentes" (MARX, 2001, p. 163-164 e 184). Sua condenação direta do colonialismo europeu era inconfundível.

Marx defendeu um ponto de vista semelhante também em sua correspondência. Em uma carta escrita a Nikolai Danielson, em fevereiro de 1881, ele discutiu os principais eventos que estavam acontecendo na Índia e chegou ao ponto de prever que "complicações sérias, se não um surto geral, [estavam] reservadas para o governo britânico" (MARX, 1881, p. 63). O grau de exploração tornou-se cada vez mais intolerável:

> O que os ingleses tiram deles anualmente na forma de aluguel, dividendos por ferrovias inúteis para os hindus, pensões para militares e

---

7. De acordo com Anderson (2010, p. 216 e 218), "essas passagens indicam uma mudança da visão [Marx] de 1853 da passividade indiana em face da conquista"; ele "muitas vezes ridiculariza ou exclui [...] passagens de Sewell retratando a conquista britânica da Índia como uma luta heroica contra a barbárie asiática". Desde os artigos sobre a revolta dos Sepoys, que Marx publicou no *New-York Tribune* em 1857, sua "simpatia" pela resistência indiana "apenas aumentou".

funcionários públicos, para o Afeganistão e outras guerras,[8] etc. etc. — o que eles tiram deles sem equivalente e totalmente à parte pelo que eles se apropriam anualmente na Índia, falando apenas do valor das mercadorias que os indianos têm que gratuita e anualmente enviar para a Inglaterra, isso equivale a mais do que a soma total da renda dos 60 milhões de trabalhadores agrícolas e industriais de Índia! Este é um processo de sangramento que requer vingança! Os anos de fome pressionam-se mutuamente e em dimensões até agora desconhecidas na Europa! Existe uma conspiração real em que hindus e muçulmanos cooperam; o governo britânico está ciente de que algo está "fermentando", mas esse povo superficial (quero dizer, os homens do governo), entorpecido por suas próprias formas parlamentares de falar e pensar, nem mesmo deseja ver com clareza, compreender toda a extensão do perigo iminente! Iludir os outros e iludi-los para iludir a si mesmo — isto é: sabedoria parlamentar em poucas palavras! Tão bem! (MARX, 1881, p. 63-64).

Finalmente, nesse período, Marx voltou sua atenção para a Austrália, mostrando particular interesse na organização social de suas comunidades aborígenes. De *Some account of central Australia* (1880), do etnógrafo Richard Bennett, ele adquiriu o conhecimento crítico necessário para usar contra aqueles que argumentavam que não havia leis nem cultura na sociedade aborígene. Ele também leu outros artigos na *The Victorian Review* sobre o estado da economia do país, incluindo "The Commercial Future of Australia" (1880) e "The Future of North-East Australia" (1880).

As investigações de Marx sobre a propriedade da terra em países colonizados foram úteis e o ajudaram a expandir seu conhecimento sobre argumentos e áreas geográficas que eram apenas marginais em *O capital*, volume um, e que, portanto, geralmente não tinham sido associados a suas teorias. Esse tema não foi a única novidade em seus estudos da época, já que na década de 1880 ele mergulhou em muitos outros novos caminhos de pesquisa.

---

8. Marx se referia à Segunda Guerra Afegã (1878-1880) e ao conflito sangrento na África do Sul conhecido como Guerra Anglo-Zulu (1879).

Laços familiares, gênero e relações de propriedade nas sociedades antigas

Entre dezembro de 1880 e junho de 1881, os interesses de pesquisa de Marx se concentraram na antropologia. Ele começou com *Ancient society* (1877), um trabalho do antropólogo americano Lewis Morgan (1818-1881). O que mais impressionou Marx foi a maneira como Morgan tratava os fatores de produção e tecnológicos como pré-condições do progresso social, e ele se sentiu motivado a reunir uma compilação de uma centena de páginas densamente compactadas. Estas constituem a maior parte do que é conhecido como *The ethnological notebooks*[9] (1880-1881). Elas também contêm trechos de outras obras: *Java, ou how to manage a colony* (1861) por James Money (1818-1890), um advogado e especialista em Indonésia; *The Aryan village in India and Ceylon* (1880) por John Phear (1825-1905), presidente da Suprema Corte do Ceilão; e *Lectures on the early history of institutions* (1875), do historiador Henry Maine (1822-1888), totalizando mais cem folhas.[10]

Em sua pesquisa anterior, Marx já havia examinado e comentado extensivamente sobre as formas socioeconômicas passadas — na primeira parte de *A ideologia alemã (The German ideology)*, na longa seção de *Grundrisse* intitulada "Formas que precedem a produção capitalista" ("Forms which precede capitalist production"), e em *O capital*, volume um. Em 1879, sua leitura de *Common land ownership* de Kovalevsky o direcionou mais uma vez ao assunto. Mas foi somente com *Os cadernos etnológicos (The ethnological notebooks)* que ele se engajou em um estudo mais abrangente e atualizado.

O objetivo da nova pesquisa de Marx era ampliar seu conhecimento de períodos históricos, áreas geográficas e tópicos temáticos que ele considerava essenciais para sua crítica contínua da economia

---

9. Este título foi dado postumamente por Lawrence Krader (1919-1998), o editor desses manuscritos. No entanto, o conteúdo desses estudos está mais relacionado à antropologia.

10. As partes de Phear e Maine foram incluídas em Marx (1972, p. 243-336).

política. Isso também lhe permitiu adquirir informações específicas sobre as características sociais e instituições de um passado remoto, familiarizando-o com material que não estava em sua posse quando escreveu os manuscritos das décadas de 1850 e 1860. Finalmente, familiarizou-se com as últimas teorias apresentadas pelos mais eminentes estudiosos contemporâneos.

O objetivo teórico-político preciso por trás desses estudos era reconstruir a sequência mais provável em que os diferentes modos de produção se sucederam ao longo do tempo, focando particularmente o nascimento do capitalismo. Ele acreditava que isso daria bases históricas mais sólidas[11] à sua teoria da possível transformação comunista da sociedade. Em *Os cadernos etnológicos*, Marx, portanto, reuniu compilações e notas interessantes sobre: a pré-história, o desenvolvimento dos laços familiares, a condição das mulheres, as origens das relações de propriedade, as práticas comunitárias nas sociedades pré-capitalistas, a formação e a natureza do poder do Estado, o papel do indivíduo e aspectos mais modernos, como as conotações racistas de certas abordagens antropológicas e os efeitos do colonialismo.

Sobre o tema particular da pré-história e o desenvolvimento dos laços familiares, Marx tirou uma série de indicações inestimáveis da obra de Morgan. Conforme Henry Hyndman (1842-1921) lembrou: "quando Lewis H. Morgan provou para a satisfação de Marx em sua *Ancient Society* que a *gens*[12] e não a família era a unidade social do antigo sistema tribal e da sociedade antiga em geral, Marx imediatamente abandonou suas opiniões anteriores" (HYNDMAN, 1911, p. 253-254). Foi a pesquisa de Morgan sobre a estrutura social dos povos primitivos que lhe permitiu superar os limites das interpretações tradicionais de parentesco, incluindo aquela apresentada pelo historiador alemão Barthold Niebuhr (1786-1831) em *História*

---

11. De acordo com Bloch (1983), Marx queria antes de tudo "reconstruir uma história geral e uma teoria da sociedade para explicar o surgimento do capitalismo".

12. A *gens* era uma unidade "[...] consistindo em parentes de sangue com uma descendência comum [...]", ver Morgan (1877, p. 35).

romana (Roman history) (1811-1812). Em contraste com todas as hipóteses anteriores, Morgan mostrou que foi um erro grave sugerir que a *gens* "era posterior à família monogâmica" e era o resultado de "[...] um agregado de famílias" (MORGAN, 1877, p. 515). Seus estudos da sociedade pré-histórica e antiga o levaram à conclusão de que a família patriarcal não deveria ser vista como a unidade básica original da sociedade, mas como uma forma de organização social mais recente do que geralmente se acreditava. Era uma organização "[...] fraca demais para enfrentar sozinha as dificuldades da vida" (MORGAN, 1877, p. 472). Era muito mais plausível supor a existência de uma forma como a dos povos nativos americanos, a família sindiásmica, que praticava um "[...] comunismo no ato de viver" (MARX, [1880-1882], p. 115).

Por outro lado, Marx constantemente polemizava contra Maine, que em suas *Lectures on the early history of institutions* (1875) visualizou "a família privada" como "a base a partir da qual a seita e o clã se desenvolveram". O desprezo de Marx por essa tentativa de reverter a flecha do tempo ao transpor a era vitoriana para a pré-história o levou a afirmar que esse "[...] inglês imbecil não começou na *gens*, mas no Patriarca, que mais tarde se tornou o chefe — que bobagens!" (MARX, [1880-1882], p. 292). Sua zombaria gradualmente cresce: "Maine, afinal, não consegue tirar a família privada inglesa de sua cabeça" (MARX, [1880-1882], p. 309); ele "[...] transporta a família 'patriarcal' romana para o início das coisas" (MARX, [1880-1882], p. 324). Marx também não poupou Phear, de quem disse: "O asno baseia tudo em famílias privadas!" (MARX, [1880-1882], p. 281).

Morgan deu a Marx mais matéria para reflexão com suas observações sobre o conceito de família, uma vez que em seu "significado original" a palavra família — que tem a mesma raiz de *famulus* ou servo — "não tinha relação com o casal ou seus filhos", mas com o corpo de escravos e servos que trabalhavam para sua manutenção e estavam sob o poder do *"pater familias"* (MORGAN, 1877, p. 469). Sobre isso, Marx ([1880-1882], p. 120) observou:

A família moderna contém o germe não só do *servitus* (escravidão), mas também da servidão, pois contém desde o início uma relação com os serviços para a agricultura. Ela contém em miniatura todos os antagonismos dentro de si, que mais tarde se desenvolverão amplamente na sociedade e em seu Estado. [...] A família monogâmica pressupunha, para ter uma existência separada das outras, uma classe doméstica que em toda parte era diretamente constituída por escravos.

Desenvolvendo suas próprias ideias em outras partes do compêndio, Marx ([1880-1882], p. 210) escreveu: "[...] a propriedade em casas, terras e rebanhos [...]" estava ligada à "[...] família monogâmica". Na verdade, como sugeria o *Manifesto do Partido Comunista* (*Manifesto of the Communist Party*), este foi o ponto de partida da história como "[...] a história da luta de classes" (MARX; ENGELS, 1845-1848, p. 482).

Em *A origem da família, da propriedade privada e do Estado* (*The origin of the family, private property and the State*) (1884) — um livro que o autor descreveu como "o cumprimento de uma ordem" e não mais do que um "substituto insuficiente" para o que seu "querido amigo" não viveu para escrever (ENGELS, 1882-1889, p. 131) —, Engels concluiu a análise de Marx em *Os cadernos etnológicos* (*The ethnological notebooks*). Monogamia, ele argumentou, representava:

[...] a sujeição de um sexo pelo outro, como a proclamação de um conflito entre os sexos até então desconhecido ao longo da história anterior. Em um antigo manuscrito não publicado, a minha obra junto com Marx em 1846, encontro o seguinte: "A primeira divisão do trabalho é entre o homem e a mulher para a criação dos filhos". E hoje posso acrescentar: A antítese de primeira classe que aparece na história coincide com o desenvolvimento do antagonismo entre homem e mulher no casamento monogâmico e a opressão de primeira classe com a do sexo feminino pelo masculino. A monogamia [é] a forma celular da sociedade civilizada, na qual já podemos estudar a natureza das antíteses e contradições, que se desenvolve plenamente nesta última (ENGELS, 1882-1889, p. 173-174).[13]

A tese de Engels postulou uma relação excessivamente esquemática entre conflito econômico e opressão de gênero, que estava ausente nas fragmentárias e altamente intrincadas anotações de Marx.[14]

Marx também prestou muita atenção às considerações de Morgan sobre a paridade entre os sexos, que argumentava que as sociedades antigas pré-gregas eram mais progressistas no que diz respeito ao tratamento e ao comportamento das mulheres. Marx copiou as partes do livro de Morgan que mostravam como, entre os gregos, "a mudança de descendência da linha feminina para a masculina era prejudicial para a posição e os direitos da esposa e da mulher". Na verdade, Morgan tinha uma avaliação muito negativa do modelo social grego: "Os gregos permaneceram bárbaros no tratamento que dispensavam às mulheres no auge de sua civilização; sua educação superficial, [...] sua inferioridade inculcada como princípio sobre elas, até que passou a ser aceita como um fato pelas próprias mulheres". Além disso, havia "um princípio de egoísmo estudado entre os homens, tendendo a diminuir a apreciação pelas mulheres, dificilmente encontrado entre os selvagens". Pensando no contraste com os mitos do mundo clássico, Marx acrescentou uma observação aguda: "A condição das deusas no Olimpo é uma lembrança da posição das mulheres, antes mais livres e influentes. Juno ávida por poder, a deusa da sabedoria nasce da cabeça de Zeus (MARX, [1880-1882], p. 121)". Para Marx, a memória das divindades livres do passado fornecia um exemplo para uma possível emancipação no presente.[15]

---

13. Neste trabalho, Engels realmente publicou alguns dos comentários de Marx sobre o livro de Morgan.

14. Cf. Dunayevskaya (1991, p. 173): "Marx [...] mostrou que os elementos de opressão em geral, e das mulheres em particular, surgiram de dentro do comunismo primitivo, e não apenas relacionados à mudança do 'matriarcado'".

15. Cf. Brown (2013, p. 172): "Na Grécia antiga [...] as mulheres eram claramente oprimidas, mas, para Marx, sua mitologia tinha o potencial de ilustrar para elas [...] o quanto elas poderiam ser mais livres".

CONTRARREFORMAS OU REVOLUÇÃO

Dos vários autores que estudou, Marx registrou muitas observações importantes sobre o papel das mulheres na sociedade antiga. Por exemplo, referindo-se à obra *Matriarcado* (*Matriarchy*) (1861) do antropólogo suíço Johann Bachofen (1815-1887), ele observou: "As mulheres eram a grande potência entre a *gens* e em todos os outros lugares. Elas não hesitavam, quando necessário, em 'arrancar os chifres', como era tecnicamente chamado, da cabeça de um chefe e mandá-lo de volta às fileiras de guerreiros. A nomeação original dos chefes também sempre ficou com elas" (MARX, [1880-1882], p. 116).[16]

A leitura de Morgan feita por Marx também lhe deu um ângulo sobre outra questão importante: a origem das relações de propriedade, pois o célebre antropólogo estabeleceu uma relação causal entre os vários tipos de estrutura de parentesco e formas socioeconômicas. Em sua opinião, os fatores da história ocidental que explicaram a afirmação do sistema descritivo — que descrevia parentes de sangue e especificava o parentesco de todos (por exemplo, "filho do irmão para sobrinho, irmão do pai para tio, filho do irmão do pai para primo") — e o declínio do sistema classificatório — que agrupava parentes de sangue em categorias sem especificar proximidade ou distância em relação ao Ego (por exemplo, "meu próprio irmão e os filhos do irmão de meu pai são em igual grau meus irmãos'") — tiveram a ver com o desenvolvimento da propriedade e do Estado.[17]

O livro de Morgan é dividido em quatro partes: (1) Crescimento da Inteligência por meio de Invenções e Descobertas; (2) Crescimento da Ideia de Governo; (3) Crescimento da Ideia da Família; e (4) Crescimento da Ideia de Propriedade. Marx mudou a ordem para (1) invenções, (2) família, (3) propriedade e (4) governo, a fim de tornar mais claro o nexo entre os dois últimos.

O livro de Morgan (1877, p. 551) argumentou que, embora "os direitos de riqueza, de posição e de posição oficial" tenham prevalecido

---

16. Brown (2013) compilou diligentemente muitas outras considerações que atraíram a atenção de Marx.

17. Brown (2013, p. 123, 104, 164 e 136). *Id., ibid.*, p. 123 e 104; *id., ibid.*, p. 164 e 136. Veja Godelier (1977a, p. 67-68 e 101-102).

por milhares de anos sobre "justiça e inteligência", havia ampla evidência de que "as classes privilegiadas" eram uma influência "onerosa" da sociedade. Marx copiou quase na íntegra uma das páginas finais de *Ancient society* sobre as distorções que a propriedade pode gerar. Funcionava com conceitos que o impressionaram profundamente:

> [...] desde o advento da civilização, o crescimento da propriedade tem sido tão imenso, suas formas tão diversificadas, seus usos tão expandidos e sua gestão tão inteligente no interesse de seus proprietários, que se tornou, por parte do povo, uma incontrolável potência. A mente humana fica perplexa na presença de sua própria criação. Chegará o tempo, entretanto, em que a inteligência humana se elevará ao domínio da propriedade e definirá as relações do Estado com a propriedade que protege, bem como as obrigações e os limites dos direitos de seus proprietários. Os interesses da sociedade são primordiais para os interesses individuais, e os dois devem ser colocados em relações justas e harmoniosas (MORGAN, 1877, p. 551-552).

Morgan se recusou a acreditar que o "destino final da humanidade" era a mera busca de riquezas. Ele emitiu um aviso severo:

> A dissolução da sociedade parece ser o fim de uma carreira para a qual a propriedade é o fim e o objetivo; porque tal carreira contém os elementos de autodestruição. A democracia no governo, a fraternidade na sociedade, a igualdade de direitos e privilégios e a educação universal prenunciam o próximo plano superior da sociedade para o qual a experiência, a inteligência e o conhecimento tendem continuamente. Ele [um plano superior de sociedade[18]] será um renascimento, em uma forma superior [de sociedade], da liberdade, igualdade e fraternidade das antigas *gentes* (MORGAN, 1877, p. 551-552, grifo do original).

A "civilização" burguesa, então, foi ela própria uma fase transitória. Surgiu no final de duas longas épocas, o "estado selvagem"

---

18. As palavras entre colchetes foram adicionadas por Marx. Ver Marx ([1880-1882], p. 139).

e o "estado bárbaro" (os termos correntes na época), que seguiram a abolição das formas comunais de organização social. Essas formas imploriram após o acúmulo de propriedade e riqueza e o surgimento das classes sociais e do Estado. Mas, mais cedo ou mais tarde, a pré-história e a história estavam destinadas a se juntar novamente.[19]

Morgan considerou as sociedades antigas muito democráticas e solidárias. Por enquanto, ele se limitou a uma declaração de otimismo sobre o progresso da humanidade, sem invocar a necessidade de luta política.[20] Marx, no entanto, não previu um renascimento socialista do "mito do nobre selvagem". Ele nunca esperou por um retorno ao passado, mas — como ele deixou claro ao copiar o livro de Morgan — esperava o advento de uma "forma superior de sociedade"[21] (MARX, [1880-1882], p. 139) baseada em um novo modo de produção e consumo. Isso não aconteceria por meio da evolução mecânica, mas apenas pela luta consciente da classe trabalhadora.

Toda a leitura antropológica de Marx teve uma influência sobre as origens e as funções do Estado. Os trechos retirados de Morgan resumiram seu papel na transição da barbárie para a civilização, enquanto suas notas sobre o Maine se concentraram na análise das relações entre o indivíduo e o Estado (cf. KRADER, [1880-1882], p. 19). Consistente

---

19. Ver Godelier (1977b, p. 124). Para uma crítica de qualquer possível "retorno a um estado original de unidade", ver Webb (2000).

20. Engels erroneamente acreditava que as posições políticas de Morgan eram muito progressistas. Veja, por exemplo, Friedrich Engels para Friedrich Adolph Sorge, 7 de março de 1884, onde ele escreveu que a Sociedade Antiga foi "uma exposição magistral dos tempos primitivos e seu comunismo. [Morgan] redescobriu a teoria da história de Marx por conta própria, [...] tirando inferências comunistas em relação aos dias atuais" (ENGELS, 1883-1886, p. 115-116). Marx nunca se expressou nesses termos. Sobre o pensamento do antropólogo americano, ver Moses (2009).

21. De acordo com Krader ([1880-1882, p. 14): "Marx deixou claro, ao contrário de Morgan, que esse processo de reconstituição ocorrerá em outro nível que o antigo, que é um esforço humano, do homem para e por si mesmo, que os antagonismos da civilização são não estáticos ou passivos, mas são constituídos por interesses sociais que se articulam a favor e contra o resultado da reconstituição, e esta será determinada de forma ativa e dinâmica". Como Godelier (2012, p. 78) apontou, em Marx nunca houve qualquer "'ideia de um primitivo' El Dorado". Ele nunca se esqueceu de que nas "sociedades sem classes" primitivas havia "pelo menos três formas de desigualdade: entre homens e mulheres, entre as gerações mais velhas e mais novas, e entre autóctones e estrangeiros".

com seus textos teóricos mais significativos sobre o assunto, desde a *Crítica da filosofia do direito de Hegel* (*Critique of Hegel's Philosophy of Law*)[22] (1843) até *A Guerra Civil na França* (*The Civil War in France*)[23] (1871), *Os cadernos etnológicos* (*The ethnological notebooks*) também apresentam o Estado como um poder que subjuga a sociedade, uma força que impede a plena emancipação do indivíduo.

Nas notas que escreveu em 1881, Marx destacou o caráter parasitário e transitório do Estado:

> Maine ignora o ponto muito mais profundo: que a aparente existência suprema independente do Estado é apenas aparente e que é em todas as suas formas uma excrescência da sociedade; assim como seu próprio aparecimento surge apenas em um determinado estágio de desenvolvimento social, ele desaparece novamente assim que a sociedade atinge um estágio ainda não alcançado (MARX, [1880-1882], p. 329).

Marx seguiu com uma crítica da condição humana sob as circunstâncias históricas dadas. A formação da sociedade civilizada, com sua transição de um regime de propriedade comum para a individual, gerou uma "ainda unilateral [...] individualidade" (MARX, [1880-1882], p. 329). Se a "verdadeira natureza [do Estado] aparece apenas quando analisamos seu conteúdo", ou seja, seus "interesses", isso mostra que esses interesses "são comuns a certos grupos sociais" e são, portanto, "interesses de classe". Para Marx, "o Estado é construído

---

22. Neste trabalho, Marx analisou a "oposição" entre "sociedade civil" e "o Estado". O Estado não está "dentro" da sociedade, mas fica "contra ela". "Na democracia, o Estado como particular é meramente particular. [...] Os franceses interpretaram isso recentemente como significando que na verdadeira democracia o Estado político é aniquilado. Isso é correto na medida em que o Estado político [...] não passa mais para o todo" (MARX, 1843-1844, p. 30). Sobre o 'jovem Marx' ver também Musto (2019).

23. Trinta anos depois, a crítica é mais contundente: "No mesmo ritmo em que o progresso da indústria moderna se desenvolveu, se alargou, intensificou o antagonismo de classe entre capital e trabalho, o poder do Estado assumiu cada vez mais o caráter de poder nacional de capital sobre o trabalho, de uma força pública organizada para a escravidão social, de uma máquina de despotismo de classe" (MARX, 1870-1871, p. 329). Ver também Musto (2005, p. 161-178).

sobre classes e pressupõe classes". Portanto, a individualidade que existe nesse tipo de sociedade é "uma individualidade de classe", que em última análise é "baseada em pressupostos econômicos" (MARX, [1880-1882], p. 329).

Em *Os cadernos etnológicos* (*The ethnological notebooks*), Marx também fez uma série de observações sobre as conotações racistas de muitos dos relatórios antropológicos que estava estudando (KRADER, [1880-1882], p. 37; e GAILEY, 2006, p. 36). Sua rejeição a tal ideologia foi categórica, e ele comentou causticamente os autores que a expressaram dessa forma. Assim, quando Maine usou epítetos discriminatórios, ele firmemente interpôs: "De novo esse absurdo!". Além disso, expressões como o "que o diabo pegue esse jargão 'ariano'!" (MARX, [1880-1882], p. 324) continuaram recorrentes.

Referindo-se a *Java* ou *How to manage a colony*, de Money, e *The Aryan village in India and Ceylon*, de Phear, Marx estudou os efeitos negativos da presença europeia na Ásia. Ele não estava nem um pouco interessado nas opiniões de Money sobre a política colonial, mas achou seu livro útil pelos detalhes que deu sobre o comércio.[24] Ele adotou uma abordagem semelhante à do livro de Phear, focando principalmente o que ele relatou sobre o Estado em Bengala e ignorando suas fracas construções teóricas.

Os autores que Marx leu e resumiu em *Os cadernos etnológicos* (*The ethnological notebooks*) foram todos influenciados — com várias nuances — pelas concepções evolucionistas da época e alguns também se tornaram defensores firmes da superioridade da civilização burguesa. Mas um exame de *Os cadernos etnológicos* (*The ethnological*

---

24. Ver Tichelman (1983, p. 18). Ver também a visão de Engels sobre o dinheiro: "Seria uma coisa boa se alguém se desse ao trabalho de lançar luz sobre a proliferação do estado socialismo, recorrendo a um exemplo extremamente florescente da prática em Java. Todo o material encontra-se em *Java, How to Manage a Colony* [...]. Aqui se vê como os holandeses, com base no comunismo secular das comunidades, organizaram a produção para o benefício do Estado e garantiram que o povo desfrutasse do que é, em sua própria avaliação, uma existência bastante confortável; a consequência é que as pessoas são mantidas em um estado de estupidez primitiva e o tesouro holandês arrecada 70 milhões de marcos por ano" (ENGELS, 1883-1886, p. 102-103, Friedrich Engels a Karl Kautsky, 16 de fevereiro de 1884).

notebooks) mostra claramente que suas afirmações ideológicas não tiveram influência sobre Marx. As teorias do progresso, hegemônicas no século XIX e amplamente compartilhadas por antropólogos e etnólogos, postularam que os eventos seguiriam um curso predeterminado por causa de fatores externos à ação humana. Uma sequência rígida de etapas teve o mundo capitalista como destino único e uniforme.

No espaço de alguns anos, uma crença ingênua no avanço automático da história também se enraizou na Segunda Internacional. A única diferença com a versão burguesa era a previsão de que um estágio final se seguiria ao inevitável "colapso" do sistema capitalista: a saber, o advento do socialismo (posteriormente definido como "marxista!"). Essa análise não era apenas cognitivamente inadequada; ela produziu uma espécie de passividade fatalista, que se tornou um fator estabilizador da ordem existente e enfraqueceu a ação social e política do proletariado. Opondo-se a essa abordagem que tantos consideravam "científica", a qual era comum às visões burguesa e socialista de progresso, Marx rejeitou os *cantos de sereia* de um historicismo de mão única e preservou sua própria concepção complexa, flexível e diversificada. Considerando que, em comparação com os oráculos darwinistas, a voz de Marx pode parecer incerta e hesitante, ele realmente escapou da armadilha do determinismo econômico em que muitos de seus seguidores e continuadores ostensivos tendiam a cair — uma posição anos-luz das teorias que afirmavam tê-los inspirado, o que levaria muitos a uma das piores caracterizações do "marxismo".

Em seus manuscritos, cadernos e cartas a camaradas e ativistas, Marx perseverou em seus esforços para reconstruir a complexa história da passagem da Antiguidade ao capitalismo. Ele valorizava as informações e os dados históricos, mas não compartilhava dos esquemas rígidos que sugeriam uma sequência inescapável de estágios na história humana.

Marx rejeitou qualquer vinculação rígida das mudanças sociais apenas às transformações econômicas. Em vez disso, ele destacou a especificidade das condições históricas, as múltiplas possibilidades que a passagem do tempo oferecia e a centralidade da intervenção humana na formação da realidade e na realização da mudança (cf. GAILEY, 2006, p. 35 e 44). Essas foram as características salientes da elaboração teórica de Marx nos anos finais de sua vida.

O caso da Rússia e a questão de se contornar o capitalismo

No final de sua vida, Marx olhou para o potencial revolucionário da classe trabalhadora de uma forma menos esquemática do que na época da fundação da Associação Internacional dos Trabalhadores. Na Grã-Bretanha, o capitalismo criou o maior número proporcional de operários de fábrica do mundo (cf. MUSTO, 2015, p. 171-208), que começaram a desfrutar de melhores condições de vida, em parte com base na exploração colonial. Marx estava ciente de que o movimento dos trabalhadores britânicos havia se enfraquecido e sofrido o condicionamento negativo do reformismo sindical (cf. MUSTO, 2014). Portanto, ele acreditava que outros países pareciam mais propensos a produzir uma revolução do que a Grã-Bretanha. As investigações de Marx sobre a Rússia foram úteis para o desenvolvimento de suas ideias sobre esse assunto.

Em fevereiro de 1881, quando o crescente interesse de Marx por formas arcaicas de comunidade o levou a estudar antropólogos contemporâneos, e como suas reflexões constantemente alcançavam além da Europa, um acontecimento fortuito o encorajou a aprofundar seu estudo da Rússia. Ele recebeu uma carta breve, mas intensa e envolvente, da militante populista Vera Zasulich (1848-1919) sobre o futuro da *obshchina* — a comunidade camponesa russa. Grande admiradora de Marx, ela enfatizou que ele, "melhor do que ninguém", podia entender a urgência do problema e acrescentou: "[...] até mesmo o destino pessoal de nossos socialistas revolucionários dependia" (ZASULICH, 1984, p. 98-99) de sua resposta. Zasulich, então, resumiu os dois pontos de vista diferentes que surgiram nas discussões:

> A comuna rural, livre de exorbitantes cobranças de impostos, pagamento à nobreza e administração arbitrária, pode ser capaz de se desenvolver em uma direção socialista, isto é, organizar gradativamente sua produção e distribuição em bases coletivistas. Nesse caso, o socialista revolucionário deve dedicar todas as suas forças à libertação e ao desenvolvimento da comuna.
>
> Se, no entanto, a comuna está destinada a perecer, tudo o que resta para o socialista, como tal, são cálculos mais ou menos infundados sobre quantas décadas levará para que as terras dos camponeses russos passem para as mãos da burguesia, e quantos séculos levará para o capitalismo na Rússia atingir algo parecido com o nível de desenvolvimento já alcançado na Europa Ocidental (ZASULICH, 1984, p. 98-99).

Zasulich apontou ainda que alguns dos envolvidos na discussão argumentaram que "a comuna rural é uma forma arcaica condenada a perecer pela história, pelo socialismo científico e, em suma, por tudo que está acima do debate". Aqueles que defendiam essa visão se autodenominavam "discípulos por excelência" de Marx: "Marxistas". Seu argumento mais forte era frequentemente: "Marx disse".

A questão colocada por Zasulich chegou no momento certo, exatamente quando Marx estava absorvido no estudo das comunidades pré-capitalistas. Sua mensagem, portanto, o induziu a analisar um caso histórico real de grande relevância contemporânea, intimamente relacionado aos seus interesses teóricos da época.[25] Por quase três semanas, Marx permaneceu imerso em seus papéis, bem ciente de que deveria fornecer uma resposta a uma questão teórica altamente significativa

---

25. Walicki (1969, p. 192) observa corretamente que os estudos de Marx sobre a Sociedade Antiga de Morgan "permitiram-lhe olhar de novo para o populismo russo, que era então a tentativa mais significativa de encontrar o que há de mais novo no mais antigo".

e expressar sua posição sobre uma questão política crucial. Os frutos de seu trabalho foram quatro rascunhos — três deles muito longos e às vezes contendo argumentos contraditórios — e a resposta final que ele enviou a Zasulich.

No primeiro e mais longo dos quatro rascunhos, Marx analisou o que considerou o "único argumento sério" no qual a "dissolução da comuna camponesa russa" deveria ser inevitável. "Voltando muito atrás, a propriedade comunal de um tipo mais ou menos arcaico podia ser encontrada em toda a Europa Ocidental; em todos os lugares ele desapareceu com o aumento do progresso social. Por que deveria ser capaz de escapar do mesmo destino apenas na Rússia?" (MARX, 1874-1883, p. 349). Em sua resposta, Marx repetiu que ele "[...] não levaria este argumento em consideração, exceto na medida em que é baseado em experiências europeias" (MARX, 1874-1888, p. 365). Com relação à Rússia:

> Se a produção capitalista deve estabelecer seu domínio na Rússia, a grande maioria dos camponeses, ou seja, do povo russo, deve ser convertida em assalariados e, consequentemente, expropriada pela abolição antecipada de sua propriedade comunista. Mas, em qualquer caso, o precedente ocidental não provaria absolutamente nada! (MARX, 1874-1888, p. 361).

Marx não excluiu a possibilidade de que a comuna rural se desintegrasse e encerrasse sua longa existência. Mas se isso acontecesse, não seria por causa de alguma predestinação histórica (cf. também SHANIN, 1984, p. 16). Referindo-se a seus próprios seguidores que argumentavam que o advento do capitalismo era inevitável, ele comentou com Zasulich com seu típico sarcasmo: "Os 'marxistas' russos de quem você fala são completamente desconhecidos para mim. Até onde sei, os russos com quem estou em contato pessoal têm pontos de vista diametralmente opostos" (MARX, 1874-1888, p. 361).

Essas constantes referências às experiências ocidentais foram acompanhadas por uma observação política de grande valor. Considerando que, no início dos anos 1850, em seu artigo do *New-York Tribune*, "Os resultados futuros do domínio britânico na Índia" ("The future results of British rule in India") (1853), ele sustentou que "[...] a Inglaterra tem de cumprir uma dupla missão na Índia: uma destrutiva, a outra regenerando a aniquilação da velha sociedade asiática e lançando as bases materiais da sociedade ocidental na Ásia [...]" (MARX, 1853-1854, p. 217-218), houve uma mudança evidente de perspectiva em suas reflexões sobre a Rússia.

Já em 1853, ele não tinha ilusões sobre as características básicas do capitalismo. Marx sabia muito bem que a burguesia nunca "[...] realizou um progresso sem arrastar indivíduos e povo através do sangue e da sujeira, da miséria e da degradação" (MARX, 1853-1854, p. 221). Mas ele também estava convencido de que, por meio do comércio mundial, do desenvolvimento das forças produtivas e da transformação da produção em algo cientificamente capaz de dominar as forças da natureza, "[...] a indústria e o comércio burgueses [haviam] criado as condições materiais de um novo mundo" (MARX, 1853-1854, p. 222).

Leituras limitadas e às vezes superficiais viram isso como evidência do eurocentrismo ou orientalismo de Marx,[26] mas na realidade não refletia mais do que uma visão parcial e ingênua do colonialismo sustentada por um homem que escreveu um artigo jornalístico com

---

26. Ver, por exemplo, Said (1995, p. 153-156). Said (1935-2003) não apenas argumentou que "as análises econômicas de Marx são perfeitamente ajustadas [...] a um empreendimento orientalista padrão", mas também insinuou que dependiam da "distinção milenar entre Oriente e Ocidente" (SAID, 1995, p. 154). Na realidade, a leitura de Said da obra de Marx foi unilateral e superficial. O primeiro a revelar as falhas em sua interpretação foi Sadiq Jalal al-Azm (1934-2016) que, no artigo "Orientalism and orientalism", escreveu: "'Este relato das visões e análises de Marx de processos e situações históricas altamente complexas é uma farsa. [...] não há nada específico para a Ásia ou o Oriente no 'corpo da obra' de Marx" (AL-AZM, 1980, p. 14-15). No que diz respeito a "capacidades produtivas, organização social, ascendência histórica, poder militar e desenvolvimento tecnológico, [...] Marx, como qualquer outra pessoa, sabia da superioridade da Europa moderna sobre o Oriente. Mas acusá-lo [...] de transformar este fato contingente em uma realidade necessária para sempre é simplesmente absurdo" (AL-AZM, 1980, p. 15-16). Da mesma forma, Ahmad (1992) bem demonstrou, como Said, "citações descontextualizadas" da obra de Marx, com pouco sentido para o que a passagem em questão representava, simplesmente para encaixá-las em seu "arquivo orientalista" (AHMAD, 1992, p. 231 e 223). Sobre as limitações dos artigos jornalísticos de Marx de 1853, ver Lindner (2010, p. 27-41).

apenas 35 anos de idade. Em nenhuma parte das obras de Marx há a sugestão de uma distinção essencialista entre as sociedades do Oriente e do Ocidente. Em 1881, após três décadas de profunda pesquisa teórica e observação cuidadosa das mudanças na política internacional, para não falar de suas enormes sinopses nos *Os cadernos etnológicos* (*The ethnological notebooks*), ele tinha uma visão bastante diferente da transição das formas comunais do passado para o capitalismo.[27] Assim, referindo-se às "Índias Orientais", ele observou: "Todos, exceto Sir Henry Maine e outros de sua laia, percebem que a supressão da propriedade comunal de terras não foi nada além de um ato de vandalismo inglês, empurrando o povo nativo não para a frente, mas para trás" (MARX, 1874-1888, p. 365). Tudo o que os britânicos "[...] conseguiram fazer foi arruinar a agricultura nativa e dobrar o número e a gravidade das fomes" (MARX, 1874-1888, p. 368).

Assim, a *obshchina* russa não estava predestinada a sofrer o mesmo destino que formas semelhantes da Europa Ocidental nos séculos anteriores, onde "[...] a transição de uma sociedade fundada na propriedade comunal para uma sociedade fundada na propriedade privada" (MARX, 1874-1888, p. 367) era mais ou menos uniforme. À pergunta se isso era inevitável na Rússia, Marx respondeu secamente: "Certamente não". Para Marx, o campesinato "[...] pode, assim, incorporar as aquisições positivas planejadas pelo sistema capitalista sem passar por suas forcas caudinas" (MARX, 1874-1888, p. 368). Dirigindo-se àqueles que negavam a possibilidade de saltos e viam o capitalismo como um palco indispensável também para a Rússia, Marx perguntou ironicamente se a Rússia teve "[...] que passar por um longo período de incubação na indústria de engenharia [...] a fim de utilizar máquinas, motores a vapor, ferrovias, etc.". Da mesma forma, não teria sido possível "[...] introduzir num piscar de olhos todo o mecanismo

---

27. Para Hobsbawm (1964, p. 50): "A crescente preocupação de Marx com o comunalismo primitivo: seu ódio e desprezo crescentes pela sociedade capitalista. [...] Parece provável que Marx, que antes havia saudado o impacto do capitalismo ocidental como uma força desumana, mas historicamente progressiva, nas estagnadas economias pré-capitalistas, ficou cada vez mais chocado com essa desumanidade".

de troca (bancos, instituições de crédito, etc.) que o Ocidente levou séculos para conceber?" (MARX, 1874-1888, p. 349). Marx criticou o "isolamento" das comunas agrícolas arcaicas, pois, fechadas em si mesmas e sem contato com o mundo exterior, eram politicamente falando a forma econômica mais condizente com o regime czarista reacionário: "A falta de conexão entre a vida de uma comuna e a das outras, este microcosmo localizado, [...] sempre dá origem ao despotismo central para além das comunas" (MARX, 1874-1888, p. 353). Marx certamente não mudou seu complexo julgamento crítico sobre as comunas rurais na Rússia, e a importância do desenvolvimento individual e da produção social permaneceu intacta em sua análise. Ele não se convenceu, de repente, de que as comunas rurais arcaicas eram um lócus de emancipação mais avançado para o indivíduo do que as relações sociais existentes sob o capitalismo. Ambos permaneceram distantes de como ele concebia a sociedade comunista.

Os rascunhos da carta de Marx a Zasulich não mostram nenhum vislumbre da ruptura dramática com suas posições anteriores que alguns estudiosos detectaram.[28] Marx não sugeriu, como uma questão de princípio teórico, que a Rússia ou outros países onde o capitalismo ainda estava subdesenvolvido deviam se tornar o lócus especial para o início da revolução; nem pensava que os países com um capitalismo mais atrasado estivessem mais próximos do objetivo do comunismo do que outros com um desenvolvimento produtivo mais avançado. Para ele, rebeliões esporádicas ou lutas de resistência não devem ser confundidas com o estabelecimento de uma nova ordem socioeconômica de base comunista. A possibilidade que ele considerou em um momento muito particular da história da Rússia,

---

28. Veja as interpretações de Wada (1984, p. 60), nas quais é argumentado que os rascunhos mostraram uma "mudança significativa" desde a publicação de *O capital* em 1867. Da mesma forma, Dussel (1990) falou de uma "mudança de curso" (WADA, 1984, p. 260, 268-269). Outros autores sugeriram uma leitura "terceiro-mundista" do falecido Marx, em que os sujeitos revolucionários não são mais os trabalhadores da fábrica, mas as massas do campo e da periferia. Reflexões e várias interpretações sobre essas questões também podem ser encontradas em Melotti (1977); Mohri (1979, p. 32-43); e Tible (2018).

quando surgiram oportunidades favoráveis para uma transformação progressiva das comunas agrárias, não poderia ser elevada a um modelo mais geral. A Argélia governada pela França ou a Índia britânica, por exemplo, não exibiam as condições especiais que a Rússia tinha naquela conjuntura histórica particular, e a Rússia do início da década de 1880 não podia ser comparada com o que poderia acontecer lá no futuro. O novo elemento no pensamento de Marx foi uma abertura teórica cada vez maior, que lhe permitiu considerar outros caminhos possíveis para o socialismo que ele nunca havia levado a sério ou considerado inatingíveis.[29]

O que Marx escreveu é muito semelhante ao que Nikolai Chernyshevsky (1828-1889) havia escrito no passado.[30] Essa alternativa era possível e, certamente, era mais adequada ao contexto socioeconômico da Rússia do que "[...] agricultura capitalizada no modelo inglês" (MARX, 1874-1888, p. 358). Mas ela poderia sobreviver apenas se "o trabalho coletivo suplantasse o trabalho por parcela — a fonte de apropriação privada". Para que isso acontecesse, eram necessárias duas coisas: "[...] a necessidade econômica de tal mudança e as condições materiais para realizá-la" (MARX, 1874-1888, p. 356). O fato de a comuna agrícola russa ser contemporânea do capitalismo na Europa ofereceu a ela "[...] todas as condições necessárias para o trabalho coletivo" (MARX, 1874-1888, p. 356), enquanto a familiaridade

---

29. Veja Sawer (1977, p. 67): "O que aconteceu, em particular na década de 1870, não foi que Marx mudou de ideia sobre o caráter das comunidades das aldeias, ou decidiu que elas podiam servir de base para o socialismo como eram; em vez disso, ele chegou a considerar a possibilidade de que as comunidades pudessem ser revolucionadas não pelo capitalismo, mas pelo socialismo. [...] Ele parece ter nutrido seriamente a esperança de que, com a intensificação da comunicação social e a modernização dos métodos de produção, o sistema de vilas pudesse ser incorporado a uma sociedade socialista. Em 1882, isso ainda parecia a Marx uma alternativa genuína para a desintegração completa da obshchina sob o impacto do capitalismo".

30. Cf. Venturi (1972, p. XLI): "Em suma, Marx acabou aceitando as ideias de Chernyshevsky". Isso é semelhante à visão de Walicki (1969) em *Controversy over capitalismo*: "O raciocínio de Marx tem muita semelhança com a *Crítica dos preconceitos filosóficos contra a propriedade comunal da terra* de Chernyshevsky". Se os populistas tivessem sido capazes de ler os rascunhos preliminares da carta a Zasulich, "[...] eles sem dúvida teriam visto neles uma justificativa confiável e inestimável de suas esperanças" (VENTURI, 1972, p. 189).

do camponês com o *artel*[31] facilitaria a verdadeira transição para o "trabalho cooperativo" (MARX, 1874-1888, p. 356).

Marx voltou a temas semelhantes em 1882. Em janeiro, no "Prefácio à segunda edição russa do *Manifesto do Partido Comunista*", de sua coautoria com Engels, o destino da comuna rural russa está ligado às lutas do proletariado na Europa Ocidental:

> Na Rússia encontramos, face a face com a fraude capitalista em rápido desenvolvimento e a propriedade da terra burguesa, que está apenas começando a se desenvolver, mais da metade das terras possuídas em comum pelos camponeses. Agora a questão é: pode a *obshchina* russa, uma forma de propriedade comum primordial da terra, mesmo se muito minada, passar diretamente para a forma superior de propriedade comum comunista? Ou deve, ao contrário, primeiro passar pelo mesmo processo de dissolução que constitui o desenvolvimento histórico do Ocidente? A única resposta possível hoje é esta: se a Revolução Russa se tornar o sinal para uma revolução proletária no Ocidente, de forma que as duas se complementem, a atual propriedade comum russa da terra pode servir de ponto de partida para o desenvolvimento comunista (MARX, 1874-1888, p. 426).

A tese básica que Marx frequentemente expressara no passado permanecia a mesma, mas agora suas ideias estavam mais relacionadas com o contexto histórico e os vários cenários políticos que eles abriram.[32]

As considerações densamente discutidas de Marx sobre o futuro da *obshchina* são polos distantes da equação do socialismo com as forças produtivas — uma concepção que envolve tons nacionalistas e simpatia pelo colonialismo, que se afirmou dentro da Segunda Internacional e

---

31. A forma *artel* de associação cooperativa, de origem tártara, baseava-se em laços consanguíneos e atendia à responsabilidade coletiva de seus associados perante o Estado e terceiros.

32. Segundo Walicki (1969, p. 180), o breve texto de 1882 "reafirmou a tese de que o socialismo tem uma chance melhor nos países altamente desenvolvidos, mas ao mesmo tempo pressupõe [d] que o desenvolvimento econômico dos países atrasados pode ser essencialmente modificado sob a influência das condições internacionais".

dos partidos social-democratas. Eles também diferem profundamente do suposto "método científico"[33] de análise social preponderante no século XX no movimento comunista internacional.

Compreendendo a história mundial e a oposição ao colonialismo no norte da África

Entre o outono de 1881 e o inverno de 1882, uma grande parte das energias intelectuais de Marx foi para os estudos históricos. Ele trabalhou intensamente nos *Extratos cronológicos* (*Chronological extracts*), uma linha do tempo anotada ano a ano de eventos mundiais a partir do primeiro século a.C., resumindo suas causas e características salientes.

Marx queria testar se suas concepções eram bem fundamentadas à luz dos principais desenvolvimentos políticos, militares, econômicos e tecnológicos do passado. Por algum tempo, ele tinha consciência de que o esquema de progressão linear através dos "modos de produção asiáticos, antigos, feudais e modernos da burguesia" (MARX, 1857-1861, p. 263), que ele havia desenhado no Prefácio a *Uma contribuição para a crítica da economia política* (*A contribution to the critique of political economy*) (1859), era completamente inadequado para uma compreensão do movimento da história, e que era realmente aconselhável evitar qualquer filosofia da história. O frágil estado de saúde o impediu de realizar outro encontro com os manuscritos inacabados de *O capital*. Ele provavelmente pensou que havia chegado a hora de voltar sua atenção novamente para a história mundial, particularmente à questão-chave da relação entre o desenvolvimento do capitalismo e o nascimento dos Estados modernos.[34]

---

33. Veja, ao contrário, Musto (2008, p. 3-32).

34. Veja Krätke (2018, p. 123) que, em sua reconstrução desses quatro cadernos, argumenta que Marx concebeu o nascimento dos Estados modernos como um processo relacionado ao "[...] desenvolvimento do comércio, agricultura, mineração, fiscalismo e infraestrutura espacial".

Marx baseou-se particularmente em dois textos principais para sua cronologia. O primeiro foi a *História dos povos da Itália* (*History of the peoples of Italy*) (1825), do historiador italiano Carlo Botta (1766-1837); e o segundo foi a amplamente lida e aclamada *História mundial para o povo alemão* (*World history for the German people*) (1844-1857), de Friedrich Schlosser (1776-1861), que em vida foi considerado o principal historiador alemão. Marx preencheu quatro grossos cadernos com anotações sobre essas duas obras, em uma caligrafia, quase ilegível, ainda menor do que de costume. As capas trazem os títulos que Engels lhes deu quando estava examinando a propriedade de seu amigo: "Extratos cronológicos. I: 96 a c. 1320; II: c. 1300 a c. 1470; III: c. 1470 a c. 1580; IV: c. 1580 a c. 1648".[35] Em alguns casos, Marx acrescentou considerações críticas sobre figuras significativas ou apresentou suas próprias interpretações de eventos históricos importantes, a partir dos quais podemos inferir sua discordância com a fé no progresso e os julgamentos morais expressos por Schlosser. Essa nova imersão na história não parou na Europa, mas se estendeu à Ásia, ao Oriente Médio, ao mundo islâmico e às Américas.[36]

No primeiro caderno de seus *Extratos cronológicos*, baseando-se principalmente em Botta, Marx preencheu 143 páginas com uma cronologia de alguns dos principais eventos entre 91 a.C. e 1370 d.C. Começando com a Roma antiga, ele passou a considerar a queda do Império Romano, a ascensão da França, a importância histórica de

---

Krätke (2018, p. 92) também argumentou que Marx compilou essas notas na crença de longa data de que ele estava "[...] dando ao movimento socialista uma base científica social sólida em vez de uma filosofia política".

35. Em alguns casos, o conteúdo dos cadernos difere ligeiramente das datas indicadas por Engels. A única parte publicada compreende aproximadamente um sexto do total do terceiro e do quarto cadernos, sendo a maior parte das páginas retiradas deste último. Esses materiais apareceram em 1953, em uma antologia sem referências textuais preparada por Harich (1953). Oito anos depois, o título mudou para Karl Marx e Friedrich Engels, *Über Deutschland und die deutsche Arbeiterbewegung*. As seções extraídas dos *Chronological extracts* estão incluídas no *Band 1: Von der Frühzeit bis zum 18. Jahrhundert*. Berlim: Dietz, 1973. p. 285-516.

36. Krätke (2018, p. 104) argumentou que "Marx não deu espaço ao eurocentrismo; ele considerou a história mundial, de forma alguma, sinônimo de 'história europeia'".

Carlos Magno (742-814), o Império Bizantino e as várias características e desenvolvimento do feudalismo. Após a publicação de *O capital*, volume um, Marx já havia se ocupado várias vezes com a Idade Média e seu conhecimento sobre ela havia aumentado consideravelmente em 1868, quando ele se interessou por questões históricas e agrícolas e compilou cadernos de trechos de obras de vários autores nesses campos. Particularmente importante para ele foi a Introdução à *História constitutiva do marco, fazenda, vila, cidade e autoridade pública alemã* (*Introduction to the constitutive history of the German mark, farm, village, town and public authority*) (1854) pelo teórico político e historiador jurídico Georg von Maurer.[37] Marx disse a Engels que considerou os livros de Maurer "extremamente significativos", uma vez que abordavam de uma forma totalmente diferente, "[...] não apenas a era primitiva, mas também todo o desenvolvimento posterior das cidades imperiais livres, dos proprietários de terras com imunidade, da autoridade pública, e da luta entre o campesinato livre e a servidão" (MARX, 1864-1868, p. 557).[38] Marx anotou atentamente tudo o que pôde ser útil para ele na análise dos sistemas tributários em vários países e épocas. Ele também teve grande interesse no papel especial da Sicília, nas margens do mundo árabe e da Europa, e nas repúblicas marítimas italianas e sua importante contribuição para o desenvolvimento do capitalismo mercantil. Finalmente, enquanto consultava outros livros que o ajudaram a integrar as informações fornecidas por Botta, Marx escreveu muitas páginas de notas sobre a conquista islâmica na África e no Oriente, as Cruzadas e os califados de Bagdá e Mosul.

No segundo caderno, compreendendo 145 páginas no período de 1308 a 1469, Marx continuou a transcrever notas sobre as cruzadas finais na "Terra Santa". No entanto, a parte mais extensa novamente

---

37. Veja o publicado recentemente MARX, Karl. *Exzerpte aus Georg Ludwig von Maurer*: Einleitung zur Geschichte der Mark-, Hof-, Dorf- und Stadt-Verfassung und der öffentlichen Gewalt. MEGA², v. IV/18, p. 542-559, p. 563-577, p. 589-600.

38. Sobre o estudo de Marx sobre a obra de Maurer, veja Saito (2017, p. 264-265).

dizia respeito às repúblicas marítimas italianas e aos avanços econômicos na Itália, que Marx pensava como o início do capitalismo moderno.[39] Também com base em Maquiavel, ele resumiu os principais acontecimentos nas lutas políticas da República de Florença. Ao mesmo tempo, com base na História mundial de Schlosser para o povo alemão, Marx se debruçou sobre a situação política e econômica alemã nos séculos XIV e XV, bem como a história do Império Mongol durante e após a vida de Gengis Khan.[40]

No terceiro caderno, de 141 páginas, Marx tratou dos principais conflitos políticos e religiosos do período de 1470 a c. 1580. Ele teve um interesse especial no confronto entre a França e a Espanha, as lutas dinásticas tumultuadas da monarquia inglesa e a vida e influência de Girolamo Savonarola (1452-1498). Claro, ele também refez a história da Reforma Protestante, observando o apoio dado a ela pela classe burguesa emergente.

Finalmente, no quarto caderno de 117 páginas, Marx enfocou principalmente os numerosos conflitos religiosos na Europa entre 1580 e 1648. A seção mais longa tratou da Alemanha antes da eclosão da Guerra dos Trinta Anos (1618-1648) e fez uma análise profunda deste período.[41] Marx discorreu sobre os papéis do rei sueco Gustavus Adolphus (1594-1632), do cardeal Richelieu (1585-1642) e do cardeal Mazarin (1602-1661). Uma seção final é dedicada à Inglaterra após a morte de Elizabeth I (1533-1603).[42]

---

39. Krätke (2018, p. 111) sustentou que Marx situou "[...] os primórdios do capitalismo moderno [...]" no "[...] desenvolvimento econômico das cidades-repúblicas italianas no final do século XIII".

40. Krätke (2018, p. 112) argumentou que a queda do Estado mongol "[...] convida [d] Marx a refletir sobre os limites do poder político sobre vastos territórios".

41. As partes desses extratos publicados na edição de Harich em 1953 totalizaram mais de 90 páginas: ver Marx e Engels (1978, p. 424-516).

42. Krätke (2018, p. 6) afirmou que o quarto caderno dos *Extratos cronológicos* mostra "a força de Marx como um cientista social historicamente bem informado, que facilmente alterna do desenvolvimento interno de países específicos para as principais políticas europeias e internacionais sem, no entanto, perder de vista os fundamentos econômicos do todo". Junto aos quatro cadernos de trechos de Botta e Schlosser, Marx compilou outro caderno com as mesmas

Apesar de a Europa estar compreensivelmente no centro desses estudos, os quatro cadernos preenchidos durante esse período continham várias referências a países não europeus. Assim como em seus estudos econômicos, o velho continente não foi a única preocupação da pesquisa de Marx. Ele provavelmente deixou de lado o projeto de completar os *Extratos cronológicos* por causa dos graves problemas de saúde que estava sofrendo e, em fevereiro de 1882, foi convencido por seus amigos e médicos a visitar Argel para curar sua bronquite severa.

Nesse período, Marx também teve uma forte posição anticolonial. Na guerra de 1882, que se opôs às forças egípcias comandadas por Ahmad Urabi (1841-1911) e às tropas do Reino Unido, ele não poupou aqueles que se mostravam incapazes de manter uma posição de classe autônoma e advertiu que isso era absolutamente necessário para os trabalhadores se oporem às instituições e à retórica do Estado. Quando Joseph Cowen (1829-1900), um deputado e presidente do Congresso Cooperativo — Marx o considerava "o melhor dos parlamentares ingleses" —, justificou a invasão britânica do Egito,[43] Marx expressou sua total desaprovação. Acima de tudo, ele criticou o governo britânico: "Muito bom! Na verdade, não poderia haver exemplo mais flagrante de hipocrisia cristã do que a 'conquista' do Egito — conquista no meio da paz!".

Mas Cowen, em um discurso em 8 de janeiro de 1883, em Newcastle, expressou sua admiração pela "façanha heroica dos britânicos" e pelo "deslumbramento de nossa parada militar"; ele também "não poderia deixar de sorrir com a pequena perspectiva fascinante de todas aquelas posições ofensivas fortificadas entre o Atlântico e o Oceano

---

características, contemporâneo dos demais e relacionado à mesma pesquisa. Ele usou a *História da República de Florença* (1875), de Gino Capponi (1792-1876), e a *História do povo inglês* (1877), de John Green (1837-1883). O estado flutuante de sua saúde não lhe permitiu avançar mais. Suas anotações pararam com as crônicas da Paz de Westfália, que pôs fim à Guerra dos Trinta Anos em 1648.

43. A guerra de 1882 terminou com a batalha de Tell al-Kebir (13 de setembro de 1882), que pôs fim à chamada revolta de Urabi, iniciada em 1879, e permitiu aos britânicos estabelecer um protetorado sobre o Egito.

Índico e, na barganha, um 'Império Africano-Britânico' do Delta ao Cabo". Era o "estilo inglês", caracterizado pela "responsabilidade", pelo "interesse doméstico". Em política externa, concluiu Marx, Cowen era um exemplo típico dos "[...] pobres burgueses britânicos, que gemem ao assumirem cada vez mais 'responsabilidades' no serviço de sua missão histórica, enquanto protestam em vão contra ela" (MARX, 1880-1883a, p. 422-423).

Conclusões

Por meio de seu estudo das mudanças sociais e políticas nos Estados Unidos e na Rússia, suas esperanças de um fim à opressão colonial, sua análise do capitalismo e especulações sobre a próxima crise econômica possível, Marx observou constantemente os sinais de conflito social se desenvolvendo em todas as latitudes ao redor do mundo. Ele tentou acompanhar esses sinais onde quer que surgissem. Não sem razão, poderia dizer de si mesmo: "Sou um cidadão do mundo e ajo onde quer que esteja" (LAFARGUE, 1957, p. 73). Os últimos anos de sua vida não desmentiram esse modo de existência.

Os trabalhos finais de Marx foram certamente difíceis, mas também foram importantes teoricamente. Em contraste com o autor deturpado por seus biógrafos por tanto tempo, Marx não havia exaurido sua curiosidade intelectual e parado de trabalhar. De 1879 a 1882, ele não apenas continuou suas pesquisas, mas também as estendeu a novas disciplinas. Além disso, Marx examinou novos conflitos políticos (como a luta do movimento populista na Rússia após a abolição da servidão, a oposição à opressão colonial na Argélia, Egito e Índia, ou a discriminação contra trabalhadores migrantes chineses na Califórnia); novas questões teóricas (como formas comunais de propriedade em sociedades pré-capitalistas, a possibilidade de revolução socialista em países não capitalisticamente desenvolvidos ou o nascimento do Estado moderno); e novas áreas geográficas (como Rússia, Norte da

África ou Índia). A investigação dessas questões permitiu-lhe desenvolver conceitos mais matizados, influenciados pelas particularidades de países fora da Europa Ocidental. A publicação de materiais até então desconhecidos de Marx (cf. MUSTO, 2007; 2020a), juntamente a interpretações inovadoras de sua obra, está abrindo novos horizontes de pesquisa e demonstrando, mais claramente do que no passado, sua capacidade de examinar as contradições da sociedade capitalista em escala global e em esferas além do conflito entre capital e trabalho. É também claro que Marx sempre destacou a especificidade das condições históricas e a centralidade da intervenção humana na formação da realidade e na realização da mudança e, portanto, sua diferença com muitos "marxismos" dogmáticos do século XX.

Os avanços da pesquisa, juntamente às condições políticas alteradas, sugerem que a renovação da interpretação do pensamento de Marx é um fenômeno destinado a continuar. Publicações recentes têm mostrado que Marx se aprofundou em muitos assuntos — muitas vezes subestimados, ou mesmo ignorados, pelos estudiosos de sua obra — que estão adquirindo importância crucial para a agenda política de nosso tempo. Entre eles, estão a questão ecológica, a migração, a crítica do nacionalismo, a liberdade individual na esfera econômica e política, a emancipação do gênero, o potencial emancipatório da tecnologia e as formas de propriedade coletiva não controladas pelo Estado. Ainda há muito a aprender com Marx (cf. MUSTO, 2020b). Hoje é possível fazer isso não apenas estudando o que ele escreveu em suas obras publicadas, mas também as questões e dúvidas contidas em seus manuscritos inacabados.

Referências

AHMAD, Aijaz Ahmad. *Theory*: classes, nations, literatures. London: Verso, 1992.

AL-AZM, Sadiq Jalal. Orientalism and orientalism. *Reverse*, Khamsin, n. 8, 1980.

ANDERSON, Kevin. *Marx at the margins*: on nationalism, ethnicity, and non-Western societies. Chicago: University of Chicago Press, 2010.

BLOCH, Maurice. *Marxism and anthropology*: the history of a relationship. Londres: Routledge, 1983.

BROWN, Heather. *Marx on Gender and the family*: a critical study. Chicago: Haymarket, 2013.

DUNAYEVSKAYA, Raya. *Rosa Luxemburg, women's liberation, and Marx's philosophy of revolution*. Chicago: University of Illinois Press, 1991.

DUSSEL, Enrique. *El último Marx (1863-1882) y la liberación latino-americana*. Cidade do México: Siglo XXI, 1990.

ENGELS, Friedrich. The origin of the family, private property and the state. *Marx & Engels Collected Works*, v. 26, p. 131, 1882-1889.

ENGELS, Friedrich. [Correspondência]. Destinatário: Friedrich Adolph Sorge. London: 7 Mar. 1884. *Marx & Engels Collected Works*, v. 47, p. 115-116, 1883-1886.

GAILEY, Christine Ward. Community, state and questions of social evolution in Karl Marx's ethnological notebooks. *In*: SOLWAY, J. (ed.). *The politics of egalitarianism*. New York: Berghahn Books, 2006.

GODELIER, Maurice. *Perspectives in marxist anthropology*. London: Verso, 1977a. p. 67-68, 101-102.

GODELIER, Maurice. *Perspectives in marxist anthropology*. Tradução: Robert Brain. Cambridge: Cambridge University Press, 1977b. p. 124.

GODELIER, Maurice. *The mental and the material*. Londres: Verso, 2012.

HARICH, Wolfgang. *Marx-Engels-Lenin-Stalin, Zur deutschen Geschichte*. Berlin: Dietz, 1953.

HARSTICK, Hans-Peter. Einführung. Karl Marx und die zeitgenössische Verfassungsgeschichtsschreibung. *In*: MARX, Karl. *Über Formen vorkapitalistischer Produktion. Vergleichende Studien zur Geschichte des Grundeigentums 1879-80*. Frankfurt: Campus, 1977. p. XIII.

HOBSBAWM, Eric. Introdução. *In*: MARX, Karl. *Pre-capitalist economic formations*. Londres: Lawrence & Wishart, 1964.

HUDIS, Peter. Accumulation, imperialism, and pre-capitalist formations. Luxemburgo e Marx sobre o mundo não ocidental. *Socialist Studies*, v. 6, n. 2, p. 84, 2010.

HYNDMAN, Henry. *The record of an adventurous life*. Nova York: MacMillan, 1911. p. 253-254.

KRADER, Lawrence. Introduction. *In*: MARX, Karl. *The ethnological notebooks*. Amsterdam: Internationaal Instituut Voor Sociale Geschiedenis, [1880-1882]. p. 19.

KRADER, Lawrence. *The asiatic mode of production*: sources, development and critique in the writings of Karl Marx. Assen: Van Gorcum, 1975. p. 343.

KRÄTKE, Michael. Marx and world history. *International Review of Social History*, Cambridge, v. 63, n. 1, 2018.

LAFARGUE, Paul. Reminiscences of Marx and Engels. *In*: INSTITUTE OF MARXISM-LENINISM (ed.). *Reminiscences of Marx and Engels*. Moscou: Foreign Languages Publishing House, 1957. p. 73.

LINDNER, Kolja. Marx's eurocentrism: postcolonial studies and Marx's scholarship. *Radical Philosophy*, n. 161, p. 27-41, 2010.

MARX, Karl. A contribution to the critique of Hegel's philosophy of law. *Marx & Engels Collected Works*, v. 3, p. 30, mar. 1843-ago. 1844.

MARX, Karl. The future results of British rule in India. *Marx & Engels Collected Works*, v. 12, p. 217-218, 1853-1854.

MARX, Karl. A contribution to the critique of political economy. *Marx & Engels Collected Works*, v. 29, p. 263, 1857-1861.

MARX, Karl. [Correspondência]. Destinatário: Friedrich Engels, 25 March 1868. *Marx & Engels Collected Works*, v. 42, p. 557, 1864-1868.

MARX, Karl. The civil war in France. *Marx & Engels Collected Works*: Marx and Engels, v. 22, p. 329, 1870-1871.

MARX, Karl. Drafts of the letter to Vera Zasulich: first draft. *Marx & Engels Collected Works*, v. 24, p. 349-360, 1874-1883.

MARX, Karl. Drafts of the letter to Vera Zasulich: second draft. *Marx & Engels Collected Works*, v. 24, p. 360-364, 1874-1888a.

MARX, K. Drafts of the letter to Vera Zasulich: third draft. *Marx & Engels Collected Works*, v. 24, p. 364-369, 1874-1888b.

MARX, Karl. *The ethnological notebooks*. Amsterdam: Internationaal Instituut Voor Sociale Geschiedenis, [1880-1882]. p. 14.

MARX, Karl. [Correspondência]. Destinatário: Eleanor Marx. London: 9 Jan. 1883. *Marx & Engels Collected Works*, v. 46, p. 422-423, 1880-1883a.

MARX, Karl. [Correspondência]. Destinatário: Nikolai Danielson. London: 19 Feb. 1881. *Marx & Engels Collected Works*, v. 46, p. 63-64, 1880-1883b.

MARX, Karl. Letters 1883-[18]86. *Marx/Engels Collected Works*, v. 47, p. 115-116, 1883-1887.

MARX, Karl. The ethnological notebooks of Karl Marx. *In*: KRADER, Lawrence (ed.). Assen: Van Gorcum, 1972. p. 243-336.

MARX, Karl. Excerpts from M. M. Kovalevsky. Obschinnoe Zemlevladenie. Prichiny, hod I posledstvivya ego razlozheniya (1879). *In*: KRADER, Lawrence (org.). *The asiatic mode of production*: sources, development and critique in the writings of Karl Marx. Assen: Van Gorcum, 1975. p. 343-412.

MARK, Karl. Exzerpte aus M. M. Kovalevskij: *Obschinnoe zemlevladenie*. *In*: MARX, Karl. *Über Formen vorkapitalistischer Produktion. Vergleichende Studien zur Geschichte des Grundeigentums 1879-80*. Frankfurt: Campus, 1977. p. 28.

MARX, Karl. *Notes on Indian history (664-1858)*. Honolulu: University Press of the Pacific, 2001. p. 58.

MARX, Karl. *Exzerpte aus Georg Ludwig von Maurer*: Einleitung zur Geschichte der Mark-, Hof-, Dorf- und Stadt-Verfassung und der öffentlichen Gewalt. MEGA^2, IV/18, p. 542-559, p. 563-577, p. 589-600.

MARX, Karl; ENGELS, Friedrich. Manifesto do Partido Comunista. *Marx & Engels Collected Works*, v. 6, p. 482, 1845-1848.

MARX, Karl; ENGELS, Friedrich. Preface to the second russian edition. *Marx & Engels Collected Works*, v. 24, p. 426, 1874-1888.

MARX, Karl; ENGELS, Friedrich. *Über Deutschland und die deutsche Arbeiterbewegung*. As seções extraídas dos *Chronological extracts* estão incluídas no *Band 1: Von der Frühzeit bis zum 18. Jahrhundert*. Berlin: Dietz, 1973. p. 285-516.

MARX, Karl; ENGELS, Friedrich. *Über Deutschland und die deutsche Arbeiterbewegung*. Berlin: Dietz, 1978. p. 424-516.

MELOTTI, Umberto. *Marx e o terceiro mundo*. Londres: Palgrave, 1977.

MOHRI, Kenzo. Marx and 'Underdevelopment'. *Monthly Review*, v. 30, n. 11, p. 32-43, 1979.

MORGAN, Lewis Henry. *Ancient society*. New York: Henry Holt, 1877.

MOSES, Daniel. *The promise of progress*: the life and work of Lewis Henry Morgan. Columbia: University of Missouri Press, 2009.

MUSTO, Marcello. Marx em Paris: a crítica de 1844. *In*: MUSTO, Marcello (ed.). *Na trilha de um fantasma. A obra de Karl Marx entre filologia e filosofia*. Roma: Manifestolibri, 2005. p. 161-178.

MUSTO, Marcello. The rediscovery of Karl Marx. *International Review of Social History*, v. 52, n. 3, p. 477-498, 2007.

MUSTO, Marcello. History, production and method in the 1857: 'Introduction'. *In*: MUSTO, Marcello (ed.). *Karl Marx's Grundrisse. Foundations of the critique of political economy 150 years later*. London; New York: Routledge, 2008. p. 3-32.

MUSTO, Marcello. *Trabalhadores, uni-vos!* São Paulo: Boitempo, 2014.

MUSTO, Marcello. Revisitando la concepción de la alienación en Marx. *In*: MUSTO, Marcello (ed.). *De regreso a Marx. Nuevas lecturas y vigencia en el mundo actual*. Buenos Aires: [s. n.], 2015. p. 171-208.

MUSTO, Marcello. *O velho Marx*: uma biografia de seus últimos anos (1881-1883). São Paulo: Boitempo, 2018.

MUSTO, Marcello. Os manuscritos econômico-filosóficos de 1844 de Karl Marx: dificuldades para publicação e interpretações críticas. *Caderno CRH*, v. 32, n. 86 (May-August), p. 399-418, 2019.

MUSTO, Marcello. New profiles of Marx after the *Marx-Engels-Gesamtausgabe* (MEGA²). *Contemporary Sociology*, v. 49, n. 4, p. 407-419, 2020a.

MUSTO, Marcello (ed.). *The Marx revival*: major concepts and new critiques. Cambridge: Cambridge University Press, 2020b.

SAID, Edward. *Orientalism*. London: Routledge, 1995. p. 153-156.

SAITO, Kohei. *Karl Marx's ecosocialism*: capital, nature, and the unfinished critique of political economy. New York: Monthly Review Press, 2017. p. 264-265.

SAWER, Marian. *Marxism and the question of the Asiatic mode of production*. Haia: Martinus Nijhoff, 1977. p. 67.

SHANIN, Teodor. Late Marx: gods and craftsmen. *In*: SHANIN, Teodor. *Late Marx and the Russian road*. Londres: Routledge, 1984. p. 16.

TIBLE, Jean. *Marx selvagem*. São Paulo: Autonomia Literária, 2018.

TICHELMAN, Fritjof. Marx e Indonésia: notas preliminares. *In*: TICHELMAN, Fritjof. *Schriften aus dem Karl-Marx-Haus*. Tréveris: Karl-Marx-Haus, 1983. v. 30: Marx sobre a Indonésia e a Índia. p. 18.

VENTURI, Franco. Introduzione. *In*: VENTURI, Franco. *Il populismo russo. Herzen, Bakunin, Cernysevskij*. Turin: Einaudi, 1972. v. 1.

WADA, Haruki. Marx and Revolutionary Russia. *In*: SHANIN, Teodor (ed.). *Late Marx and the Russian road*. London: Routeledge, 1984. p. 60.

WALICKI, Andrzej. *Controversy over capitalism*: studies in the social philosophy of the Russian populists. Oxford: Clarendon Press, 1969.

WEBB, Daren. *Marx, marxism and utopia*. Aldershot: Ashgate, 2000. 113 f.

WHITE, James. *Marx and Russia*: the fate of a doctrine. London: Bloomsbury, 2018. p. 37-40.

ZASULICH, Vera. A letter to Marx. *In*: SHANIN, Teodor (ed.). *Late Marx and the Russian road*. London: Routeledge, 1984. p. 98-99.

A formação marxiana dos conceitos científicos:
explicitando e desconstruindo estereótipos

Potyara A. P. Pereira
Camila Potyara Pereira

Introdução

Na construção do conhecimento científico, os *conceitos* constituem produtos do pensamento informado pela *práxis* da abstração humana sobre a realidade. Por isso, não há ciência estruturada como saber ontologicamente validado sem a participação mediadora de *conceitos*, nem há raciocínio teórico desfalcado de quadro conceitual. Contudo, ainda hoje vigoram, em circuitos marxistas, inseguranças quanto ao uso do vocábulo *conceito* dado o temor de lhes ser impingido o epíteto de idealistas. O intrigante nessa conduta é que tais inseguranças não ocorrem em relação à pecha de materialistas vulgares em alusão não ao materialismo histórico-dialético (MHD) de lavra marxiana, mas ao mecanicista, ou metafísico no dizer de Engels, que também falseia a realidade; ou em relação ao materialismo empirista e antidialético que abriga convicções antagônicas às do MHD da seguinte espécie: "o conhecimento só é adquirido pelos sentidos humanos"; "os fenômenos vitais são mecânicos, físicos ou químicos"; a transformação do mundo obedece a uma "relação linear, evolutiva, de causas e efeitos"; a consciência é determinada pela matéria, mas não age sobre ela; e "não há livre-arbítrio" (BASBAUM, 1978, p. 210).

Sem entrar no mérito das razões subjacentes às inseguranças mencionadas, o que importa reter é a existência, entre marxistas e marxólogos, do entendimento de que os *conceitos* são constructos mentais apriorísticos; ou construções metafísicas "tomadas no sentido de especulação inebriante" — nas palavras de Marx, em *A sagrada família* ([2003]), citadas por Lenin (2001, p. 14) —, tão ao gosto do modo filosófico idealista de pensar, que prioriza a ideia sobre a matéria.

Efetivamente, esse é um pensamento que, alimentado por novos avanços industriais burgueses, produzidos pelo incremento das forças produtivas e da luta de classes, remete-se tanto ao idealismo transcendental de Kant, no século XVIII, quanto ao idealismo dialético de Hegel, no século XIX, que foram contestados pelos fundadores do MHD — Marx e Engels —, não obstante Hegel ter sido uma das mais decisivas fontes de Marx. A questão, para Marx, era que o movimento do pensamento dialético do mestre, identificado como "Ideia", constituía o "demiurgo" (criador) da realidade (LENIN, 2001, p. 14), não o contrário, em uma época já de notório desenvolvimento capitalista fundado na exploração do trabalho assalariado (LESSA; TONET, 2008, p. 47).

Tudo indica que foi no seio de dissonâncias filosóficas acerca da complexa e contraditória disjuntiva entre materialismo e idealismo que, para muitos, os *conceitos* representavam alegorias ou espelhos infiéis. E, como tais, eles não expressavam a dinâmica do mundo real e da empiria, nem o tratamento metodológico no qual a matéria tivesse prioridade sobre a ideia; vale dizer, no qual a matéria em movimento — entendida como *ser* na qualidade de *ser* dotada de concretude imanente, ontológica e anterior à consciência — fosse, em primeira mão, a fornecedora de elementos essenciais à organização, pela razão, de realidades caóticas ao senso comum.

Este capítulo tem dupla intenção: (i) dirimir dúvidas a respeito da relevância teórica dos *conceitos* e da qualificação destes como momento constitutivo imprescindível à construção e à reprodução do conhecimento científico; (ii) demonstrar a validade da formação e a utilização metodológica dos *conceitos* na teoria marxiana. Em decorrência, duas providências fazem-se necessárias: problematizar incompreensões estereotipadas acerca do formidável papel da *abstração* na formação marxiana dos *conceitos*, desempenhado em orgânica e tensa relação entre consciência e realidade objetiva preexistente; e trazer à tona a antiga, mas recorrente, polêmica sobre a pertinência da identificação de Marx e de sua obra como científicos, já que essa identificação é considerada imprópria pelos que delimitam Marx aos quadrantes de um pensamento crítico-revolucionário.

O cumprimento dessas providências, por si sós complexas e desafiadoras, ater-se-á a uma abordagem propedêutica sobre as confusões em torno das aparentes ambiguidades entre marxismo científico e marxismo crítico, de longa existência, que, por sua vez, exige: discussão do que está insinuado no título e subtítulo deste texto e da problemática explicitada nesta introdução. É em resposta a essas questões que o vocábulo *conceito* é tratado como um conteúdo sucinto, racionalmente construído, para representar as propriedades mais significativas da realidade estudada, a saber: as leis internas ou "tendências que [nela] atuam e se impõem com férrea necessidade" (MARX, 1975b, p. XIV). E, por assim ser, o *conceito* não precisará de um substituto linguístico para indicar o que nele já está consignado. Afinal, ao não ser uma entidade separada e autônoma das propriedades essenciais do objeto nele representadas, e muito menos um nome, sinal, signo, juízo de valor ou expressão fenomênica de aparências da matéria — também ao gosto do materialismo mecanicista —, o *conceito* por si só contempla a inteligibilidade do fenômeno analisado e a faculdade de generalizá-la a todos os fenômenos da mesma natureza.

Entretanto, não basta afirmar que a formação dos conceitos científicos possa e deva se pautar pelo método dialético-materialista-histórico que inaugurou, com Marx e Engels, uma *práxis* científica de desvendamento das leis internas dos objetos. É preciso, também, explicitar esse processo, como se tentará na última seção deste capítulo. Antes, porém, convém embasar, teoricamente, os argumentos que ressaltam a importância da *abstração* na formação dos conceitos, cuja pedra angular é a ontologia do ser. Por fim, há que demonstrar em que medida a defesa do pensamento marxiano como *ciência* não contraria concepções que o concebem, exclusivamente, como crítica revolucionária, renegadoras de seu suposto aprisionamento em amarras científicas.

Esclarecer e dirimir essas aparentes ambiguidades no interior dos vários marxismos em voga é tanto mais necessário quanto mais a *abstração* for identificada, genericamente, com voluntarismo e subjetivismo; e quanto mais a *ciência* for associada ao saber positivo normalizado pelos cânones rigoristas das ciências naturais e exatas que, segundo Alves (1981), denotam possuir teorias e metodologias precisas, quando, na verdade, é a *natureza do seu objeto* que é ordeira, previsível e facilmente observável.[1]

Desse esclarecimento ressalta a mais elementar diferença entre ciências da natureza e ciências humanas, e entre estatutos epistêmicos concorrentes (lógico-formais *versus* lógico-dialéticos), a qual reside na *natureza de seus respectivos objetos*; pois é esta singularidade que propicia, ontologicamente, a melhor precisão conceitual, teórica e metodológica do conhecimento, e não a superioridade investigativa ou a genialidade dos/as investigadores/as e de seus instrumentais. Por conseguinte, é a natureza do objeto, que contém as *leis* e a dinâmica do movimento que presidem o caminho mais adequado ao seu desencantamento,

---

1. Ou, como explicitado por Alves (1981, p. 78): a verdade é que "o bicho com que [as ciências naturais] lidam é muito doméstico, manso, destituído de imaginação, faz sempre as mesmas coisas, numa rotina enlouquecedora [...]. Tanto assim que é possível prever onde estarão Terra, Sol e Lua daqui a 100.000 anos".

mediado pelo processo de abstração. É a natureza do objeto que, em suma, possui a verdade a ser descoberta, assim como o segredo da trilha do método capaz de cumprir essa tarefa. Desse modo, é a própria essência do objeto em sua totalidade e exterioridade em relação ao sujeito do conhecimento "que prescreve o caminho a seguir para conhecê-lo" (LUKÁCS, 1979, p. 37).

O poder da abstração na dialética da construção dos conceitos científicos: breve revisão teórico-conceitual

A formação marxiana dos conceitos científicos faz parte de um processo heurístico que conjuga teoria e *práxis* e constitui uma caminhada dialética, não linear, em busca das leis (ou nexos) internas de fenômenos sociais e históricos. Trata-se de um processo que, acima de tudo, requer: (i) a existência de um sujeito cognoscente, dotado de curiosidade científica e capacidade de abstração intelectiva; e (ii) de um objeto cognoscível (passível de ser conhecido), portador de propriedades *essenciais* a serem desvendadas a partir da orgânica relação do objeto com o sujeito. Sem este entrelaçamento relacional do abstrato com o concreto e do subjetivo com o objetivo, como condição *sine qua non*, não haverá produção de conhecimento representativo da realidade.

Na linguagem filosófica geral, a *abstração* é a atividade intelectual mediante a qual, partindo de um objeto concreto, dado à percepção do sujeito cognoscente, dele é abstraída e interpretada com palavras a propriedade substantiva que lhe é inerente e o explica em sua totalidade. Nessa atividade, três delimitações fundamentais são demandadas do sujeito: a do objeto; a das propriedades (adjuntas e essenciais) desse objeto; e a do *conceito*, abstraído do conteúdo das propriedades essenciais, secundada pelas propriedades gerais e adjuntas. Este é, em linhas gerais, o processo de conhecimento da realidade objetiva em todos os ramos científicos que contestam a autossuficiência explicativa da razão; e que Aristóteles, discordando da teoria platônica intuitiva das Ideias, já ensinava em sua *Ética a Nicômaco* (1979) ao declarar que a filosofia tem sua origem na percepção dos fatos singulares que contêm, individualmente, a propriedade essencial caracterizadora da universalidade da sua espécie.

Similar compreensão apareceu na escolástica medieval, liderada por Tomás de Aquino. Ele, em sua *Suma teológica*, retomou o pensamento aristotélico para comparar a abstração à "iluminação do fantasma", produzida por agentes inteligentes; iluminação que tornou visível a *species intelligibilis* da matéria ou a essência do objeto informadora do conceito como *verbum mentis* (palavra da mente). Sem entrar nas particularidades tomistas acerca da relação entre abstração intelectual e formação dos conceitos, o que importa destacar é a longa trajetória do esforço de abstração como atividade indispensável à conceituação e à teorização da realidade objetiva. Inaugurada na Antiguidade, a abstração não mais se afastou do debate filosófico e científico que se estendeu aos dias atuais, após acolhimento na Idade Média. E na era moderna foi alvo de interesse dos filósofos Kant e Hegel, nos séculos XVIII e XIX, em uma era já dominada pelo capitalismo industrial, mais tarde analisado por Marx.

Kant, diante da questão autoformulada de "como explicar, com segurança, de onde provém a coincidência do conceito com os objetos nele representados"; e "em virtude de que os axiomas da razão pura sobre esses objetos coincidem entre si, sem que a consciência tenha recebido a ajuda da experiência" (VRIES, 1975, p. 3), optou pela solução idealista subjetiva dessa questão, priorizando a consciência sobre a realidade sensível. Dessa feita, a despeito de não negar a existência da matéria nem encampar a teoria empirista da abstração — que se prende mecanicamente às manifestações fenomênicas da matéria —, ele sustentou que a matéria assume a forma que a consciência nela reconhece. Ou seja, para Kant, o conhecimento — sempre captado pelos sentidos — é construído pela mente humana a partir de sensações que, no entanto, possuem as seguintes "limitações fundamentais" (LESSA; TONET, 2008, p. 40): não são produzidas pela matéria objetiva, mas pelos órgãos dos sentidos que moldam a matéria de acordo com a percepção que o sujeito do conhecimento nele reconhece.

Diferentemente de Kant, o idealismo hegeliano aportou nova problemática ao tema da abstração. Ao tratá-la dialeticamente, Hegel voltou-se contra a sua simplificação. Embora fosse um idealista que, como Kant, não negasse a matéria, ele não comungou do entendimento kantiano de que a captação sensorial, linear, da dimensão mais visível da realidade constituísse uma verdade aceita pela razão. Este seria, a seu ver, um procedimento superficial sobre aparências fugazes que inviabilizaria a ascensão do concreto pensado à condição de *conceito*, posto que estaria desfalcado de informações essenciais da matéria. Tal procedimento também não construiria um conceito universal representativo da totalidade do objeto; e sua unilateralidade o im-possibilitaria de se relacionar com outras determinações e princípios opostos, por carecer de automovimento e dinâmica responsáveis por sua configuração como unidade de contrários, isto é, uma unidade de contrários que se desenvolve, enriquece e se constitui *de si para si* até atingir o estágio superior de *conceito*, determinada por um espírito absoluto — o demiurgo ideal, rechaçado por Marx. Todavia, é válida a advertência de Hegel de que esse estágio superior "não anula nem tampouco permite descanso aos estágios inferiores da abstração; ao contrário, os vai reabsorvendo como momentos de sua construção mais elevada e profunda" (VRIES, 1975, p. 3).

Foi influenciado por essa dialética que o pensamento filosófico de Marx se desenvolveu, mas com uma incisiva contraposição. Con-cordando, em parte, com Feuerbach, Marx detectou na dialética de Hegel uma ambiguidade interpretativa na representação conceitual da essência da matéria. Nessa representação, os agentes de sua construção não eram empíricos nem mantinham relações prático-concretas com o objeto, mas sujeitos com *performances* teórico-abstratas. Por isso, ainda que os conceitos construídos pela dialética hegeliana procedessem da fenomenologia de uma consciência humana finita, "o sujeito principal dessa dialética [era] a Ideia, o Espírito ou o Absoluto; e o resultado dessa operação [era] denominado saber absoluto" (MCCARTHY; BALLESTREM, 1975, p. 90). Isso explica por que Marx se contrapôs a essa dialética, que deixava intacta a *práxis* social, e abraçou uma dialética materialista histórica, ancorada nas relações de trabalho, ou de produção, que contemplava um *éthos* revolucionário.

Nessa direção, outros produtos intelectuais correlacionados impuseram-se, tornando-se primaciais na dialética marxiana. Um deles foi o método materialista histórico, cuja aplicação se deu na investigação e exposição da anatomia da sociedade capitalista. Além disso, a unidade da teoria e da *práxis*, que sempre se destacou nas análises marxianas, foi alvo de problematização inovadora. Para Marx e Engels, a teoria não apenas deveria ser uma explicação do que existe ou acontece, mas, principalmente, uma crítica contundente ao que existe ou acontece com vista à sua superação prática.

Entretanto, todos esses achados intelectuais não se encontram, organizadamente, descritos e explicados na obra de Marx. Ele os aplicava e os registrava de modo pontual e, nesse mister, demonstrava, segundo Vries (1975), que abraçava a causa da abstração. Prova disso são as suas observações sobre ela. Em *Miséria da filosofia* (1978), Marx chamava de metafísicos os que usavam a razão abstrata sem análise do movimento histórico real para criar categorias lógicas esvaziadas da substância das coisas; e os que admitiam como postura científica o distanciamento entre sujeito e objeto do conhecimento. Outra prova é a não condenação marxiana da separação, pela abstração, dos elementos não essenciais à conceituação do objeto, tanto que ele também a realizou. Efetivamente, Marx adotou esse processo em sua análise da mercadoria, contida em seu livro *O capital* (1975b), como será visto mais à frente. E, em outra obra intitulada *Teoria da mais-valia* ([1980]), Marx identificou como uma das causas das fragilidades teóricas de David Ricardo a ausência de força abstrativa. Por fim, em escritos referentes ao método materialista histórico, ele reproduz, textualmente, a recomendação hegeliana de que o pensamento deve ascender do abstrato ao concreto, embora insista que o verdadeiro ponto de partida é o concreto. Ou seja, no fundo e diferentemente da visão hegeliana, o que Marx deixa claro é que o concreto, mesmo sendo a fonte primaz do conceito e da teoria, não se transporta como um decalque para o pensamento, mas é por este captado e representado via o poder da abstração.

Concordando com essa concepção, Engels não só participou de sua elaboração, mas também procurou explicitá-la em seu livro *Anti-Dühring* (2015), cujo manuscrito, segundo Lenin (2001), foi lido por Marx. Nessa tarefa, Engels demonstrou grandioso empenho em sistematizar uma teoria do conhecimento materialista histórica que ficaria conhecida como uma de suas mais polêmicas normalizações do pensamento marxiano. "Para não fazer concessões ao idealismo, Engels levou ao limite a concepção empírica da abstração" (VRIES, 1975, p. 5), ao ponto de dar a entender, na obra *Dialética da natureza* (1979), que os *conceitos* seriam abreviaturas de matérias e movimentos reais, captados *sensorialmente* e agrupados com base em características comuns. Isso, evidentemente, custou-lhe acerbas acusações de incorrer em vulgarizações marxianas, ou de engessar Marx nos cânones científicos de corte positivista, apesar de logo ele ter declarado que os conceitos são produtos do pensamento informado pela matéria e não implantes de percepções sensoriais.

Com efeito, a muitos pareceu que o esforço de Engels de organizar, para tornar mais compreensível, a monumental, intrincada e fragmentada obra de Marx fosse uma intromissão descabida ou profanação. Mas, tudo indica que esse esforço visou estabelecer um limite teórico--explicativo, cabível cientificamente, em torno de um patrimônio que já vinha sendo deturpado. Nesse sentido, Engels estabeleceu, como referência fundante, o conteúdo original do paradigma materialista histórico construído sob o calor de intensa criação. E assim procedeu para preservá-lo, mesmo sabendo que esse conteúdo, por ser histórico, estaria sujeito a revisões, inclusive pelo próprio Marx. Nessa tarefa, prevalecia o intento de evitar vulgarizações, por marxistas, do paradigma; precisar seus fundamentos e formulações lógicos, teóricos e metodológicos; e torná-los didáticos e concisos às jovens e futuras gerações. Afinal, Marx também não tinha exposto, em lugar algum, o arcabouço filosófico e histórico do seu materialismo. Foi Engels quem o expôs no *Anti-Duhring*, assim como fez em relação a outros temas marxianos. Abraçando essa empreitada como um projeto, Engels selecionou do paradigma original textos e ideias centrais e decisivos para mantê-los como vigas mestras epistemológicas, teóricas e metodológicas de novo tipo. Para tanto, combateu deformações que ou identificavam a ciência marxiana como positivismo ou substituíam essa ciência por invocações doutrinárias. Corrigiu também a ênfase exagerada nas determinações econômicas sobre a autonomia relativa da superestrutura. E acentuou a importância da relação recíproca e antagônica, ao mesmo tempo, entre base e superestrutura. No tocante ao poder da abstração, Engels afirmou que não só os conceitos, mas também todos os princípios universais, incluindo os da matemática, são abstraídos da natureza e da história humana, sublinhando que essa concepção é a única que merece ser chamada de materialista. Consequentemente, ele também rejeitou proposições apriorísticas ou princípios formais derivados do puro ato de pensar, afirmando que:

> [...] de modo algum [nem] na matemática pura o entendimento se ocupa somente com as suas próprias criações e imaginações. Os conceitos de número e figura não são tirados de nenhum outro lugar senão do mundo real. Os dez dedos que os seres humanos usam para contar, com os quais aprenderam a realizar a primeira operação aritmética, são tudo menos criação livre (ENGELS, 2015, p. 69).

É inspirado nesse esforço didático e metódico de Engels que o tópico a seguir tentará traduzir, em largos traços, os processos e as relações mais significativos da atividade de construção dos conceitos científicos em suas concatenações fundamentais. O objetivo dessa tentativa não é apenas divulgar e dividir conhecimentos, mas também reconstituir verdades, esconjurar simplismos analíticos e desconstruir estereótipos sobre o labor científico-crítico de Marx e Engels.

Formação dos conceitos: um exemplo de *práxis* científica marxiana

Destaca-se, neste tópico, um trabalho acadêmico especial por ser a reflexão sobre a formação marxiana dos conceitos que despertou o interesse engajado da primeira autora deste texto e lhe serve, desde então, de referência arquetípica. Trata-se de um ensaio elaborado para circulação interna, na Universidade de Brasília (UnB), nos anos 1970, decorrente de pesquisa realizada pelo professor Élbio N. Gonzalez (1974), já falecido, do ex-Departamento de Ciências Sociais.

Nesse ensaio, o autor começa pela curta e óbvia definição de que os conceitos são *pensamentos*. Mas, *que pensamentos*? Apressa--se a indagar para logo responder: aqueles que, diferentemente da representação sensível, realizam-se por meio da abstração analítica das propriedades de um objeto e se sintetizam como representação da essência (leis internas ou tendências férreas) desse objeto em seu conjunto. Com isso, Gonzalez queria dizer que, contrariamente às visões idealistas e materialistas empiristas — afins, nesse particular —, o conceito não resulta de um exercício mental destituído de análise dos elementos ocultos de um ser objetivo, nem é uma imagem fotográfica das suas aparências. Logo, os conceitos nem procedem da "razão impessoal" que, conforme Marx (1978, p. 117), nada tem fora de si e, por isso, "precisa dar cambalhotas para se pôr, opor e compor" em seu próprio contexto, nem, exclusivamente, das manifestações fenomênicas desse ser.

Em seguida, o autor informa que o deslanche do processo de formação científica dos conceitos parte sempre da pergunta "*o que é isto?"*, da qual se delineia uma tarefa ingente. Trata-se de uma indagação que não pode ser substituída por nenhuma outra do repertório lógico do processo, porque o sujeito da abstração poderá chegar a outros resultados: à formulação, por exemplo, de juízos ou raciocínios, mas não de conceito que, por sua vez, não é *definição*. Definir um conceito, diz Gonzalez (1974, p. 54), não é outra coisa senão "explicitar o seu conteúdo implícito". Ademais, a resposta à questão "*o que é isto?*" não requer genialidade, mas trabalho heurístico rigoroso que exige, parafraseando Ianni (2011) e Sweezy (1983), reflexões, indagações e suposições reiteradas e obstinadas, visto que o conceito (ou a categoria[2] como também é chamado) construído não é o começo, mas o desfecho da reflexão dialética, que não termina em si. Aliás, os primeiros conceitos construídos nunca são suficientes e, como tais, devem receber acréscimos de novas determinações dentro de uma dinâmica progressiva rumo à maior concreticidade possível. Por isso, os conceitos em processamento podem assumir, em determinadas etapas, configuração de *hipótese* de trabalho que, heuristicamente, irá subsidiar aperfeiçoamentos conceituais.

Por serem todos os objetos de estudo sínteses de múltiplas determinações, ou emaranhados de propriedades constitutivas do seu ser, Gonzalez adota uma categorização que, para efeitos analíticos, dimensiona essas propriedades em três instâncias interligadas: *gerais* ou de aparência sensível; *diferenciais* ou particulares; e diferenciais

---

2. Compartilha-se da concepção marxista leninista que as categorias são conceitos fundamentais que refletem os aspectos mais universais e essenciais da realidade, assim como as conexões e relações mais substantivas entre objetos. Nesse sentido, elas são dotadas de alto grau de universalidade e abstração. Surgem não como classificação, mas representação decorrente de análise que capta e seleciona, dentre uma multiplicidade de determinações, fenômenos, qualidades, processos, sistemas, para chegar ao conteúdo mais íntimo do ser. Aparecem como gênero dos gêneros conceituais. Constituem o campo central da ontologia do ser. E se expressam onde o saber, convertido em razão, se põe como certeza de ser toda a realidade. Aristóteles considerava a "essência" a mais importante das categorias por ele elencadas, dentre as quais também constam: "relação", "qualidade", "quantidade". Tanto as categorias quanto os conceitos propriamente ditos não são dados para sempre, mas repertório construído, revisto e aperfeiçoado historicamente. Ambos têm sempre de permanecer abertos às mudanças (VOLLRATH; FLEISCHER, 1975).

essenciais ou *singulares*, isto é, propriedades que, por constituírem os nexos ou as leis internas do objeto, são diferentes das duas primeiras, mas compõem com elas o todo pensado.

Portanto, a abstração analítica, ou a separação/decomposição do conjunto dessas propriedades, constitui a *práxis* científica que, guiada pelo método materialista histórico, não se prende ao concreto figurado. Parte da aparência, na qual residem as propriedades gerais, ou manifestações fenomênicas, para identificá-las e distingui-las das propriedades de menor imediaticidade. Eis por que a identificação e a decomposição das propriedades diferenciais vão revelar elementos situados no limiar das abstrações mais sutis, porém ainda de senso comum, e, mais adiante, das abstrações mais profundas que prosseguem em busca das leis internas do objeto e da sua generalização conceitual.

Donde se infere que ficar nas aparências do objeto, ou mesmo nas suas propriedades meramente diferenciais, é incorrer em conhecimento insuficiente, parcial e precário, cuja generalização abstrata permanece no campo da empiria, e não da teoria, e é mediatizado por "conceitos" do senso comum; vale dizer, por conceitos cuja generalização se baseia, principalmente, nos princípios da "identidade e da diferença, característicos da estrutura conceitual elementar lógico-formal" (GONZALEZ, 1974, p. 57). E cuja "generalização empírica não garante que o abstraído como geral seja ao mesmo tempo essencial — requisito necessário à generalização científica" —, haja vista que "uma propriedade é essencial não porque é comum a vários fenômenos, mas resulta comum por ser essencial a eles" (GONZALEZ, 1974, p. 59).

Ilustrando esse processo, Gonzalez empresta da linguagem cotidiana o "conceito" de água. Nessa linguagem, a água apresenta-se à percepção imediata e sensível como um fenômeno do qual foram extraídas apenas algumas propriedades gerais e diferenciais, a saber: "líquido, incolor, inodoro, insípido"; e funções mais evidentes, como a de saciar a sede. Do seu conjunto complexo — e caótico às primeiras aproximações — não se percebem as propriedades essenciais, correlações e leis internas que respondam à pergunta de partida, "*o que é isto?"*. Tais propriedades só vão ser apreendidas e conceituadas pela química, a partir da descoberta da composição substantiva do objeto, com o auxílio de instrumentos apropriados. Logo, é o conceito científico que vai conter a informação, organizada pelo pensamento, de que a água é composta por dois elementos químicos — hidrogênio e oxigênio — ligados por relações covalentes (compartilhadas) entre os elétrons de seus respectivos átomos; e que uma molécula de água contém dois átomos de hidrogênio e um átomo de oxigênio (H_2O).

Essa ilustração também alerta para o fato de que o processo de abstração conceitual difere em conformidade com a natureza do objeto analisado. Por isso, as ciências sociais e históricas, sublinha Ianni (1991), não devem (nem podem) se pautar pelo padrão de análise das ciências naturais, posto que as lógicas do conhecimento de ambas diferem entre si, a começar pelas suas respectivas prioridades analíticas e método de investigação: numa, a prioridade é a realidade natural e o método é previamente definido, inclusive em seus movimentos; e noutra a prioridade é a realidade social e o movimento do método é ditado pelas dinâmicas do objeto.

Isso significa que "as possibilidades de pesquisa, experimentação, descrições e explicações abertas pela ciência da natureza pouco servem ao estudo da realidade social" (IANNI, 1991, p. 201). Da mesma forma o conceito, as determinações dialéticas que, nas ciências naturais, são de causa e efeito, nas ciências sociais não o são; nestas, "as condições de possibilidades ou previsão somente se constituem na medida em que apanham, conformam, abreviadamente, as singularidades e universalidades envolvidas nas configurações e movimentos da realidade social" (IANNI, 1991, p. 202). Isso não quer dizer que as ciências sociais só lidem com representações trabalhadas autonomamente pela consciência. Mas sim, segundo Lukács (1979), que é difícil para os empiristas colocarem-se acima da visão primitiva da realidade que só reconhece como materialidade coisas tangíveis, captadas até onde os sentidos humanos podem chegar. Para eles, não é fácil entender que, diferentemente das ciências naturais, existe uma ontologia do ser social que tem como materialidades dois polos interligados: de um lado, os objetos do mundo da natureza (árvores frutíferas, animais domesticados), que, no fundo, são produto do trabalho social; e, de outro, os conceitos ou categorias sociais dos quais "já desapareceu toda materialidade natural" (LUKÁCS, 1979, p. 48). É a inseparabilidade de ambos os polos que forma o ser social.

Foi trilhando esse caminho que Marx desenvolveu o seu processo de abstração sobre o modo de produção capitalista não só para conhecê-lo, mas também para criticá-lo com vista a predizer a sua superação. Aplicando pela primeira vez o seu método na análise da economia política clássica, Marx partiu, conforme Harvey (2014), do fato mais evidente em todas as formações sociais capitalistas, o qual continha, sinteticamente, a substância do seu objeto de interesse: a *mercadoria* como a forma assumida pelo produto do trabalho humano, ou a *forma do valor* associado a esse produto, que funciona como denominador comum nessas formações. Ou, conforme Marx (1975b, p. XIII-XIV, grifos do original), a "mercadoria como a *célula econômica* da sociedade burguesa", a qual, "ao profano parece ser um labirinto de *sutilezas* que, com efeito, são *sutilezas*; as mesmas que nos apresenta, por exemplo, a *anatomia micrológica*". Só no mundo social há uma diferença digna de nota, assim indicada por Marx (1975b, p. XIII): "Na análise das formas econômicas [e sociais] de nada servem o microscópio nem os reativos químicos. O único meio de que dispomos, nesse terreno, é a capacidade de abstração".

Foi, pois, utilizando a sua capacidade abstrativa, ou "escalando a montanha [do conhecimento científico] por caminhos escabrosos" (MARX, 1975b, p. XXV), que esse pensador descobriu o tipo de transação sempre realizado com as mercadorias: a *econômica*, que precisava ser decomposta em suas propriedades. Nessa atividade, Marx detectou que as mercadorias satisfaziam a uma demanda decorrente de uma *necessidade humana*, cuja espécie não lhe interessava. Bastava-lhe saber que na troca de mercadorias sempre havia uma necessidade, seja ela do "estômago", seja da "fantasia". E tampouco, diz Harvey (2014), lhe interessava psicologizar os motivos da sua procura, posto que o que se impunha era qualificar a *utilidade* da mercadoria na transação econômica. Eis por que Marx colocou de lado diversos aspectos do seu objeto e de seus múltiplos usos, porque para efeito de conceituação, eles tinham relação adjunta com o essencial. E continuou decodificando, abstratamente, a *utilidade* da mercadoria até chegar a algo concreto (embora imaterial) que passou a ser o primeiro conceito de sua teoria crítica da economia política: o *valor de uso*. Nesse percurso, cada vez mais questionado e submetido à decomposição analítico-seletiva, Marx captou outro elemento mediador nas sucessivas aproximações às propriedades essenciais do seu objeto. Percebeu que o valor de uso, contido na mercadoria, era *portador* de outro valor no mundo das trocas capitalistas, um *valor de troca*, permutável por qualquer coisa por conter algo que nele se distinguia. Mas, o quê?

Para responder a essa questão, Marx teve de analisar a mercadoria em movimento, em suas relações dialéticas e contraditórias, já que, como lembra Harvey (2018), ele não poderia dissecá-la fisicamente nem a submeter a experimentos laboratoriais. Restava-lhe, pois, apreender pelo pensamento o seu movimento, que Harvey também ilustrou com o ciclo da água, cujos deslocamentos, fluidez, retornos modificados ao ponto de partida, mudanças de estados (líquido, sólido, gasoso), além de penetrações por todo o planeta, melhor expressavam a dinâmica social da mercadoria. Nessa dinâmica, Marx percebeu que havia algo relacionado à permutabilidade, dotado de comensurabilidade, capaz de compará-lo com todos os outros produtos intercambiados. Para identificá-lo, ele supôs que se tratava de uma relação no interior da mercadoria, situada entre dois produtos diferentes a serem trocados — por exemplo, aço e milho —, que se colocava como terceiro elemento ao qual os dois produtos seriam redutíveis; uma relação, portanto, que serviria como medida de valor, imaterial, embora objetivamente existente.

Centrado nesse pressuposto, Marx voltou a refletir sobre os valores de uso e de troca, desenvolvendo o seguinte raciocínio, segundo Harvey (2014): já que como valor de uso a mercadoria é, antes de tudo, constituída de *qualidades* diferentes e, como valor de troca, ela só poderá ser constituída de *quantidades* diferentes (quantidade de aço permutado por quantidade de milho), não caberá na comensurabilidade nenhum átomo de valor de uso. Logo, a *utilidade* da mercadoria, própria do valor de uso, não estará presente na métrica da permuta e, por isso, deverá ser afastada. Em compensação, restará no corpo da mercadoria apenas uma propriedade comum a todas as outras: o *trabalho humano*, que tanto o valor de uso como o valor de troca transportam como qualidade: a de serem produtos do trabalho humano. Ou melhor, do trabalho *abstrato*, isto é, daquele trabalho despido de suas especificidades e considerado, na sua totalidade, igual a trabalho humano ou dispêndio de energias físicas e intelectuais. Segue-se daí, diz Marx, uma "geleia" de trabalho humano, sem consideração pelas formas como foi despendido e como cristalização de uma substância social comum a todas elas, expressa na forma de *valor*, que passa a ser representada pelo dinheiro. Por conseguinte, o *valor* desponta como o elemento escondido no processo de troca que torna todas as mercadorias permutáveis entre si. E o *valor de troca* revela-se como a forma de expressão desse valor, sempre em movimento e objetivado no produto do trabalho — a mercadoria —, cuja quantidade é medida pela duração do trabalho socialmente necessário para produzi-la. Disso decorre a definição do conceito de valor como o trabalho abstrato socialmente necessário, e não "tempo de trabalho", na definição de David Ricardo. É trabalho socialmente necessário porque na determinação da grandeza de seu valor a mercadoria individual vale apenas como um exemplar médio da sua espécie (HARVEY, 2014).

Esse é o cerne do processo de construção da estrutura conceitual básica do modo de produção capitalista, cujo desvendamento foi propiciado pelo método dialético-materialista-histórico que, segundo Marx, tem como característica o fato de não se deixar impressionar por nada, além de, em essência, ser revolucionário. Um método de novo tipo no qual, cientificamente, não há relações causais lineares, mas determinações dialeticamente interligadas que, ademais, contemplam relações orgânicas entre todos os conceitos, movimentos e processos objetivados em valores, incluindo o de uso, representados por valores de troca.

Concluindo

Se se partir do entendimento de que o pensamento marxiano constitui um complexo conceitual e teórico identificado com uma nova forma de saber científico, dedicado ao desvendamento das leis internas ou tendências do movimento histórico da realidade, não se pode conceber esse saber apenas como crítica dessa realidade, com vista a transformá-la; isto é, como crítica a serviço de uma *práxis* revolucionária que se pautaria pela doutrina da emancipação humana do reino das necessidades (incluindo o trabalho assalariado) sem ter como substrato uma teoria científica.

Seria, ademais, ocultar um entendimento reconhecido até por ilustres opositores. Schumpeter, por exemplo, afirmava que "o marxismo era demasiado sério para ser abandonado aos marxistas" (RODRÍGUEZ, 1970, p. 13); Weber recomendava a leitura completa da obra marxiana (GIDDENS, 1998, p. 83-84) e dizia não ser possível falar do século XX "sem mencionar Marx" (IANNI, 2011, p. 403), apesar de dizer que suas teorias eram "fontes de intuição"; e Keynes, do alto de seu prestígio econômico na conjuntura da crise capitalista de 1929, foi instado a contragosto a mencioná-lo ao falar da teoria geral do emprego (IANNI, 2011). Ou seja, querendo ou não, os opositores de Marx não podiam escapar de uma constatação até hoje inarredável: de que o modo de produção capitalista não pode mais ser pensado sem a interpretação marxiana, posto que ela não está apenas nos livros ou nas cabeças de pessoas. Está, essencialmente, "impregnada no real. De tal modo que a história das ciências sociais desde o século XIX [...] [tornou-se] uma história fantástica de diálogo com Marx" (IANNI, 2011, p. 403).

Diante disso, as diferentes hostes marxistas não teriam (como ainda têm) por que tergiversar em torno do amálgama marxiano entre ciência e crítica, visto que tanto a epistemologia dialética materialista histórica quanto o método marxiano são visceralmente críticos, além de comprometidos com a *práxis* científica que não aceita como verdade as aparências dos fenômenos nem como fatalidade o *status quo*; e visto que esse posicionamento sempre implicou crítica das explicações teóricas prevalecentes sobre o mesmo objeto de análise, e reflexão crítica desse objeto que nunca é neutro ou inocente (IANNI, 2011). Isso indica que Marx foi, a um só tempo, cientista e crítico, especialmente no âmbito da economia política, perante a qual realizou um esforço hercúleo de crítica da ideologia burguesa respaldado em achados científicos por ele mesmo desbravados. Um esforço, diga-se, exitoso e certificado pela história, haja vista a sua permanência através dos séculos, incluindo o atual. Se assim não fosse, se Marx tivesse sido apenas um disseminador de "chavões", suas ideias já teriam desaparecido. Mas, ao contrário, pontua Mandel (1980, p. 37), Marx — "enfeitiçado pelo impulso que toma o espírito crítico, pela audácia da visão histórica e pela implacável lógica [dialética] que vai ao fundo das coisas" — realizou a verdadeira tarefa científica: aquela que, por ser "crítica e revolucionária, enfoca por essência todas as formas atuais [do capitalismo] em pleno movimento, sem omitir o que há de perecível e sem se deixar intimidar por nada" (MARX, 1975b, p. XXIV). Uma tarefa que, "por se pautar por uma investigação livre, tem que lutar com inimigos que outras ciências não conhecem"; e, por isso, "provoca a cólera e o açoite da burguesia e de seus porta-vozes doutrinários, porque na inteligência e explicação positiva do que existe abriga-se a inteligência de sua negação, de sua morte forçosa" (MARX, 1975b, p. XV).

Disso se conclui que a obra de Marx é de ciência, ressalvando-se, no entanto, que há ciências e ciências. Diferentemente das ciências humanas burguesas, o espírito científico de Marx, conforme Lukács (1979), desenvolveu-se por meio da filosofia e desta jamais se afastou. Consequentemente, toda análise marxiana, todo mergulho nas propriedades essenciais de seu objeto em busca dos nexos internos nunca foram um ato imediato de correção factual. Foram, sim, investigações ininterruptas de todo o objeto, com vista a captar o seu verdadeiro conteúdo e a sua constituição ontológica em movimento, resultando numa cientificidade viva, consciente e crítica, mas sujeita à transformação.

Marx, ademais, só reconheceu um tipo de ciência, a da história, que engloba ao mesmo tempo a natureza e o mundo humano. Dada a sua incompatibilidade com esquematismos e separações disciplinares, tanto seus conceitos e teorias quanto o seu método não são receituários. Segundo Lukács (1979), Marx nem pretendia fundar um método, mas este existiu e está implícito em suas investigações e exposições por uma razão muito simples: ele se orienta pelo movimento ontológico do ser ou do seu objeto, que são inerentemente dialéticos. Assim, contra a pecha de determinismo teleológico, a indeterminação é algo fundamental na sua obra; os seus conceitos, como valor de uso, valor de troca, luta de classes, contradição, não estão dados *a priori*, mas postos concretamente; e seu método torna-se dialético porque ele não pode ser diferente do seu objeto nem funcionar como um leito de Procusto.[3]

Esse mesmo raciocínio vale para a questão da disjuntiva entre idealismo *versus* materialismo, visto que o materialismo marxiano nem é pura matéria, nem é pura ideia: é síntese de ambos os termos. É *síntese superadora* dotada de *base axiomática* e *estrutura lógica* próprias, como afirma Engels (coautor de Marx) em carta endereçada a Bloch, em 1890 (WEISS, 1975). Para Engels,[4] sem Marx o MHD não seria essa síntese que também contempla a relação dialética entre ciência e crítica revolucionária, a qual ressalta a regência do princípio da *contradição dialética* em todas as relações, tais como: teoria *versus práxis*; sujeito *versus* objeto; capital *versus* trabalho; ser *versus* consciência; necessidade *versus* liberdade, dentre outras que contemplam (atente-se bem!) um

---

3. Metáfora da medida única, baseada na mitologia grega, segundo a qual Procusto, um assaltante, deitava suas vítimas em um leito no qual todas deveriam se encaixar. Caso fossem maiores que a cama, teriam suas pernas cortadas e, se fossem menores, seriam esticadas por cordas movidas por roldanas. O absurdo é que ele tinha uma justificativa considerada sábia: *agir com justiça e razão*, pois, para Procusto, as diferenças são injustas. Seu leito funcionava como a medida justa e racional adotada com truculenta e arbitrária padronização.

4. Nessa carta, Engels ratificava a legitimidade do fato de o materialismo histórico-dialético sempre ter sido associado ao nome de Marx, mas "de todo modo, [enfatizava ele] é segura a afirmação de que a base axiomática e a estrutura lógica do mesmo procedem, no essencial, de Marx" (WEISS, 1975, p. 150).

dever ser — a emancipação humana ou a liberdade como consciência ou inteligência da necessidade.

Por fim, reafirma-se que, no processo marxiano de formação dos conceitos científicos, tema deste capítulo, já estão implícitas: (i) a concepção de uma ontologia materialista-histórica dotada de historicidade, processualidade e contraditoriedade dialéticas que, no caso desta última, é a força motriz da transformação social; (ii) e a condução metodológica desse processo que contempla dois pontos de partida e de chegada: da ascensão do abstrato ao concreto, para captar a essência do fenômeno; e do fenômeno mais evoluído para o mais primitivo, para captar a anatomia e o processo de seu desenvolvimento.

Referências

ALVES, Rubem. *Filosofia da ciência*: introdução ao jogo e suas regras. São Paulo: Brasiliense, 1981.

ARISTÓTELES. *Ética a Nicômaco*. São Paulo: Abril Cultural, 1979. (Coleção Os Pensadores).

BASBAUM, Leôncio. *Sociologia do materialismo*: introdução à história da filosofia. São Paulo: Edições Símbolo, 1978.

ENGELS, Friedrich. *Dialética da natureza*. Rio de Janeiro: Paz e Terra, 1979.

ENGELS, Friedrich. *Anti-Dühring*: a revolução da ciência segundo o senhor Eugen Dühring. São Paulo: Boitempo, 2015.

GIDDENS, Anthony. *Política, sociologia e teoria social*: encontros com o pensamento social clássico e contemporâneo. São Paulo: Fundação Editora Unesp, 1998.

GONZALEZ, Élbio. *A formação dos conceitos científicos*. Versão provisória para circulação interna. Brasília: UnB, fev. 1974.

HARVEY, David. Cinco videoaulas sobre *O capital*, de Karl Marx. Vídeo 1, 3 mar. 2014. Disponível em: www.centrovictormeyer.org.br. Acesso em: 15 de abril de 2020.

HARVEY, David. *A loucura da razão econômica*: Marx e o capital no século XXI. São Paulo: Boitempo, 2018.

IANNI, Octávio. A crise dos paradigmas na sociologia. *Revista Crítica de Ciências Sociais*, n. 32, jun. 1991.

IANNI, Octávio. A construção da categoria. *Revista HISTEDBR on-line*, número especial, p. 397-416, 2011.

LENIN, Vladimir. *As três fontes*. São Paulo: Expressão Popular, 2001.

LESSA, Sérgio; TONET, Ivo. *Introdução à filosofia de Marx*. São Paulo: Expressão Popular, 2008.

LUKÁCS, György. *Ontologia do ser social*: os princípios ontológicos fundamentais de Marx. São Paulo: Livraria Editora Ciências Humanas, 1979.

MAcCARTHY, Thomas; BALLESTREM, Karl. Ciencia. In: *Marxismo y democracia: enciclopédia de conceptos básicos*. Filosofía 1. Madrid: Ediciones Rioduero, 1975.

MANDEL, Ernest. *A formação do pensamento econômico de Karl Marx*: de 1843 a redação de *O capital*. Rio de Janeiro: Zahar Editores, 1980.

MARX, Carlos. *El capital*: crítica de la economía política. Prólogo a la primera edición. México: Fondo de Cultura Económica, 1975b. v. I.

MARX, Karl. Teses sobre Feuerbach. *In*: MARX, K.; ENGELS, F. *Obras escogidas*. Madrid: Editorial Ayuso, 1975a. t. II.

MARX, Karl. *Miséria da filosofia*. Lisboa: Editorial Estampa, 1978.

MARX, Karl. *Teorias da mais valia*: história crítica do pensamento econômico. Vol. 1. Coleção Perspectivas do Homem. Rio de Janeiro: Civilização Brasileira, 1980.

MARX, Karl. *Crítica da filosofia do direito de Hegel*. São Paulo: Boitempo, 2005.

MARX, Karl; Engels, Friedrich. *A sagrada Família ou crítica da crítica (contra Bruno Bauer e consortes)*. São Paulo: Boitempo, 2003.

RODRÍGUEZ, Perpiñá. *El capitalismo*: análisis sociológico. Madrid: Consejo Superior de Investigaciones Científicas; Instituto "Balmes" de Sociologia, 1970.

SWEEZY, Paul. *Teoria do desenvolvimento capitalista*. São Paulo: Abril Cultural, 1983.

VOLLRATH, Ernest; FLEISCHER, Helmumut. Categoria. *In*: KERNIG, C. D. *Marxismo y democracia*: enciclopedia de conceptos básicos. Madrid: Ediciones Rioduero, 1975. Filosofía 1.

VRIES, Josef de. Abstracción. *In*: KERNIG, C. D. *Marxismo y democracia*: enciclopedia de conceptos básicos. Madrid: Ediciones Rioduero, 1975. Filosofia 1.

WEISS, Andreas. Materialismo histórico. *In*: KERNIG, C. D. *Marxismo y democracia*: enciclopedia de conceptos básicos. Filosofia 4. Madrid: Ediciones Rioduero, 1975.

A contribuição da teoria marxiana para a análise da realidade concreta:
uma relação necessária entre teoria e método

Jane Cruz Prates

Introdução

A contribuição da obra marxiana é inegável para a análise do capitalismo e do tempo presente, com seus elementos universais e particulares que permitem desvendar, de modo processual, a estrutura e a dinâmica dos fenômenos problematizados. Dentre a multiplicidade de suas contribuições, o aporte metodológico para a qualificação da investigação social que emana de sua obra tem sido um elemento importante de mediação para adensar investigações e exposições, em especial nas áreas humano-sociais, em estudos que têm por finalidade contribuir com subsídios para a transformação da realidade social. Embora não haja uma obra específica na qual Marx aborde as questões relativas a seu método investigativo, além da introdução a *O capital*, quando utiliza as palavras de seus críticos para dar visibilidade ao método por ele criado e explicita a diferença entre método de investigação e exposição, existem passagens no conjunto de sua obra que mostram a preocupação do pensador alemão com a qualidade e o rigor do processo investigativo. Mas antes de adentrar nessas contribuições, que vão desde a preocupação com a adequada formulação do problema até a atenção com as categorias de análise e com um método de exposição, é importante ressaltar a indissociabilidade entre a teoria marxiana e o método investigativo utilizado por Marx.

Trata-se de reconhecer, inicialmente, a negação da pretensa neutralidade científica e de dar centralidade aos valores que estão na base do processo investigativo, que informam não só a escolha do tema a ser investigado, mas também o modo como ele precisa ser desdobrado, contemplando o desvendamento e a complicação das antíteses, ou para usar a expressão marxiana, que ao final do processo possam mostrar "a vida da realidade" (MARX, 1989).

Mas, para chegar a esse movimento de explicitação como desdobramento, é preciso um processo que o anteceda, ou seja, o movimento investigativo, quando a pesquisa parte do concreto, da estrutura explicitada no presente e volta ao passado, a fim de explicar o seu movimento de constituição ou sua dinâmica, contemplando suas transições analisadas à luz de múltiplas determinações, interconexões e contradições inclusivas. Nesse sentido, é preciso que, ao reconhecermos que a realidade é contraditória, nosso pensamento, como diz Lefebvre (1991), seja o pensamento da contradição.

Marx, antes de tudo, observa que a realidade é movimento, é processo, em curso de constituição; reconhece que esse movimento se efetiva por negações inclusivas e que para explicá-lo é preciso apreendê-lo como totalidade, em que múltiplos determinantes se conectam para dar sentido ao modo como os fenômenos se expressam na vida concreta.

Os elementos que conformam a realidade são ora explícitos, ora mascarados, o que requer a superação do aparente por uma análise crítica radical (que vai à raiz) e contextualizada. Reconhece-se, outrossim, que esse conjunto complexo de elementos precisam ser mediados ou interconectados, mesmo que em determinados momentos o pesquisador possa se dedicar ao aprofundamento de alguns elementos, mas sem prescindir do movimento de volta. Esse é o momento da sua rearticulação na unidade, pois o pensamento vai apreendendo o real por sucessivas aproximações, superações e elaboração de sínteses ou totalizações provisórias.

Segundo Lefebvre (1991), a inteligência para se apropriar dos fenômenos precisa fragmentar, dividir e analisar, contudo, a razão torna a unir, agrupar, estabelecer a relação entre os fragmentos. Esse movimento sistemático entre dividir e unir que caracteriza o processo de conhecimento é fruto da contradição entre entendimento e razão, que de maneira incessante, segundo o autor, devem, respectivamente, separar e unir, ampliando o alcance da explicação.

Nesse sentido, é preciso perceber a relação necessária entre universalidade e particularidade, entre quantidade e qualidade, entre teoria e prática, entre objetividade e subjetividade, superando as fragmentações que não capturam a totalidade em suas múltiplas determinações que, uma vez interconectadas, aportam novos sentidos e significados à análise dialética.

Ora, a sociedade capitalista não só fragmenta a realidade para mascarar seus determinantes e suas contradições, como também nega ou reduz a potencialidade de processos sociais, apropriando-se deles de modo despolitizado para lhes roubar sua força revolucionária. São exemplos desse movimento: a negação da luta de classes; a negação da solidariedade de classe; o subjetivismo e a negação das condições objetivas para a conformação da subjetividade; a redução da emancipação a pequenas reformas que, ao contrário de serem transformadoras, mascaram inserções precárias que interessam ao capitalismo; a negação da participação instruída por dados desassociados de análises críticas e utilizados apenas como elemento de legitimação, entre outros processos de mesma ordem. Desocultar a superficialidade desses processos que limitam o seu significado e os seus impactos é fundamental ao fortalecimento da classe trabalhadora e das suas condições e modo de vida. Não é o pensamento que realizará a revolução, mas ações concretas e históricas, contudo a construção de fundamentos revolucionários que instruam essas ações é absolutamente necessária.

Nesse sentido, assim como o trabalho, o planejamento é ontológico ao ser social. O próprio Max, ao se referir ao processo de trabalho, na obra *O capital* (1989, p. 202), ressalta que "a distinção entre o pior arquiteto e a melhor abelha é que ele configura na mente sua construção antes de transformá-la em realidade", o resultado, portanto, "já existia idealmente na imaginação do trabalhador", "ele imprime ao material o projeto que tinha conscientemente em mira", logo, ele planeja.

E destaca ainda: "a estrutura do processo vital da sociedade, isto é, do processo de produção material, só pode depreender-se de seu véu nebuloso e místico no dia em que for obra de homens livres associados, submetida a seu controle consciente e *planejado*" (MARX, 1989, p. 88, grifo meu).

Os processos de captura da subjetividade não são novos no capitalismo, mas seu refinamento é cada vez maior para manter o trabalho subjugado ao capital através de amarras progressivamente mais profundas, legitimadas pela própria classe trabalhadora em função dos processos de alienação e reprodução aos quais é submetida cotidianamente, em tempos de capital fetiche.

Essa captura vem sendo debatida por marxistas contemporâneos, dando visibilidade ao modo como o capital se metamorfoseia e utiliza novas estratégias ideológicas para subsumir o trabalho ao capital; o primeiro cada vez mais alienado, precário, servil, e a ideologia do segundo cada vez mais capilarizada no conjunto das expressões da vida da classe trabalhadora.

A obra de Marx em termos de valores, desde aquelas de juventude até as da maturidade, traz o trabalho como elemento central, mostra como o trabalho é reduzido e reificado no modo de produção capitalista, estranhado e alienado de seu criador. Nesse sentido, limita o desenvolvimento do trabalhador como sujeito integral e como ser humano genérico, pois o trabalho que deveria ser elemento de desenvolvimento de potencialidades, de cooperação, aproximação e identificação entre os trabalhadores torna-se elemento de frustração, negação da criatividade e interdição do acesso aos produtos do trabalho. O trabalho torna-se fardo, adoecimento e competição entre os trabalhadores. A introjeção de valores e pressões da ideologia capitalista faz com que o próprio trabalhador seja o déspota de si mesmo, seja iludido pelo empreendedorismo e pela uberização do trabalho, disfarçados de autonomia ou pela pressão do assalariamento. Porém, esse sujeito reificado, fruto da sociedade capitalista, não é o único sujeito possível. O sujeito individualista, egocêntrico, que não reconhece o outro como necessidade para sua própria realização, não se identifica com o coletivo nem se reconhece como parte da natureza, é mais um produto da sociedade burguesa, que o conforma por múltiplas estratégias de reprodução da sua ideologia a essa racionalidade bárbara e irracional.

A pobreza para Marx, em última instância, é o homem coisificado, esse ser forjado nos valores impostos pelo fetiche da mercadoria que se limita ao ter em vez de ser, apesar de reconhecer na Lei Geral de Acumulação Capitalista a produção da pobreza como elemento intrínseco ao modo de produção capitalista, o que será mais bem explicitado logo a seguir.

No modo de produção capitalista, os processos que constituem a cadeia produtiva são capturados por aqueles que detêm os meios de produção, de modo que a riqueza socialmente produzida seja centralizada nas suas mãos, restando ao trabalhador o estranhamento, a penúria, a pobreza e o adoecimento.

Marx explicita essa contradição ao tratar da Lei Geral de Acumulação Capitalista. Diz o pensador alemão:

> A concorrência e o crédito, as duas mais poderosas alavancas da centralização, desenvolvem-se na proporção em que se amplia a produção

capitalista e a acumulação. Além disso, o progresso da acumulação aumenta [...] os capitais individuais, enquanto a expansão da produção capitalista cria a necessidade social e os meios técnicos dessas gigantescas empresas industriais cuja viabilidade depende de uma prévia centralização do capital (MARX, 1989, p. 728).

E complementa afirmando que: "quanto maior a produtividade do trabalho, tanto maior a pressão dos trabalhadores sobre os meios de emprego, tanto mais precária, portanto, sua condição de existência, a saber, a venda da própria força para aumentar a riqueza alheia ou a expansão do capital" (MARX, 1989, p. 748).

O trabalho requer relações sociais e, nesse sentido, desenvolve processos sociais, a relação compartilhada para produzir, exige e possibilita o desenvolvimento dos sentidos, da troca, da aprendizagem. O trabalho concreto consome energia física e mental, contudo é um consumo produtivo, no produto o trabalhador se reconhece. Diz Marx (1989), ele teceu e o trabalho é um tecido. E mais, ele mobiliza suas energias, sua criatividade, suas experiências anteriores, seus conhecimentos e os medeia para produzir e, nesse processo, se aprimora como trabalhador e como sujeito que conhece, que estabelece relações e que age, de acordo com aquilo que intuiu ou planejou. Trata-se sempre de um processo coletivo, pois o trabalhador vale-se não só da cooperação de outros trabalhadores, mas também de produtos historicamente criados pelo trabalho humano, além de mediações ontológicas que guarda para lançar mão dessa cadeia na realização de novas mediações reflexivas necessárias à execução do trabalho, como parte do instrumental.

Segundo Pontes (1995), a mediação tem papel fundamental no plano metodológico devido a sua dupla natureza: ontológica e reflexiva. "As mediações que estruturam (ontológicas) devem ser reconstruídas pela razão (reflexivas) para que seja possível uma compreensão do movimento e constituição do objeto e para orientar a intervenção" (PONTES, 1995, p. 175-176). As mediações como elos de interconexão entre universalidade e particularidade, entre teoria e prática, entre quantidade e qualidade, entre condições materiais de existência e modo de vida são fundamentais à totalidade. À luz da totalidade, esses elementos indissociáveis que conformam o real ganham novos sentidos e significados. Os processos educativos estão implícitos no trabalho concreto e na constituição das cadeias de mediações, e quanto mais amplas e diversificadas forem, maiores serão as possibilidades de instigar processos sociais emancipatórios.

Os processos sociais emancipatórios são aqueles que compõem o processo pedagógico de participação. Incluem a mobilização, a organização, a conscientização, a capacitação e a gestão autônoma da vida e de processos que os sujeitos constroem e nos quais se inserem, mesmo que limitados pelos contextos histórico-culturais e pelas condições de vida e trabalho. Já os processos sociais subalternizadores se explicitam nas diferentes formas de exploração, subjugação, violência, manipulação, dominação, entre outras, que violam direitos e destituem iniciativas, desmoralizam e agridem, de maneira velada ou explícita, sujeitos e grupos, expondo-os à condição de dependência, passividade e desmoralização (PRATES, 2019).

É preciso reconhecer, no entanto, que a trajetória histórica da sociedade brasileira não favorece o desenvolvimento de processos emancipatórios, ao contrário, traz a marca da subalternidade, uma vez que foi conformada por largos períodos de colonização, escravismo, ditadura e populismo; pelo desenvolvimento de um capitalismo dependente e tardio; por um Estado de bem-estar inconcluso; por uma educação tardia premida por reformas verticais que sempre atenderam a interesses particularistas e não às necessidades da população. São características de nossa história também a política do favor, da moeda de troca, do patrimonialismo e do coronelismo, a conformação de uma burguesia extremamente conservadora e subalterna ao grande capital internacional e uma sociedade civil frágil, fruto de amplos períodos em que a participação lhe foi negada. Esse é um solo histórico propício ao ressurgimento de um conservadorismo que, na verdade, nunca foi superado integralmente.

E um país que não produz conhecimento e uma massa crítica autônoma é absolutamente dependente, logo, se não há possibilidades para a construção de uma liberdade que pressupõe autonomia, não se pode falar em garantia de diretos, em cidadania ou democracia, conceitos interdependentes (COUTINHO, 2006).

No contexto presente, marcadamente desde o golpe realizado em 2016 no Brasil, vive-se um processo de retrocessos sem precedentes. Num país de capitalismo dependente e periférico, de amplitude continental e de profundas desigualdades históricas, as crises econômica, política e sanitária ampliam essas mazelas, precarizam ainda mais o trabalho, desmontam políticas públicas e violam direitos.

No caso brasileiro em particular, o advento de um governo fundamentalista, de ultradireita, assumidamente conservador, que se contrapõe à ciência e à liberdade de pensamento, e nega os avanços civilizatórios conquistados a duras penas pelos trabalhadores faz com que a necessidade de desvendar o real e buscar alternativas de resistência seja imprescindível para a própria sobrevivência do povo brasileiro.

O país vivencia um momento crítico em relação às políticas públicas, desde a Emenda Constitucional 95, aprovada no curto, porém nefasto, governo Temer. A alteração do sistema fiscal que estabeleceu o congelamento de gastos por 20 anos tem impactado profundamente, determinando retrocessos significativos na manutenção do Sistema Único de Saúde (SUS), o que vem sendo sentido pela população em meio a essa pandemia de proporções imensas, e do Sistema Único de Assistência Social (SUAS), com o fechamento de serviços, além de retrocessos nas políticas de habitação e de educação. Só para fins de exemplo, em 2019, o orçamento da Educação era de 122,9 bilhões; em 2020, esse valor baixou para 103,1 bilhões, um corte de 16,3%, ou seja, 19,8 bilhões. Em 2021, apesar da pandemia que exige maior investimento nessa área, o orçamento em execução reduziu em mais de 4,5 bilhões os recursos destinados a essa política (BRASIL, 2021).

Como bem ressaltam Marques e Nakatani (2019, p. 227):

A introdução de teto para o gasto público não é novidade no capitalismo. Contudo, em estudo publicado pelo FMI, que trata das regras fiscais aplicadas em 89 países, verifica-se que a EC 95, aprovada no Brasil, não tem paralelo no resto do mundo.

Entre as diferenças do caso brasileiro em relação aos demais países, os autores destacam: o longo prazo de duração (uma geração); a exclusão de despesas com os juros da dívida pública, logo não se trata de conter o gasto público, principal argumento utilizado para sua implementação; a alteração da Constituição, explicitando seu caráter definitivo, na medida em que muda o regime fiscal; e o não resguardo dos gastos sociais e da proteção de programas de transferência de renda e do seguro-desemprego. Isso sem considerar os gastos com saúde e educação.

No mesmo sentido, a desregulamentação do trabalho agudizada pela reforma trabalhista de 2016 e os processos de desmonte da Política de Previdência Social e de reforma administrativa em curso, associados às atrocidades dos processos de desmatamento, cuja proporção assume patamares nunca antes vistos no país, pondo em risco a vida de gerações futuras. A esse processo somam-se a violência estrutural, a tentativa de desmonte do movimento sindical e a criminalização de movimentos sociais.

Fica evidenciado que o projeto desse governo é a flexibilização máxima do trabalho, o desmonte de instâncias organizativas, de direitos sociais, bem como a transformação das políticas públicas em novos *nichos* de mercado, em especial a educação e a saúde, que já vêm sofrendo processos de privatização. A receita utilizada para atrair o capital estrangeiro é o trabalho barato e os sindicatos fracos, apesar do discurso nacionalista (PRATES, 2020).

Diante do exposto, o auxílio de uma teoria e de um método radical é de fundamental importância para que se possa pensar coletivamente em estratégias na busca de novas formas de sociabilidade, cada vez mais urgentes.

1. A teoria marxiana como produto indissociável do método

A teoria social de Marx vincula-se a um projeto revolucionário. Marx dedicou sua vida e sua obra "a serviço dos trabalhadores e da revolução socialista" (NETTO, 2011), articulando o diálogo crítico com os maiores pensadores ocidentais à participação em processos político-revolucionários de sua época. Conforme destaca Netto (2011, p. 36):

> Ele se dedica obsessivamente ao estudo da sociedade burguesa: analisa documentação histórica, percorre praticamente toda a bibliografia já produzida da economia política, acompanha os desenvolvimentos da economia mundial, leva em conta os avanços científicos que rebatem na indústria e nas comunicações, considera as manifestações das classes fundamentais (burguesia e proletariado) em face da atualidade.

O autor, portanto, enfatiza a profundidade dos estudos marxianos sobre o objeto de pesquisa de Marx, a sociedade capitalista, fruto de múltiplas determinações que precisaram ser desvendadas pelo processo de investigação. Para tanto, Marx articula conhecimentos de áreas diversas, além do acompanhamento atento e compromissado das condições materiais de vida, e do modo de vida da classe operária e de seus embates com a burguesia. Em síntese, realizou uma pesquisa com direção social clara e com um adensamento pormenorizado acerca da realidade social em todas as suas manifestações possíveis de serem apreendidas para, uma vez interconectadas, ampliar-lhes o sentido, no intuito de explicar a realidade e buscar transformá-la.

Como bem destaca Netto (2011, p. 27), "sua pesquisa, da qual resultam as bases de sua teoria social, tem como problema central a gênese, a consolidação, o desenvolvimento e as condições de crise da sociedade burguesa, fundada no modo de produção capitalista". A estruturação da teoria marxiana toma por base o pensamento moderno a partir da filosofia alemã, da economia política inglesa e do socialismo francês. Em Marx:

> [...] a crítica do conhecimento acumulado consiste em trazer ao exame racional, tornando conscientes, os seus fundamentos, os seus condicionamentos e os seus limites; buscando desocultar a estrutura e a dinâmica, no caso de Marx, da sociedade burguesa, seu objeto de estudo (NETTO, 2011, p. 18-19).

Para Marx, a teoria não se dá *a priori* por um ato isolado do pensamento. Pela teoria, o sujeito reproduz em seu pensamento a estrutura e a dinâmica do objeto de pesquisa. Diz Marx (1989, p. 22), contrapondo-se a Hegel, que parte da ideia: "para mim o ideal não é mais do que o material transposto para a cabeça do ser humano e por ele interpretado". Portanto, a teoria nessa concepção não pode se limitar à "enunciação de discursos pautados em hipóteses que apontam relações de causa — efeito, sobre os quais a sociedade científica estabelece consensos" (NETTO, 2011, p. 21).

2. O método e os aportes aos processos investigativos

Como já foi mencionado, embora Marx não tenha dedicado nenhuma de suas obras ao debate metodológico, nem mesmo ao debate acerca de seu método, seu movimento investigativo pode ser apreendido pelo conjunto de sua obra.

Marx mostra sua preocupação com o desocultamento da realidade a partir da formulação de questões politicamente adequadas e com base em contraprovas históricas, que só podem ser construídas a partir de um acúmulo inicial sobre o objeto estudado. Isso se evidencia, por exemplo, quando, na obra *A ideologia alemã*, critica os filósofos que não examinam os pressupostos filosóficos gerais, destacando que no sistema alemão fundamentado em Hegel há uma mistificação "não apenas em suas respostas, mas já nas próprias questões" (MARX, 1993, p. 23). Nos *Manuscritos de Paris*, mais especificamente no primeiro manuscrito, referindo-se à passagem para o artesanato complexo, afirma:

> Um trabalho assim continuado, uniforme, é por natureza (e a investigação confirmou-o) prejudicial para o espírito e para o corpo; e quando o emprego da maquinaria se associa à divisão do trabalho entre grande número de homens surgem logo todas as desvantagens desta última. Tais desvantagens revelam-se, por exemplo, na elevada mortalidade dos trabalhadores de fábrica. A importante distinção entre até que ponto os homens trabalham com máquinas ou como máquinas não foi objeto de atenção (MARX, 1993, p. 113).

Dito de outro modo, a questão destacada por Marx como central era obscurecida, porque não interessava à sociedade burguesa esse questionamento. A pergunta mal formulada ou distorcida, portanto, obscurece elementos essenciais à análise. Ainda no *I Manuscrito*, Marx afirma que a economia política parte do fato da propriedade privada, não o explica, aprende o processo material a partir de fórmulas gerais e abstratas conformadas em leis, não compreende "que tais leis resultam da essência da propriedade privada", não apreende "o seu fundamento", ou seja, "pressupõe o que deveriam explicar", não compreende "as interconexões desse movimento". "Pressupõe sobre a forma de fato, o que deveria deduzir, a saber, a relação necessária entre duas coisas, por exemplo entre a divisão do trabalho e a troca" (MARX, 1993, p. 158).

Já ao revisar a filosofia do direito de Hegel, em 1844, Marx conclui que as formas de Estado e as relações jurídicas não podem ser explicadas a partir de si próprias, uma vez que têm sua origem nas condições materiais de vida resumida por Hegel sob o nome de sociedade civil, cuja anatomia deve ser buscada na economia política (MARX, 2005).

Através da crítica, Marx aporta importantes elementos metodológicos, quais sejam, a necessidade de explicar para além de compreender, a importância de se buscar os fundamentos, a necessidade de desocultar o movimento e a interconexão entre os fenômenos, a centralidade das condições materiais de existência nos processos de análise.

E no *II Manuscrito*, Marx (1993, p. 193) afirma: "O movimento total da história, tanto a gênese real do comunismo — o nascimento da sua existência empírica — como também a sua consciência presente, é o movimento apreendido e consciente do seu devir". Apreender a essência do fenômeno, para Marx, é desvendar sua estrutura e sua dinâmica, como bem destaca Netto (2011), ou seja, o modo como se conforma e se movimenta o objeto estudado. Mas quando o objeto é a sociedade, o sujeito pesquisador está condicionado por esse processo e nele implicado, logo o processo de conhecimento não é uma externalidade.

É possível identificar alguns aspectos que particularizam o método marxiano: o primeiro deles é o seu humanismo e historicismo absolutos. Para Marx, o centro é o homem, na sua atividade prática, cujo processo de humanização se dá pelo trabalho concreto. Diferentemente de Hegel que parte do Absoluto e a ele retorna, Marx parte do homem concreto e ativo e não do homem pensado, idealizado e retorna ao homem, sistematicamente, buscando as superações efetivadas na relação com os outros homens. Marx destaca, nos *Manuscritos*, (1933) que "o comunismo é o naturalismo integralmente evoluído = naturalismo humanizado, a resolução autêntica do antagonismo entre o homem e a natureza, entre o homem e o homem". A história, por sua vez, é a história do trabalho humano — que significa toda a produção e expressão humana, na concepção marxiana. A história, nessa concepção ampliada e processual, é a chave heurística para a explicação dos processos, não uma história cronológica, mas recuperada por fatos significativos, em que a ação dos coletivos seja visibilizada, e todos esses aspectos sejam analisados à luz da totalidade e das contradições que a conformam.

Outra particularidade do método marxiano é o seu materialismo, a sua concreticidade. Diz Marx, em *A ideologia alemã* e também na introdução da obra *O capital*, que: "parte-se dos homens em carne e osso na sua atividade prática", não da opinião dos sujeitos acerca desse viver histórico, embora esse seja também um elemento a ser considerado no processo investigativo.

A próxima característica que precisa ser destacada é a dialética, o seu movimento como processo, a necessária interconexão de múltiplas dimensões que constituem a totalidade, não a exaurindo, mas a problematizando de forma inter-relacionada; os processos de dedução e indução interconectados pelo entendimento e a lógica dialética.

Em que pese o fato de alguns autores entenderem que o processo de análise e síntese que particularizam o método marxiano como indutivo e dedutivo "representa um esvaziamento das categorias marxistas atribuindo-lhes os conteúdos empiristas ou do senso comum" (MONTAÑO, 2013, p. 23), Lefebvre, importante intérprete da obra marxiana, mostra, na sua obra *Lógica formal e lógica dialética*, que a lógica dialética, ou lógica concreta, não rompe com a lógica formal, a apreende e supera, articulando os dois movimentos de indução e dedução de modo interconectado.

A lógica formal é indutiva, parte de proposições particulares e tenta chegar a conclusões gerais (generalização); tenta pôr em "forma" o pensamento; é um dos momentos da razão, opõe extensão (quantidade) e profundidade (qualidade); parte do entendimento (separação) necessário, mas não suficiente, porque unilateral (sem aprofundamento do conteúdo). Logo, "ela não se basta e não basta" (LEFEBVRE, 1991, p. 170).

Na verdade, Marx só parte do particular, da manifestação aparentemente mais simples, no método de exposição; já na investigação parte do empírico, do concreto sensível, imediato, e articula suas determinações a partir de totalizações provisórias, que vão do particular ao geral e do geral ao particular, mediando expressões singulares com expressões universais para chegar ao concreto pensado, por sucessivas aproximações.

Sem dúvida, o caráter ontológico é característico de seu método, o objeto de investigação impõe movimentos necessários a sua apreensão. A partir dele, emanam categorias explicativas, mas não há como prescindir de seu caráter axiológico e epistemológico. Para além da intenção de capturar a vida do objeto concreto, o método captura o movimento do real e a ele volta, utilizando categorias teóricas que dele emanam para ampliar a interpretação e a explicação sobre o seu movimento. E, por fim, o processo de conhecimento, além de buscar desocultar as contradições inclusivas que conformam fenômenos, sujeitos, organizações e sociedades, valoriza o processo, porque pretende transformar o instituído a partir da constituição de novos valores e condições objetivas e, nesse sentido, é também teleológico.

O questionário de 1880, realizado por Marx, dirigido à classe operária francesa, para que os próprios sujeitos descrevessem as condições nas quais eram explorados, pois, segundo Marx, somente eles poderiam convenientemente fazê-lo, é um bom exemplo do caráter teleológico das investigações orientadas para a transformação. Conforme Lanzardo (*apud* THIOLLENT, 1987), o questionário traz implícito o princípio de um método de trabalho político que se encontra na *Crítica da economia política*. A enquete operária conduzida por Marx, mais do que um instrumento exemplarmente elaborado de investigação social, se constituiu numa estratégia de conscientização e mobilização, condições necessárias, embora não suficientes, para qualquer processo de transformação social.

E conclui Lanzardo (*apud* THIOLLENT, 1987, p. 244-245), destacando a relevância fundamental do processo, em que pese a devolução dos instrumentos ter sido pouco significativa em relação ao número enviado, ao ressaltar que "[...] o essencial era que os questionários, chegando aos operários, lhes dessem novas possibilidades de conhecer a maneira pela qual a exploração capitalista funciona".

Conforme Lefebvre (1991, p. 170), para a lógica concreta, a teoria emerge da prática e a ela retorna. A ideia representa a unidade indissolúvel da prática e da teoria.

Estudar um fato, querer conhecê-lo é, portanto, depois de o ter discernido, isto é, isolado pelo menos parcialmente, restituí-lo num conjunto de relações, que se estendem paulatinamente a todo o universo (LEFEBVRE, 1991, p. 198).

> O concreto é concreto porque é a síntese de muitas determinações, isto é, unidade da diversidade. Por isso o concreto aparece no pensamento como o processo de síntese, como resultado, não como ponto de partida. O método que consiste em elevar-se do abstrato ao concreto não é senão a maneira de proceder do pensamento para se apropriar do concreto, para reproduzi-lo como concreto pensado — "totalidade concreta" (MARX, 2011, p. 54).

O aspecto seguinte a destacar é a unidade entre objetividade e subjetividade, quantidade e qualidade, racionalidade e sensibilidade, particularidade e universalidade, ou seja, o reconhecimento quanto à indissociabilidade dos elementos que constituem o real concreto, uma vez que os seres e os processos se constituem como unidades dialéticas. Na mesma perspectiva, há o reconhecimento da inter-relação necessária entre teoria e prática, uma se conforma a partir da outra e se qualifica a partir dessa relação (PRATES, 2003).

Outro aspecto que caracteriza o método marxiano é sua teleologia (finalidade) já destacada, a centralidade atribuída à práxis (prática com direção social definida, orientada pela teoria) e seu caráter prático-operacional, destacado por Marx nas *Teses sobre Feuerbach* (1993), quando afirma que não basta interpretar, é preciso transformar. A perspectiva de transformação que está presente no conjunto da obra marxiana se efetiva não só pelas grandes rupturas, mas também a partir de pequenas convulsões revolucionárias apontadas por Marx na obra *A ideologia alemã*, através do trabalho concreto, da práxis revolucionária, que desvenda os fetiches e os mascaramentos, que instiga o desenvolvimento de processos sociais emancipatórios e incide sobre o real com clareza de direção.

Por fim, cabe ressaltar o seu caráter revolucionário, o reconhecimento da possibilidade histórica de superação das contradições constitutivas da natureza humana, das formações sociais e dos modos de produção. Articulado a esta última característica, está o reconhecimento de que os fenômenos são condicionados pelo antagonismo e pela luta de classes. Marx afirma, no *Manifesto do Partido Comunista* (1998), que: "A história da sociedade até nossos dias é a história da luta de classes", a opção pela classe trabalhadora, a solidariedade de classe e a necessidade de a classe operária passar de uma classe em si (dada por sua condição comum de existência) para uma classe para si (dimensão política/humana genérica, o que requer a consciência de classe).

Como exemplo de superação da aparência, Kosik (1989, p. 54) mostra a análise realizada por Marx sobre a troca de mercadorias, em que por trás da aparência superficial de um fenômeno "banal da vida cotidiana da sociedade capitalista — a simples troca das mercadorias", existem, na verdade, "profundos e essenciais processos de trabalho mercenário e a exploração deste". Diz Marx, na obra *O capital*:

> A mercadoria é misteriosa simplesmente por encobrir as características sociais do próprio trabalho dos homens, apresentando-as como características materiais e propriedades sociais inerentes aos produtos do trabalho, por ocultar, portanto, a relação social entre os trabalhos individuais dos produtores e o trabalho total ao refleti-la como relação social existente, à margem deles (MARX, 1989, p. 81).

A articulação entre quantidade e qualidade é fundamental, na medida em que as transformações se dão pelo acirramento das contradições, mas para que isso ocorra é necessário o amadurecimento do processo ou seu desenvolvimento lento e gradual, quantitativo, para que possa alterar-se qualitativamente. Os dados que são contraprova histórica do real se materializam em quantidades e qualidades. Não há qualidade que não seja constituída por quantidades e não há quantidade que não seja relativa a uma qualidade. Na obra *O capital*, Marx explicita magistralmente a articulação entre qualidade e quantidade ao se referir ao trabalho infantil quando diz:

> A fabricação de fósforos de atrito data de 1833 [...]. A metade dos trabalhadores são meninos com menos de 13 anos [...]. Essa indústria é tão insalubre que somente a parte mais miserável da classe trabalhadora, viúvas famintas, etc., cede-lhe seus filhos, crianças esfarrapadas, subnutridas, sem nunca terem frequentado escola [...]. Entre as testemunhas inquiridas, 270 tinham menos de 18 anos, 40 tinham menos de 10, 10 apenas 8 e 5 apenas 6. O dia de trabalho variava de 12, 14 e 15 horas, com trabalho noturno e refeições irregulares. Dante acharia que foram ultrapassadas nessa indústria suas mais cruéis fantasias infernais (MARX, 1989, p. 279).

E complementa Marx (1989, p. 292):

> Ninguém pode pensar na quantidade de trabalho que, segundo o depoimento de testemunhas, é realizado por crianças de 9 a 12 anos, sem concluir irresistivelmente que não se pode mais permitir que continue esse abuso de poder dos pais e dos patrões [...]. George, de 9 anos, declara: "Vim trabalhar aqui na sexta-feira passada. No dia seguinte tive de começar às 3 horas da manhã. Por isso fiquei aqui a noite inteira. Moro a 5 milhas daqui. Dormi no corredor sobre um avental e me cobri com um casaco pequeno".

Como se pode observar nas citações mencionadas, Marx adensa o argumento a partir dos dados quantitativos que trazem números de crianças e adolescentes expostos ao trabalho infantil, sua faixa etária, a extensão da jornada de trabalho, e faz duras inferências críticas àquelas condições, utilizando-se da mediação da literatura para reforçar seu argumento. Por fim, finaliza com a expressão do menino de nove anos, mostrando a vida da realidade. A quantidade é essencial para dar visibilidade à extensão dessa expressão da questão social, por outro lado, a expressão do menino George, de apenas nove anos, articula a sensibilidade ao expor a condição aviltante, descrita através das palavras do próprio menino sujeitado àquela circunstância. A qualidade do argumento, conectando vários elementos de linguagem, é fundamental na disputa de narrativas que, pautadas em contraprovas históricas, oriundas de quantidades e qualidades, de números, expressões orais e de estratos de documentos, tornam as narrativas mais potentes.

Na mesma direção, Gramsci (1995, p. 50) afirma que trabalhar sobre a quantidade, dando visibilidade aos aspectos materiais do real, não significa esquecer a "qualidade", mas, ao contrário, sugere explicitar o problema qualitativo da maneira mais concreta e realista, isto é, deseja-se desenvolver a qualidade pelo único modo no qual tal desenvolvimento é controlável e mensurável.

Ademais, identificar o momento em que há o acirramento de contradições permite potencializar processos que possam desencadear rupturas, mesmo que de menor alcance, instruindo estratégias de transformação ou pequenas convulsões revolucionárias, para utilizar a expressão marxiana, cunhada na obra *A ideologia alemã*.

Nesse sentido, argumenta-se sobre a priorização dos estudos do tipo misto ou quanti-qualitativo para uma captura do real, cujo equilíbrio entre extensão e profundidade seja privilegiado, em particular, quando fundamentado no método e na teoria marxiana, na medida em que diversas aproximações podem ser identificadas entre os procedimentos investigativos utilizados por Marx e esse tipo de investigação, que articula efetivamente quantidades e qualidades, e enfatiza o uso de técnica de triangulação (PRATES, 2012).

Marx demarca diferenças entre o método de investigação e de exposição, isso demonstra sua preocupação não só com o processo investigativo que deveria ser intenso e abarcar as mais diversas formas de manifestação do real reconhecidamente móvel, contraditório, mutante. Quanto ao primeiro, diz Marx no posfácio da segunda edição de *O capital* (MARX, 1989, p. 16):

A investigação tem de apoderar-se da matéria, em seus pormenores, de analisar suas diferentes formas de desenvolvimento, e de perquirir a conexão íntima que há entre elas. Só depois de realizado esse trabalho, é que se pode descrever, adequadamente, o movimento real. Se isto se consegue, ficará espelhada, no plano ideal, a vida da realidade pesquisada [...] o ideal não é mais do que o material transposto para a cabeça do ser humano e por ela interpretado.

Nesse sentido a técnica de triangulação, central ao enfoque misto ou quanti-qualitativo, pode ser um instrumento efetivo para o adensamento do processo de investigação. Conforme Triviños (1987), a triangulação objetiva abarca a máxima amplitude na descrição, explicação e compreensão do foco em estudo, exatamente porque reconhece a interconexão entre os fatos e a impossibilidade de apreendê-los de modo consistente, os isolando. O autor reconhece que os fenômenos sociais são multicausais e não podem ser explicados sem o desvendamento de suas "raízes históricas, sem significados culturais e sem vinculações estreitas e essenciais com uma macrorealidade social" (TRIVIÑOS, 1987, p. 138). A técnica de triangulação abarca três aspectos inter-relacionados: a análise dos "processos e produtos originados pela estrutura socioeconômica e cultural do macroorganismo social no qual está inserido o sujeito", o que inclui a luta de classes, o modo de produção, as forças produtivas e relações de produção e, por fim, os elementos produzidos pelo meio, como documentos, leis, decretos, pareceres, entre outros, e as percepções dos sujeitos captadas através das formas verbais (TRIVIÑOS, 1987, p. 139).

Quando Marx, no posfácio da segunda edição da obra *O capital*, afirma a necessidade de que o pesquisador, no processo de investigação, apodere-se da matéria em seus pormenores, de modo a captá-la detalhadamente e analisar suas várias formas de evolução e sua conexão íntima (MARX, 1989), isso significa o reconhecimento de que é preciso um profundo mergulho em dados oriundos de múltiplas fontes e áreas diversas. Para se ter uma breve noção do volume gigantesco do material pesquisado por Marx, Musto (2010) ressalta que para a produção de seus textos de 1843 aos *Grundrisse*, recolhe textos de áreas diversas, entre as quais a filosofia, a arte, a política, o direito, a literatura, a história, a economia política, as relações internacionais, a tecnologia, a matemática, a psicologia, a geologia, a mineralogia, a etnologia, a química e a física.

A diversidade de fontes e áreas é fundamental no processo investigativo para subsidiar teoricamente a superação do aparente. Na introdução dos *Grundrisse* (2011), Marx, referindo-se ao processo de distribuição, afirma que a partir de uma leitura superficial a distribuição aparece afastada da produção, assumindo um caráter quase autônomo em relação a ela, mas adverte o autor que: "Antes de ser distribuição de produtos a distribuição é: 1) distribuição de instrumentos de produção; distribuição dos membros da sociedade nos diferentes tipos de produção, o que constitui uma determinação ulterior da mesma relação" (MARX, 2011, p. 51). As conexões que se ocultam por trás de processos aparentemente autônomos ou naturalizados precisam ser desvendadas pela análise dialético-crítica. Os processos de descontextualização e fragmentação favorecem as leituras superficiais e, portanto, os processos de alienação e reprodução.

Ainda nos *Grundrisse* (MARX, 2011), o autor, ao tratar acerca do método da economia politica, ressalta que equivocadamente poder-se--ia partir de categorias explicativas concretas como, no caso da economia, a população, na medida em que se constitui como fundamento e sujeito do ato de produção como um todo. No entanto, esclarece Marx, a população é uma abstração quando não se consideram suas características, sua conformação em classes, se não se considera que essas classes se caracterizam pelo trabalho assalariado, alienado, precarizado, mediado pelas relações com o capital, e que o capital, como relação social, se conforma pelo trabalho assalariado, pelo valor, pela mediação do dinheiro, do preço.

Enfim, Marx esclarece que é preciso aprofundar, descendo ao fragmento e desdobrando as categorias em subcategorias que explicam sua constituição, mas alerta quanto à necessidade fundamental de se realizar o caminho de volta, o retorno à unidade, instruído pelo conjunto de determinações que conectadas lhe alteram o sentido.

A população inicialmente caótica seria desdobrada em representações cada vez mais finas e determinações mais simples. A viagem de retorno, por sua vez, voltaria à população, superando o aparentemente caótico, agora reconstituindo o todo não como mera junção de partes, mas como "uma rica totalidade de muitas determinações e relações" ressignificadas. Afinal, complementa Marx, "o concreto é concreto porque é síntese de múltiplas determinações" (MARX, 2011, p. 54).

Ao analisar-se as classes sociais hoje, é imprescindível considerar os marcadores de gênero, raça e etnia como constituintes da classe, mas o movimento de volta é fundamental para que esses aspectos que a constituem, cuja relação é intrínseca, não sejam fragmentados, reduzindo, desse modo, sua significação que se amplia pelas interconexões.

Marx (2011) destaca, outrossim, que as categorias abstratas, exatamente por essa característica, têm validade para todas as épocas, contudo, na determinabilidade dessa abstração são produtos de relações históricas, logo só têm plena validade para essas relações concretas e no seu interior. Portanto, as categorias precisam ser contextualizadas historicamente.

Em síntese, o método de investigação valoriza a articulação entre quantidade e qualidade, dados que espelham o contingente de sujeitos envolvidos e suas expressões. Parte do concreto expresso no cotidiano, no trabalho, na expressão dos "homens em carne e osso" e só depois agrega a opinião dos sujeitos sobre esse concreto. Analisa o contexto no qual os fatos se conformam, buscando desocultar os múltiplos fatores que os condicionam (econômicos, sociais, culturais, políticos). Verifica as relações existentes entre os fatos, superando sentidos isolados. Parte da estrutura — do contexto presente (descrição crítica), dos elementos que conformam o fenômeno — e faz o movimento de retorno ao passado, buscando a gênese e identificando episódios significativos nesse contexto histórico ou as transições que o marcaram. Nesse movimento de *detour* (ida e volta), os elementos captados e suas transições são ressignificados, constituindo totalizações provisórias, por sucessivas aproximações. Busca desocultar o modo como os fenômenos se organizaram, desenvolveram e transformaram ao longo de sua história (dinâmica do fenômeno), além de valorizar o processo e o caráter pedagógico da investigação, como ficou explicitado na forma como Marx interpretou o uso do questionário, aplicado em 1880, junto aos operários franceses, já mencionado.

A pesquisa pode se valer das mais variadas técnicas e instrumentos da ciência, que possam auxiliar no desocultamento da estrutura e da dinâmica do fenômeno. As técnicas e os instrumentos de pesquisa não são dessa ou daquela teoria, o modo como são movimentados e os dados analisados e relacionados é que lhes dá direção e não o inverso, logo são os fundamentos que atribuem substância às técnicas, seja na investigação, seja na intervenção. O uso de coletas coletivas, no entanto, na medida em que favorecem a reflexão conjunta dos sujeitos e a partilha de lugares ou não lugares comuns pode ser privilegiado ou contemplado como complementar, embora a escolha de técnicas de coleta dependa do objeto e de outros condicionantes aos quais a pesquisa está sujeita.

Frigotto (1991, p. 79) define o método dialético-materialista como "uma postura, um método de investigação e uma práxis, um movimento de superação e de transformação. Tríplice movimento: de crítica, de construção do conhecimento novo e da nova síntese no plano do conhecimento e da ação".

Por que, então, é comum ouvir de estudantes ou mesmo de profissionais que na prática a teoria é outra? Desde sua constituição, a sociedade burguesa separa o campo da cidade, os que planejam dos que executam, os que pensam dos que fazem, divide o trabalho, hierarquiza profissões, desvaloriza os processos de execução, separa o trabalhador do produto de seu trabalho, o alienando do processo de trabalho, inclusive em relação aos demais trabalhadores, pois, em vez de cooperarem entre si, são estimulados a competir. Marx, em suas obras, ressalta que esses são os alicerces da propriedade privada, e é importante destacar que a divisão do trabalho e a da propriedade privada são elementos de uma mesma unidade, o primeiro relacionado ao processo e a última ao produto. A alienação, o individualismo, a fragmentação são dissimulados no trabalho abstrato, característico da sociedade burguesa. Separar a teoria da prática é parte fundamental desse processo, porque assim a prática se limita à simples reprodução do que interessa ao capital, perdendo a substância política que lhe acrescenta a teoria (PRATES; CARRARO, 2017).

Já o método de exposição, diferentemente da investigação, deve ter um início necessário, um embrião que será, ao longo da exposição do desdobramento, complicação das antíteses. A análise dialética deve ultrapassar a reflexão acrítica, buscando estabelecer mediações com a totalidade. A totalidade, esclarece Cury (1986, p. 36), "interna os dados empíricos, implica-os e os explica no conjunto das suas mediações e determinações contraditórias".

No posfácio da segunda edição de *O capital*, Marx, após se referir ao método de investigação, diz: "Só depois de concluído esse trabalho é que se pode descrever, adequadamente, o movimento real, a vida da realidade pesquisada, o que pode dar a impressão de uma construção a priori".

Conforme Carcanholo (2013, p. 2):

> É certo que se encontrará em *O capital* a exposição do processo de pesquisa científica, mas não do processo real como efetivamente se deu. O processo [...] ali é ideal, no sentido de que se abstraem os erros, os fracassos, as ações realizadas, mas improdutivas; ali o processo aparece como se transcorresse por uma linha reta previamente traçada.

Para Kosik (1989), o método de exposição, mais do que uma forma de apresentação, é um método de explicitação, graças ao qual o fenômeno se torna transparente, racional, compreensível. Esclarece o autor que, diferentemente do início da investigação, quando o tema em estudo não é suficientemente conhecido, a exposição já é resultado de uma investigação e de uma apropriação crítico-científica sobre a matéria, portanto deve ter um início mediato, "que contém em embrião a estrutura de toda a obra". Por essa razão, Marx inicia *O capital* a partir da análise da mercadoria, célula da sociedade capitalista, o "embrião de todas as contradições", que oculta múltiplas relações e processos. Durante o desenvolvimento da exposição esses elementos serão aprofundados, de acordo com a própria necessidade da exposição.

Breves totalizações provisórias

Antes de finalizar, é importante ressaltar que em Marx se evidencia o reconhecimento da necessária interconexão entre razão e sensibilidade. Os sentidos, diz Marx, nos *Manuscritos de Paris*, assim como a razão, também precisam ser educados. Os sentidos vão perdendo capacidades ao longo de nosso envelhecimento, por um lado, dando provas físicas da nossa provisoriedade, mas, por outro, acumulam experiências sensoriais, aprimoram-se pelo exercício ao longo da vida, desenvolvem-se mais ou menos aguçados de acordo com nossas condições de existência.

Aquele que não enxerga por uma deficiência visual, geralmente, desenvolve uma audição e um tato mais acurados, mas também, diz Marx, o olho que não aprende a ver não enxerga, porque observar não é simplesmente olhar, mas destacar aspectos significativos de uma determinada realidade. Para o homem preso à grosseira necessidade, o alimento é só a possibilidade de atender a uma necessidade física e não espaço de prazer e partilha, sabor, arte culinária, por exemplo (MARX, 1993).

A impossibilidade de acesso, portanto, à boa música, à expressão do estético, às práticas esportivas, à prática da participação, enfim, à riqueza material e simbólica humana construída pela humanidade condiciona o desenvolvimento não só de nossa saúde física, mas também de nossas possibilidades, do desenvolvimento de nossa humanidade em sentido ampliado, espaço onde razão e sensibilidade se interpenetram.

Há sempre uma preocupação de mestrandos e doutorandos em relação à mediação do método em suas produções, em especial ao uso das categorias do método. Mais do que categorias estanques que articulam resultados de um processo de coleta, as categorias do método podem não só serem utilizadas para interpretação dos dados, mas precisam também ser transversais à exposição, que necessita explicitar a estrutura onde se inscreve o objeto de estudo, buscar sua gênese e explicar seu movimento, suas transições. Portanto, são categorias historicizadas que emanam do real e a ele voltam para auxiliar a explicá-lo. Ao longo desse processo/movimento, é necessário dar visibilidade a contradições e transformações, aos múltiplos fatores que condicionam o fenômeno analisado e que precisam ser problematizados para sua superação e, por fim, apontar perspectivas no caminho da transformação, porque o caráter teleológico do método, é importante reiterar, é também uma de suas características centrais (PRATES, 2003).

A riqueza e a complexidade da obra marxiana fazem com que diversas interpretações sejam realizadas acerca de suas contribuições, o que inclui a crítica quanto à mediação mecânica de conteúdos por ele desenvolvidos ou ressignificados ou, ainda, a utilização reducionista de seu método. Observa-se que autores cuja mediação da obra de Marx é acrescida de contribuições, sem dúvida, muito relevantes, de intérpretes diversos, pensadores que desenvolvem suas teorias e criam novas mediações para explicar o desenvolvimento de processos que, à época de Marx, ainda não haviam amadurecido, enfatizam este ou outro aspecto, esta ou aquela categoria. Notadamente, no Serviço Social, são influências que decorrem especialmente das produções de Lukács, de Gramsci e de Lefebvre.

Por fim, para concluir, aporta-se uma citação do pensador alemão que bem expressa o tempo presente. Sua utilização tem por intuito dar visibilidade à atualidade do pensamento marxiano e instigar a reflexão sobre o dramático momento que vivemos. Diz Marx, na obra *A guerra civil na França*, quando da derrocada da Comuna de Paris:

> A civilização e a justiça da ordem burguesa aparecem em todo o seu sinistro esplendor onde quer que os escravos e os párias dessa ordem ousem rebelar-se contra os seus senhores. Em tais momentos, essa civilização e essa justiça mostram o que são: selvageria sem máscara e vingança sem lei. Cada nova crise que se produz na luta de classes entre os produtores e os apropriadores faz ressaltar esse fato com maior clareza (MARX, 1999, p. 102).

Em tempos de capitalismo manipulatório, quando a vida do conjunto dos trabalhadores é reduzida a uma vida *just in time* (ALVES, 2011), nosso desafio urgente é contribuir, com nossos estudos, pesquisas, intervenções organizações, para desfetichizar as orgias do capital e estimular o desenvolvimento de processos sociais emancipatórios no caminho de novas formas de sociabilidade, onde essas orgias não sejam naturalizadas, e homens e mulheres "em carne e osso", trabalhadores e trabalhadoras, possam desenvolver radicalmente a sua humanidade.

Referências

ALVES, Giovanni. *Trabalho e subjetividade*. São Paulo: Boitempo, 2011.

BRASIL. *Orçamento Geral da União*. Portal da transparência, 2021. Disponível em: http://www.portaltransparencia.gov.br/orcamento. Acesso em: maio 2021.

CARCANHOLO, Reinaldo. *A dialética da mercadoria*: guia de leitura. 2013. Disponível em: http://coptec.org.br/biblioteca/Outros/Artigos/Dialetica%20da%20 Mercadoria%20-%20Reinaldo%20Carcanholo.pdf. Acesso em: maio 2021.

COUTINHO, Carlos Nelson. *Intervenções*: o marxismo na batalha das ideias. São Paulo: Cortez, 2006.

CURY, Carlos R. Jamil. *Educação e contradição*. São Paulo: Cortez, 1986.

FRIGOTTO, Gaudêncio. O enfoque da dialética materialista histórica na pesquisa educacional. *In*: FAZENDA, I. (org.). *Metodologia da pesquisa educacional*. 2. ed. São Paulo: Cortez, 1991.

GRAMSCI, Antonio. *Concepção dialética da história*. Rio de Janeiro: Civilização Brasileira, 1995.

KOSIK, Karel. *Dialética do concreto*. 5. ed. Rio de Janeiro: Paz e Terra, 1989.

LEFEBVRE, Henri. *Lógica formal e lógica dialética*. 5. ed. Rio de Janeiro: Civilização Brasileira, 1991.

MARQUES, Rosa M.; NAKATANI, Paulo. Brasil: as alterações institucionais no período recente e o novo governo. *Textos & Contextos*, Porto Alegre: EDIPUCRS, v. 18, n. 2, 2019.

MARX, Karl. *O capital*. 13. ed. Rio de Janeiro: Bertrand, 1989. Livro I, v. I.

MARX, Karl. *Manuscritos econômico-filosóficos*. Lisboa: Edições 70, 1993.

MARX, Karl. *A guerra civil na França*. E-book. [*S. l.*]: Rocket Edición, 1999. Disponível em: www.jahr.org. Acesso em: maio 2021.

MARX, Karl. *Crítica da filosofia do direito de Hegel*. São Paulo: Boitempo, 2005.

MARX, Karl. *Grundrisse*: manuscritos econômicos de 1857-1858: esboços da crítica da economia política. São Paulo: Boitempo, 2011.

MARX, Karl; ENGELS, Friedrich. *A ideologia alemã*. 9. ed. São Paulo: Hucitec, 1993.

MARX, Karl; ENGELS, Friedrich. *O Manifesto do Partido Comunista*. Rio de Janeiro: Contraponto, 1998.

MONTAÑO, Carlos. Breves anotações sobre o método e a teoria em Marx. *In*: MONTAÑO, C.; BASTOS, R. L. *Conhecimento e sociedade*: ensaios marxistas. São Paulo: Outras Expressões, 2013.

MUSTO, Marcello. The formation of Marx's critique of political economy: from the studies of 1843 to the *Grundrisse*. *Socialism and Democracy*, v. 24, n. 2, 2010. Disponível em: https://www.tandfonline.com/doi/abs/10.1080/08854300.201 0.481445. Acesso em: maio 2021.

NETTO, José Paulo. *Introdução ao estudo do método em Marx*. São Paulo: Expressão Popular, 2011.

PONTES, Reinaldo. *Mediação e Serviço Social*. São Paulo: Cortez, 1995.

PRATES, Jane Cruz. Possibilidades de mediação entre a teoria marxiana e o trabalho do assistente social. 2003. Tese (Doutorado) — PUCRS, Porto Alegre, 2003.

PRATES, Jane Cruz. O método marxiano e o enfoque misto na pesquisa: uma relação necessária. *Textos e Contextos*. Porto Alegre: EDIPUCRS, v. 11, n. 1, p. 116 — 128, jan./jul. 2012.

PRATES, Jane Cruz. Trabalho, Serviço Social e mediações educativas (Prefácio). *In*: JACINTO, A. G.; LIMA, M. J. O. (org.). *Estratégias e problematizações no trabalho social*. Curitiba: CRV, 2019.

PRATES, Jane Cruz. Crise do capital, pandemia e (des)proteção social (Prefácio). *In*: ANDRADE, R. F.; PINHEIRO, H. A.; VALLINA, K. A. (org.). *Campo minado*: as investidas do capital contra a seguridade social brasileira. São Paulo: Alexa Cultural; Manaus: EDUA, 2020.

PRATES, Jane Cruz; CARRARO, Gissele. Na prática a teoria é outra ou separar é armadilha do capitalismo? *Argumentum*, Vitória, v. 9, n. 2, 2017. Disponível em: https://periodicos.ufes.br/argumentum/article/view/15424/11903. Acesso em: maio 2022.

THIOLLENT, Michel. *Crítica metodológica, investigação social e enquete operária*. 4. ed. São Paulo: Polis, 1985.

TRIVIÑOS, Augusto N. S. *Introdução à pesquisa em ciências sociais*: a pesquisa qualitativa em educação. São Paulo: Atlas, 1987.

Riqueza, trabalho e capital

Mauricio de S. Sabadini
Márcio Lupatini

Introdução

O objetivo deste capítulo é o de, além de expor a natureza da riqueza no modo de produção capitalista, apontar para formas fictícias do capital que, associado a métodos particulares de produção, vêm alterando a dinâmica da acumulação capitalista ao longo dos últimos séculos. Uma atenção particular será dada ao capital fictício e à riqueza fictícia, pois, com o desenvolvimento dela, um volume de riqueza aparece sem ter base substantiva real, do ponto de vista da totalidade, ainda que para a esfera do capital individual não só é real, como também se exige remuneração, de maneira que tal processo não é alheio ao valor e à lei geral da acumulação capitalista. Tal movimento do capital, na atualidade, ocorre em uma fase avançada de revolucionamentos no processo de produção, com a introdução das tecnologias de microeletrônica, das plataformas digitais, as quais acentuam as tendências e contradições do capital sobre a grande indústria exposta por Marx, n'*O capital*.

De modo que a crise em curso desde 2007/8, bem como as alternativas buscadas pelo capital para a sua saída, está intimamente ligada ao movimento de circulação do capital fictício na atualidade, sobretudo após a sua crise de 1960/70, e às profundas transformações nos processos produtivos. Se estes permitiram um impulso na retomada da acumulação de capital após essa crise, também acentuaram as contradições do capital que desaguaram na última crise, cujas saídas estão em curso. Tal processo agudizou a questão social, exigiu uma maior virulência do capital com o trabalho a fim de implementar contrarreformas (como as trabalhistas e previdenciárias), bem como maior voracidade de apropriação do fundo público pelo capital para se socorrer da quebradeira em geral e da desvalorização do capital fictício em particular, e de se impor perante a queda da taxa de lucro. Nas próximas seções, serão expostos esses aspectos da riqueza, do capital fictício, do trabalho em termos mais gerais e abstratos, bem como dos métodos de produção e suas particularidades no período contemporâneo.

Natureza da riqueza e trabalho abstrato: pensamento clássico e Marx

A temática da riqueza na teoria econômica ocupa um espaço que remonta à própria constituição da Economia como ciência, em meio ao processo de formação do capitalismo na Europa Ocidental. Se essa ciência foi inaugurada oficialmente pela obra de Adam Smith, *A riqueza das nações*, em 1776, o debate enfrentado por esse autor remonta a discussões anteriores de conteúdos muitas vezes diversos, porém relacionados, sendo que o principal, para nossos propósitos, trata-se da busca pela compreensão da origem da riqueza dos Estados-nações, então em constituição.

Na genealogia desse processo, que aqui indicaremos de forma muito sucinta, o tema da riqueza antes de Adam Smith, mesmo que de maneira ainda não sistematizada, perfazia a agenda de comerciantes, médicos, filósofos, todos procurando decifrar as possíveis estratégias de políticas para a busca da hegemonia econômica, política, militar, na constituição do então modo capitalista de produção que já delineava suas políticas de acumulação primitiva.[1] As políticas mercantilistas, por exemplo, já a partir do século XV, contraponto de Smith às práticas intervencionistas, indicarão pontos centrais, como a presença e interferência dos Estados nacionais nas atividades econômicas, a adoção dos princípios da balança comercial favorável, do pacto colonial e do protecionismo, da expansão marítima, comercial e colonial (SAES; SAES, 2013) e, adicionalmente, a sinalização do símbolo da riqueza via comércio exterior a partir do acúmulo de metais preciosos (ouro e prata), sendo o ouro o símbolo do poder, o *totem*, que serviu como referência oficial para o sistema de crédito internacional até fins do século XX.

Neste intermédio, a Fisiocracia, como "governo da natureza", por volta de 1750, capitaneava traços distintivos da busca da riqueza a partir, por exemplo, dos médicos franceses François Quesnay e Vincent de Gournay que, também influenciados pelo Iluminismo como Smith, terão orientação liberal nos interesses diretos das questões econômicas, servindo igualmente como elo para o posterior pensamento econômico clássico. Dessa forma, a analogia econômica com a ciência da natureza efetuava uma conexão direta de atribuir a uma ordem natural (como a terra) a fonte de riqueza, a partir da criação de excedente via produtos agrícolas. O excedente econômico agrícola, e aí a participação da terra, de certo modo já com a presença do trabalho, mas o trabalho agrícola, passa a ocupar lugar central no entendimento da riqueza na sociedade.

---

1. Nas tratativas históricas dos modos de produção pré-capitalistas, Marx e Engels (2001), em *A ideologia alemã*, apresentam formas de propriedade que retratam as organizações tribais, propriedade comunal e feudal, importantes para a compreensão do processo de transição para o modo de produção capitalista. Ademais, nos *Grundrisse*, Marx (2011) discute as "Formações Econômicas Pré-Capitalistas".

Como indicamos, será com Smith (1996) o rompimento maior com os traços mais primitivos de elaboração do pensamento econômico, a partir da adoção de métodos de investigação mais elaborados, fundando os chamados autores da Economia Política Clássica, na qual a teoria do valor assumiria centralidade e o trabalho passaria a ocupar lugar principal no entendimento da riqueza das nações. Como sugere Coutinho (1990, p. 9), "disto trata a nascente disciplina da economia política: das relações entre os homens, na reprodução da vida material". Por mais que os metais preciosos, o dinheiro, a terra continuassem a expressar a riqueza material da sociedade, eles estariam subordinados ao trabalho. Passava-se, então, das leis naturais para a razão científica.

Além de Adam Smith, outros autores participavam da formação dessa corrente de pensamento econômico, como Jean-Baptiste Say, com o *Tratado de economia política*, de 1803; David Ricardo em sua principal obra, *Princípios de economia política e tributação*, de 1817, dentre outros. Por fim, Karl Marx vai fazer a sua Crítica à Economia Política, tendo o primeiro livro de sua principal obra, *O capital*, publicado já em fins do século XIX, em 1867.

Se, normalmente, Adam Smith é mais conhecido pela defesa dos princípios do livre mercado, sendo considerado o pai do liberalismo econômico, ao mesmo tempo sua obra suscita influências decisivas nas demais linhas do pensamento econômico, como na escola marginalista/utilitarista, que vão se desdobrando na história do pensamento econômico ao longo dos séculos seguintes, sendo que a teoria do valor--trabalho passa a ser o pilar central que sustenta o método de investigação e análise da riqueza das sociedades. Levando em consideração as diferenças entre os representantes dessa escola de pensamento, e mesmo das diferentes leituras em um autor, como em Adam Smith, por exemplo,[2] rompe-se, dessa forma, com as noções de riqueza anteriores e coloca-se no centro dessa descoberta o trabalho humano geral como fundamento principal para a riqueza na sociedade humana.

---

2. Para o entendimento de uma dessas leituras do referido autor, ver Carcanholo (2012).

CONTRARREFORMAS OU REVOLUÇÃO

Não é demais pontuar que esses pensamentos surgem em um contexto histórico de eclosão da Primeira Revolução Industrial, em 1760, destacando a Inglaterra como potência e guardiã principal de um modo de produção que se expandia na busca pela acumulação ampliada de capital, mas que demoraria séculos para atingir os demais países europeus e, principalmente, o que constituiria depois a periferia do sistema, como a América Latina. Como nos adverte Dobb (1983, p. 17):

> [...] a história do capitalismo e os estágios de seu desenvolvimento não apresentam forçosamente as mesmas datas para as diferentes partes do país ou indústrias diversas e, em certo sentido, estaríamos certos em falar não de uma única história do capitalismo, e da forma geral apresentada por ela, mas de uma coleção de histórias do capitalismo, todas com uma semelhança geral de forma,[3] mas cada qual separadamente datada no que diz respeito aos seus estágios principais.

Na esteira da evolução do pensamento econômico, o movimento naturalmente não para por aí, e Marx absorverá e dará uma interpretação metodológica diferenciada para a teoria do valor-trabalho e, consequentemente, para sua concepção de riqueza. E é sobre esta temática que concentraremos agora um pouco a atenção.

Marx e a crítica à economia política clássica

Procurando fazer a crítica à economia política, Marx vai continuar e recolocar em *O capital* o debate sobre a riqueza no modo de produção capitalista. Logo no primeiro parágrafo do capítulo I, Livro I, ele dá a resposta inicial do que é a riqueza nesse sistema. É a

---

3. E, a nosso ver, além "de forma", também "de conteúdo".

famosa e célebre frase: "A riqueza das sociedades em que domina o modo de produção capitalista aparece como uma 'imensa coleção de mercadorias', e a mercadoria individual como sua forma elementar" (MARX, 1983, p. 45). E passa a analisar a mercadoria como algo mais simples e mais complexo da formação capitalista.

A exposição do autor em observar as mercadorias e descrevê-las leva, ao menos momentaneamente, a uma resposta imediata da riqueza na sociedade capitalista, que, nesse caso, já está em sua plena constituição. E daí Marx vai desdobrar os elementos pertencentes a essa mercadoria, chegando ao fato de ela ter valor de uso, valor de troca e valor. Como valor de uso, sua riqueza material se manifesta em todas as formas sociais e econômicas de produção, sendo sobreposta posteriormente pelo valor de troca, magnitude de trabalho contida em cada unidade de mercadoria, sem ter ainda o dinheiro como equivalente geral das trocas. Em seguida, ainda nos primeiros parágrafos do capítulo I do Livro I, após apresentar a casualidade e a relatividade do valor de troca, o autor nos sinaliza para o fato de que "o valor de troca só pode ser o modo de expressão, a 'forma de manifestação' de um conteúdo dele distinguível" (MARX, 1983, p. 46), conteúdo que é o valor.[4]

Com a sobreposição do valor de troca e, posteriormente, do valor, o valor de uso passa a ser dominado já nas trocas comerciais generalizadas, o que também significava a modificação da forma de riqueza, já que, por um lado, a riqueza como conteúdo material se expressa

---

4. A compreensão das diferenças entre valor de uso, valor de troca e valor é de fundamental importância e tem levado a erros, como nas denominadas teorias pós-modernas, com interpretações superficiais, se não inconsistentes, para a compreensão de fenômenos aparentes e recentes no capitalismo contemporâneo. Citando apenas um exemplo: ao não diferenciar valor de troca e valor, tratando-os como sinônimos, sugere-se a perda da centralidade do trabalho e dos fundamentos da teoria do valor-trabalho, já que, supostamente, não seria mais possível mensurar a quantidade de trabalho em cada unidade de mercadoria. De fato, a magnitude do trabalho contida nas mercadorias, seu valor de troca, se manifesta como valor, expressão de uma relação social de produção, sendo esta última a determinação central para a compreensão da essência do funcionamento do sistema, independentemente das formas diferenciadas de mercadorias existentes na sociedade capitalista.

pelo valor de uso e pelo valor de troca; por outro, como forma social e histórica, como valor de uso e valor (CARCANHOLO, 2011). Mas, restava um enigma a ser respondido para dar equivalência às trocas entre mercadorias que possuem valores de uso diferentes e, potencialmente, valores de trocas também diferentes. E a resposta Marx encontra no caráter de igualação do trabalho pela energia humana contida nas diferentes mercadorias e nas distintas funções realizadas por trabalhadores diferentes. Não é à toa que Marx, em carta a Engels datada de 24 de agosto de 1867, afirma que: "Ce qu'il y a de meilleur dans mon livre, c'est: 1. (et c'est sur cela que repose *toute* l'intelligence des facts [faits]) la mise en relief, dès le premier chapitre, du caractère double du travail, selon qu'il exprime en valeur d'usage ou en valeur d'échange; 2. l'analyse de la plus-value, indépendamment de ses formes particulières: profit, intérêt, rente foncière, etc."[5] (MARX; ENGELS, 1964, p. 174, grifo do original).

Essa igualação nos leva à compreensão do trabalho concreto e do trabalho abstrato, que representa a diferença existente entre valor de uso e valor, em que o primeiro produz utilidade e o segundo valor, fonte da riqueza social, reafirmando a centralidade do trabalho dada pelos autores da economia política clássica, mas, ao mesmo tempo, negando e invertendo a natureza do trabalho a partir de sua exploração e criação de excedente sob a forma de mais-valia (absoluta, relativa e extra) apropriada pelo capital a partir, por exemplo, de lucros, juros e renda da terra.

Aqui se torna impossível apontar para os desdobramentos que essas e outras categorias assumem ao longo dos demais capítulos e livros de *O capital*, como o aparecimento do dinheiro, do capital e das formas funcionais do capital ao longo dos livros I e II. Mas, para os nossos propósitos, é de se destacar que a própria concepção de

---

5. "O que há de melhor em meu livro é: 1. (e é nisto que repousa *toda* a inteligência dos fatos) o destaque, desde o primeiro capítulo, do duplo caráter do trabalho, conforme se exprima em valor de uso ou em valor de troca; 2. a análise da mais-valia, independentemente de suas formas particulares: lucro, juros, renda da terra, etc." (tradução nossa).

riqueza vai sendo alterada à medida que novas categorias vão aparecendo ao longo da obra, sobretudo no Livro III. É o que brevemente apontaremos em seguida.

Capital fictício e riqueza fictícia em Marx

Se, como vimos, a concepção de riqueza se pauta na centralidade do trabalho, sendo o trabalho abstrato produtor de valor, as mutações e o caráter contraditório das categorias que vão surgindo ao longo de *O capital* nos ampliam o horizonte para, além de reafirmar esses fundamentos da teoria do valor-trabalho, que consideramos centrais para o entendimento do modo de produção capitalista, nos apontar para o surgimento de categorias que também fazem parte, de maneira contraditória, do processo de acumulação capitalista. Referimo-nos, aqui, ao capital fictício.

O capital fictício surge, mesmo que de maneira não articulada, no Livro III, livro esse que apresenta o processo de articulação da produção e da circulação do capital, apontando as formas concretas que se manifestam no ciclo geral. Não é demais afirmar que para se chegar a essa categoria há que se passar pela construção e pela desconstrução de seus fundamentos ao longo de toda a obra, indo desde o surgimento do capital no Livro I até o entendimento de suas formas funcionais no Livro II, bem como suas autonomizações, no Livro III (SABADINI, 2013). Somente essa visão geral nos permite entender a natureza contraditória dessa forma de capital que se apresenta como expressão de sua submissão à dialética, como um capital que é real e fictício ao mesmo tempo (GOMES, 2015).

Ou seja, "é real do ponto de vista do ato individual e isolado [...] do ponto de vista da aparência" (CARCANHOLO; SABADINI, 2009, p. 45), e fictício do ponto de vista da totalidade, da essência. Mas, pensando em sua totalidade, como pode existir um capital, tal como Marx nos sugere ao longo do Livro I, se ele, ao mesmo tempo, é também fictício, atingindo o ápice de seu fetiche ao encurtar o ciclo geral de D-M-D' para D-D'?

De fato, essa aparente natureza contraditória do capital fictício não é somente pertencente a essa categoria, em que pese seu caráter fetichizado em grau elevado. As categorias que vão surgindo ao longo da obra, como a mercadoria, o dinheiro, a mais-valia, o lucro do empresário, os juros, dentre outras, se expressam em constante transformação e apresentam em sua própria estrutura interna, em sua própria constituição, o germe dessa contradição que, muitas vezes, se manifesta sob a forma de crises. Mas, para nossos propósitos, há que se identificar no capital fictício uma dinâmica que interfere cada vez mais no capitalismo contemporâneo, seja pela via da dívida pública e das transações acionárias, exemplos clássicos dados por Marx, seja por outros mecanismos existentes no sistema de crédito internacional atual.

Como desdobramento do capital a juros, o capital fictício mistifica ainda mais as conexões e as desconexões com a atividade produtiva, pois mesmo que não possua bases produtivas, reais, não produzindo, portanto, valor e mais-valia, exige remuneração que é apropriada do capital produtivo, no caso via juros, como no pagamento da dívida pública e/ou dividendos aos acionistas, detentores das ações.[6] Em todas essas conexões, o trabalho está em seu ponto de partida, em sua origem, já que os juros são uma fração da mais-valia criada no ciclo do capital produtivo por uma mercadoria especial, a força de trabalho.

Acreditamos que o processo de apresentação e discussão dessa categoria nos dá dimensões para sugerir que a própria noção de riqueza, componente central de nossa discussão até o presente momento, vai adquirindo contornos diferenciados à medida que as formas de capital vão se transformando. A própria mercadoria, muitas

---

6. Sugerimos a existência de outra forma de remuneração do capital fictício, os chamados lucros fictícios. Para maiores detalhes, consultar: Carcanholo e Sabadini (2009), Mello e Sabadini (2020), Teixeira e Sabadini (2022) e Sabadini (2021).

vezes confundida e tomada de maneira limitada e estreita, como nas indicações pós-modernas, é associada a algo que se relacione necessariamente a um objeto físico e químico (as chamadas, por Marx, de mercadorias simples ou comuns), que são leituras que, no máximo, chegam ao Livro I e mesmo assim sinalizam para uma compreensão insuficiente do verdadeiro caráter dessa forma tão simples e tão complexa indicada por Marx.

A importância da mercadoria não é aleatória, não é à toa que o autor inverte sua exposição e, ao contrário do programado a princípio, e diferentemente dos demais autores da economia política clássica, começa O capital tratando inicialmente da mercadoria.[7] Ao se deparar com a possível matéria das mercadorias, muitas interpretações deixam de desvendar, ou minimizam, a natureza das relações sociais de produção que as produzem ou que estão relacionadas a elas, como nas mercadorias-serviços ou nas mercadorias-capital, estas últimas vinculadas aos ativos financeiros e apresentadas no Livro III.

A mercadoria-capital, que aparece na discussão do capital a juros (D-D-M-D'-D'), no empréstimo entre prestamista e mutuário, se manifesta pelo fato de que "emprestar e tomar emprestado, em vez de vender e comprar, é aqui uma diferença que decorre da natureza específica da mercadoria-capital" (MARX, 1984b, p. 265), tornando-a, segundo o autor, uma mercadoria *sui generis*. Como mercadoria-capital, ela possui, portanto, características diferentes, apresenta-se ao mundo dos seres humanos como algo particular, afinal ela "tem a peculiaridade de que, pelo consumo de seu valor de uso, seu valor e seu valor de uso não só são conservados, mas multiplicados" (MARX, 1984b, p. 264).

E aqui reside uma sinalização de que o processo de multiplicação dessa forma de mercadoria (de empréstimo do dinheiro como capital) e da forma futura de capital fictício gera, paradoxalmente, um volume de riqueza que não tem base substantiva real, porém remunera e

---

7. Para entender essa mudança, ver: De Paula (2008).

concentra riqueza imaginária, fictícia, do ponto de vista da totalidade, num processo de determinação contraditória, ou não, com a lei geral da acumulação capitalista.

Essa forma de riqueza foi chamada por Carcanholo (2013, p. 143), ao exemplificar a valorização dos imóveis, de "riqueza fictícia", que se trata de "riqueza adicional, fruto da especulação e que passa a fazer parte do patrimônio daquele proprietário que teve o valor do seu imóvel elevado especulativamente". De maneira próxima, ao tratar das ações como forma de capital fictício, e relacionando com os movimentos das bolsas de valores, mas não sugerindo a riqueza fictícia anterior, Marx (1985, p. 20) afirma: "[...] essa riqueza imaginária, de acordo com a expressão de valor de cada uma de suas partes alíquotas de determinado valor nominal original, só por essa razão se expande com o desenvolvimento da produção capitalista". Ao tratar das variações nos preços das ações nos mercados bursáteis, finaliza indicando que "essa espécie de riqueza monetária imaginária não apenas constitui uma parte muito considerável da riqueza monetária dos particulares, mas também do capital dos banqueiros [...]" (MARX, 1985, p. 20).

Essas especificidades, que se acentuam na dinâmica da valorização do capitalismo contemporâneo, nos sugerem um processo de desmaterialização do dinheiro[8] e também da própria riqueza. Sua aparente configuração contraditória procura, de maneira incessante, valorizar seu capital de forma fictícia com o intuito de reverter a tendência à queda na taxa de lucro. Nesse contexto, o capital fictício pode nos ajudar a entender determinados fenômenos que se manifestam de forma mais proeminente ao longo do fim do século XX e início do século XXI. Naturalmente, o modo de produção capitalista continua seu ímpeto principal, cada vez mais crescente, de geração de riqueza no processo produtivo pela extração de excedente sob as formas variadas de mais-valia absoluta e relativa.

---

8. Para maiores detalhes, conferir: Carcanholo (2015).

Da cooperação simples à grande indústria e a particularidade do século XX

O movimento do capital fictício, ainda que autônomo, não é alheio à extração de excedente sob as formas de mais-valia absoluta e relativa. Ao contrário, tem como pressuposto o valor e, portanto, um modo particular de organização social, cuja forma elementar de riqueza é a mercadoria, e está inserido na lógica do capital, ou seja, na autovalorização do valor.

A partir de Marx (1983), pode-se dizer que se a mercadoria aparece como uma unidade entre valor de uso e valor de troca, e se constitui como unidade contraditória entre valor de uso e valor, o processo de produção capitalista também adquire uma unidade contraditória, a saber: processo de trabalho e processo de valorização. E aquele é meio para este, ou seja, o processo de produção de valores de uso como meio para o processo de valorização do capital, de extração de mais-valia, de maneira que o capital precisa necessariamente em seu movimento revolucionar de modo contínuo as formas e os métodos de produção de valores de uso para se expandir. Vejamos como ele fez isso a partir do momento em que capturou as forças produtivas e a especificidade do processo de produção capitalista. Tal exposição visa demarcar a especificidade da forma de produção capitalista com duplo objetivo: 1) as transformações em curso no século XXI não estão alheias à lógica e à necessidade do capital; 2) tal processo acirra as contradições do capital entre as necessidades da circulação do capital fictício e as possibilidades de extração de mais-valia na produção.

Marx (1983) nos mostra que o capital capturou as forças produtivas da forma como as encontrou e, no primeiro momento, somente as reuniu sob seu comando. É o que se constitui como cooperação simples. Mas já aqui o capital teve ganhos, ainda que sem em nada contribuir na alteração do processo de trabalho. Apenas o que se fez foi subsumir as forças individuais do trabalho ao capital, que as colocou lado a lado, em cooperação no mesmo local (seja em processos iguais, seja em processos diferentes, mas conexos). Cada trabalhador continuava fazendo todo o processo produtivo e a base permanecia ainda artesanal. Mas o fato de colocá-las no mesmo lugar tinha, por um lado, ganhos de produtividade imanentes da própria cooperação (de forças produtivas individuais a forças produtivas sociais do trabalho) e, por outro, diminuição dos meios de produção. Esta base produtiva artesanal — na qual o trabalho é "ainda metade artístico, metade fim em si mesmo" (MARX, 2011, p. 408), que por si é de baixa produtividade e que nela o trabalhador, apesar de estar neste novo momento expropriado dos meios de produção, detém todo o controle e conhecimento do processo produtivo — precisou ser revolucionada, uma vez que para a lógica expansiva do valor e para a reprodução da forma social capitalista, com suas duas classes sociais antitéticas, tais limites sem mostram estreitos e incompatíveis.

O capital, no primeiro momento, revolucionou esse processo de trabalho para a base manufatureira (que se encerrou até o último terço do século XVIII), e esta deu as condições para que, no segundo momento, o processo produtivo adquirisse caráter especificamente capitalista na grande indústria (Primeira Revolução Industrial, final do século XVIII e início do século XIX). Tal processo não ocorreu de forma unilateral e linear. Aqui exporemos seu caráter nuclear. Na manufatura não houve a revolução dos meios de produção, o que ocorreu foi, sobretudo, uma alteração na organização do processo de trabalho, o trabalho foi dividido. "[...] Em vez de o mesmo artífice executar as diferentes operações de uma sequência temporal, elas são despendidas umas das outras, isoladas, justapostas no espaço, cada uma delas confiada a um artífice diferente e todas executadas ao mesmo tempo pelos cooperadores" (MARX, 1983, p. 268). Os trabalhadores são designados de forma que cada um deles realize apenas uma das partes do processo de trabalho, o que origina o trabalhador parcial, especializado, e sua ferramenta, que sofre constantes aperfeiçoamentos. Embora ocorram esses aperfeiçoamentos nos meios de produção, o elemento subjetivo do processo de trabalho, a força de trabalho, é o predominante. E a elevação da produtividade social do trabalho, conforme já expôs Smith (1996), se dá em razão da "virtuosidade do trabalho", da redução dos poros da jornada de trabalho e da simplificação, aperfeiçoamento e diversificação dos instrumentos de trabalho (MARX, 1983, p. 269-270). Não é, portanto, em função dos revolucionamentos nos meios de produção. E mais, uma parte do trabalhador parcial aqui já não domina o processo produtivo, embora ele seja imprescindível para o processo produtivo, ele parece mesmo como um "autômato vivo", o processo lhe aparece como estranhado. De modo que "o enriquecimento do trabalhador coletivo e, portanto, do capital em força produtiva social é condicionado pelo empobrecimento do trabalhador em forças produtivas individuais" (MARX, 1983, p. 284).

A base manufatureira desse processo carrega limites intransponíveis para o capital, para sua autovalorização, pois "[...] uma vez que a habilidade artesanal continua a ser a base da manufatura e que o mecanismo global que nela funciona não possui nenhum esqueleto objetivo independente dos próprios trabalhadores, o capital luta constantemente com a insubordinação dos trabalhadores" (MARX, 1983, p. 288). É preciso revolucionar essa base, é preciso subsumir inteira e realmente o trabalho ao capital, o que ocorre na grande indústria. E nesta a revolução característica ocorre nos meios de produção, cujo elemento simples do processo de produção é a maquinaria. Diz Marx (1984a, p. 9): "A máquina-ferramenta é [...] um mecanismo que, ao ser-lhe transmitido o movimento correspondente, executa com suas ferramentas as mesmas operações que o trabalhador executava antes com ferramentas semelhantes".

Somente com a grande indústria o fator objetivo do processo de trabalho é especificamente capitalista. São-lhe contraditoriamente adequadas a lógica e a necessidade da expansão do valor, do capital. Em vez de a matéria-prima passar de etapas em etapas do processo produtivo, sendo que em cada uma delas o/a trabalhador/a parcial executa uma operação, agora, na grande indústria, do começo ao fim do processo produtivo, a matéria-prima é transformada por meio de máquinas, sem a inferência direta do/a trabalhador/a. É nesse momento que o processo de trabalho se torna inteiramente objetivo. "Como maquinaria, o meio de trabalho adquire um modo de existência material que pressupõe a substituição da força humana por forças naturais e da rotina empírica pela aplicação consciente das ciências da Natureza" (MARX, 1984a, p. 17). O próprio caráter cooperativo do processo de trabalho se transforma, pois agora, "torna-se [...] uma necessidade técnica ditada pela natureza do próprio meio de trabalho" (MARX, 1984a, p. 17).

O capital transpõe os limites constitutivos da manufatura, pois "[...] o processo de produção em seu conjunto [...] não aparece como processo subsumido à habilidade imediata do trabalhador, mas como aplicação tecnológica da ciência" (MARX, 2011, p. 583). Nesse processo, o próprio trabalhador tornou-se um apêndice e a ele, cada vez mais, são delegadas funções de supervisão. O desenvolvimento da força produtiva do trabalho, da produtividade social do trabalho, depende cada vez mais da "aplicação tecnológica da ciência" e não, como na manufatura, da habilidade e da virtuosidade do trabalhador. E como desdobramento não apenas se tem o expurgo do trabalho vivo do processo produtivo, mas também o "saber" do trabalhador é expropriado e aparece-lhe como estranho. "O saber aparece na maquinaria como algo estranho, externo ao trabalhador [...]" (MARX, 2011, p. 582).

Ora, se com a grande indústria se revolucionou o processo produtivo, colocando-o em outro patamar e adequando-o às necessidades do capital, também o fez minando sua própria base de valorização (com o expurgo da força de trabalho pela introdução da maquinaria), de extração de mais-valia. Se com a maquinaria alcançou-se estágio sem precedentes na capacidade da humanidade de transformar a natureza, de produzir valores de uso, também cerceou o/a trabalhador/a de acessá-los. Se com a grande indústria o processo produtivo é cada vez mais resultado da "aplicação tecnológica da ciência", que permite e potencializa a humanidade dominar as forças da natureza, de acessar suas leis internas, para os/as trabalhadores/as individuais o que se oferece crescentemente são piores condições de se reproduzir como trabalhadores/as, ou mesmo a condição estrutural de desempregados/as. Tais fatos não são circunstâncias externas ou momentâneas nesta forma social, mas estão inseridas na sua própria lógica, na lei geral da acumulação capitalista.

Particularidade do século XX

O exposto aqui sobre a grande indústria colide com as imagens de processos produtivos de alguns ramos industriais de grande participação na produção e do emprego no primeiro 2/3 do século XX, a saber: a indústria de montagem, em geral, e a metalomecânica, em particular. Basta pensarmos nas imagens de *Tempos modernos*, de Charles Chaplin. Ou em unidades fabris de montadoras de automóveis com 20, 30 mil trabalhadores/as empregados/as.

O que predominaram nesses ramos industriais, antes da introdução de tecnologias de base microeletrônica nos processos produtivos, foram as práticas tayloristas/fordistas e ohnoístas/toyotistas. Ambas são amplamente lastreadas no trabalho vivo imediato. Nas linhas de montagens, salta aos olhos tal aspecto, seja na linha fordista, seja na toyotista.[9] No tocante à parte de produção de peças, há particularidades. No fordismo se consegue a automação em larga escala por meio da introdução de máquinas *transfer* já após a Segunda Guerra Mundial, mas era uma automação rígida, ou seja, com cada máquina, a despeito de sua extensão e capacidade, produzia-se apenas um modelo de peças.

---

9. No Ocidente, como se espraiou o ohnoísmo/toyotismo somente a partir dos anos 1970, e nesse período crescentemente se difundiram as tecnologias de base microeletrônica, associou-se essas práticas à automação. Entretanto, se observadas essas práticas ohnoístas/toyotistas em sua gênese no Japão, nos anos 1950, essa organização produtiva não guarda nenhuma relação com a automação, muito pelo contrário. Benjamin Coriat, em seu livro *Pensar pelo avesso*, já nos chamara atenção para o fato de que as transformações introduzidas pelos métodos toyotistas são "puramente organizacionais".

Ambas as práticas produtivas e de organização do trabalho, além de exigirem um enorme contingente de trabalhadores/as, lastreiam-se na necessidade de controle subjetivo do trabalho pelo capital, seja pelos métodos rígidos de estabelecimento de parcelamentos das tarefas e de tempos precisos e movimentos exatos para cada operação nos métodos tayloristas/fordistas, seja pela participação e envolvimento do/a trabalhador/a pela cooptação das práticas ohnoístas/toyotistas, as quais são uma forma de intensificação de trabalho. Esta se evidencia, por exemplo, na operação de mais de um equipamento pelo "trabalhador polivalente", como também pela junção de mais de uma função no mesmo trabalhador (operar um equipamento e, ao mesmo tempo, auferir controle de qualidade do produto).

Como pôde esses métodos de produção, amplamente lastreados no trabalho vivo imediato, com ganhos de produtividade do trabalho a partir do estabelecimento de tempos e movimentos para cada operação do/a trabalhador/a em sua tarefa parcial (método taylorista/fordista), ou o método ohnoísta/toyotista, cujo DNA refere-se a transformações "puramente organizacionais", se constituírem em um momento mais avançado da produção capitalista, cuja grande indústria já estava posta e desenvolvida havia mais de um século, na qual ocorreu um revolucionamento, sobretudo, nos meios de produção, constituindo-se com a maquinaria em uma forma de produção inteiramente objetiva? A chave para desvendar a questão ocorre em função da defasagem inter-ramos industriais, sobretudo nos setores da indústria de *montagem em geral*, para os quais somente foi possível automatizar a montagem da mercadoria e produzir peças automatizadas e de maneira flexível com o desenvolvimento das tecnologias de base microeletrônica. Sem essa possibilidade, concentrou-se em alterações na forma de organizar e controlar o trabalho![10] E, portanto, teve-se de constantemente lidar com a insubordinação dos/as trabalhadores/as. E como esses métodos estavam presentes em ramos industriais que tinham enorme participação na produção e no emprego, os/as trabalhadores/as tinham

---

10. Tal fato foi extraído a partir da elaboração de Moraes Neto (2003).

condições objetivas para se nutrirem de organização e força política para conquistas trabalhistas e de direitos sociais,[11] cuja presença no cenário internacional da União Soviética cumpriu um significativo papel.

Ora, a introdução de tecnologias de base microeletrônica, sobretudo, nas indústrias de *montagem em geral* (automobilística, eletrodomésticos etc.) — pois tal introdução nas outras indústrias que já estavam automatizadas (o ramo têxtil, o químico, o de fluxo contínuo, que congrega setores como bebidas, siderurgia) apenas aprofundou esse processo — produziu, no último 1/3 do século XX, um enorme tsunami, pois atingiu as indústrias com maior número de trabalhadores/as empregados/as e, tendencialmente, explodiu as bases tayloristas/fordistas e ohnoístas/toyotistas.

Concentrando-se na indústria de montagem em geral, particularmente na metalomecânica (cujo maior expoente é a automobilística), a parte da fabricação de peças agora pode ser feita de forma automatizada e flexível por meio das máquinas-ferramenta de controle numérico computadorizado (MFCNC), as quais possibilitaram a constituição de processos que são verdadeiros "sistemas articulados de máquinas", nos termos de Marx (1984a), por exemplo, os sistemas flexíveis de manufatura (FMS).

> O FMS é um sistema de controle centrado por computador formado por duas ou mais máquinas CNC equipadas com um sistema robotizado para a transferência automática de peças de uma máquina para outra, também com capacidade de operar por longas horas sem qualquer interferência humana. O computador central controla a produção desde o suprimento de material até a finalização do processo, de acordo com um programa (de produção) armazenado em sua memória [...] (SIMHOM *apud* MORAES NETO, 2003, p. 31).

Na fase de montagem, cujas imagens de *Tempos modernos* são emblemáticas dos áureos tempos fordistas, foram o desenvolvimento

---

11. Aqui não está reduzindo-se essa força política apenas a esse aspecto, mas o citando como um dos elementos explicativos.

e a introdução do robô na linha de montagem que permitiram (pelo menos potencialmente) um processo produtivo inteiramente objetivo. Sem o robô, mesmo operações simples de montagem exigiam o trabalho vivo imediato, pois "a complexidade dos gestos a efetuar (trajetórias espaciais precisas que exigem torções de forças bastante complexas e variáveis) é tal que não pôde até agora ser 'incorporada' a priori nem a uma máquina especial clássica, nem mesmo a uma máquina programada" (LAFONT; LEBORGNE; LIPIETZ, 1980 *apud* MORAES NETO, 2003, p. 33). O robô é "reprogramável e multifuncional, característica genérica de todo o equipamento de base microeletrônica" (MORAES NETO, 2003, p. 34). E dessa maneira foi possível a automação da fase de montagem.[12]

Foi somente, portanto, no final do século XX que se conseguiu produzir produtos de forma automatizada e flexível para todo o sistema industrial. Ou seja, o que Marx expôs como a forma de produção especificamente capitalista apenas se constituiu em sua plenitude com a introdução de tecnologias de base microeletrônica nos processos produtivos, o que chamamos de *radicalização da grande indústria* (LUPATINI, 2015). As contradições do capital, portanto, agora no capital produtivo, se exacerbaram, pois se mina relativamente a base de sua valorização perante a magnitude do capital e suas necessidades de valorização.

Vale dizer que aqui se abordaram as transformações no processo de produção em seus aspectos tendenciais. A realidade imediata aparece de forma heterogênea e cheia de sutilezas. Na próxima seção, indicar-se-ão alguns aspectos do período mais atual.

Aspectos do período contemporâneo

Se o ciclo do capital se transforma continuamente na busca incessante de valorização, sugerimos ao longo do texto que o capital fictício

---

12. Estes desenvolvimentos não pararam aí, tem, como exemplo, a manufatura integrada por computador, dentre outros.

tem interferido fortemente na dinâmica da acumulação capitalista ao longo das últimas décadas do século XX e início do século XXI. O crescimento efetivo das transações financeiras, potencializado pelas novas tecnologias e pela abertura econômica advinda das políticas neoliberais, nos coloca frente a novas maneiras de se apreender o processo de acumulação ampliada do capital, fundamentais, inclusive, para o desvendar das crises capitalistas que assolam as economias mundiais há décadas.

A participação direta dos diversos fundos (de pensão, de investimentos, especulativos) na administração e propriedade dessa pletora de capital fictício, transnacionalizando ainda mais o capital, com ampla movimentação em suas fronteiras de acumulação, potencializa os fluxos de entradas e saídas de capital nas nações, que variam conforme a conjuntura econômica e seus sinais de crise.

Segundo o McKinsey Global Institute (2017), as entradas brutas de capital, que incluem investimento direto estrangeiro, títulos de dívida, ações, empréstimos e outros investimentos, portanto, potenciais representações clássicas de capital fictício, saíram de 5,3% do PIB global, entre 1990-2000, para 11,5%, entre os anos de 2000-2010, e 7,1% de 2010-2016, este último intervalo já sinalizando para os reflexos da crise de 2007-2008. Isso significava uma correspondência, em 1995, de 1,4 trilhão de dólares; saindo para 3,6 trilhões em 2003; aumentando para 12,4 trilhões em 2007; e estimativa de 4,3 trilhões em 2016.

Na esfera da produção, a crise capitalista em curso desde os anos 2007/2008 e o acirramento da concorrência intercapitalista e das disputas imperialistas abriram um amplo campo de novos desenvolvimentos, cuja chamada indústria 4.0 é o maior destaque, o que parece apontar para uma ampliação e o aprofundamento do processo de radicalização da grande indústria,[13] exposto em suas linhas gerais na seção anterior. Abre-se um período de agudização

---

13. Tal indicação aqui é mais uma hipótese do que propriamente uma conclusão. Ela precisa, portanto, ser investigada.

da questão social, cujas expressões já estão em curso no mercado de trabalho, nas relações de trabalho e nos retrocessos das conquistas de direitos sociais (expressos, respectivamente, nas elevadas taxas de desemprego e piores condições de trabalho, na implementação de contrarreformas trabalhistas e previdenciárias em diversos países), bem como no recrudescimento do xenofobismo, racismo, homofobia em várias regiões e países.

Vale indicar que esse processo de radicalização da grande indústria produz e requer imanentemente formas extensivas de trabalho. Ou seja, a radicalização da grande indústria, com crescente extração de mais-valia relativa pelo capital, veio acompanhada por formas de extração de mais-valia absoluta. Foi esta forma mais avançada que permitiu, ou mesmo impulsionou, novas expropriações, prolongamento da jornada de trabalho, intensificação do trabalho, práticas miseráveis de trabalho (que também congregam práticas de trabalho *análogas* à escravidão).

Ao mesmo tempo que se anuncia o aumento drástico da automação em plantas produtivas — como o Grupo Sony anunciou na sua fábrica de televisores, cuja motivação alegada são os crescentes custos no Sudeste asiático e também para fazer frente às concorrentes Samsung e LG[14] —, que se procura implementar plataformas digitais, se praticam nas gigantes de tecnologias, como Huawei, Alibaba (mas não só nelas), jornadas de trabalhos extenuantes, com o "sistema 9-9-6", no qual se trabalha das 9 horas da manhã até às 9 horas da noite durante seis dias por semana (ANTUNES, 2020). Esse extenuante regime de trabalho, combinado a declarações em defesa desse "sistema 9-9-6" por capitalistas como Jack Ma, desencadeou reações expressivas por partes dos trabalhadores.[15]

---

14. SHIMIZU, Kosuke. *Sony's unmanned Malaysian factory to slash TV production costs.* Disponível em: https://asia.nikkei.com/Business/Electronics/Sony-s-unmanned-Malaysian--factory-to-slash-TV-production-costs?s=09. Acesso em: 28 maio 2021.

15. LIY, Macarena Vidal. Na China, a "rebelião" contra os "9.9-6": trabalho das 9h às 21h, seis dias por semana. *El País*. Pequim, 22 abr. 2019. Disponível em: https://brasil.elpais.com/

A introdução da automação dependerá das condições, das necessidades do capital, das relações sociais de produção. A primeira alternativa permite ao capital individual superlucro, mas em termos gerais mina-se a base de valorização. A segunda esbarra na crescente insubordinação dos trabalhadores. A primeira joga os/as trabalhadores/as na vala da superpopulação relativa perante as necessidades do capital. A segunda os coloca em condições miseráveis e extenuantes, ainda que empregados. O fato que o movimento como tendência é o da radicalização da grande indústria, o mesmo que cria condições para se introduzir formas extensivas de trabalho.

* * *

As temáticas apresentadas ao longo do texto nos apontam para construções e desconstruções, históricas e teóricas, que o modo de produção capitalista percorreu e continua percorrendo ao longo dos séculos, em sua busca incessante por criação e acumulação de riqueza. Seu percurso de produção de excedente, associado ao constante revolucionamento de suas forças produtivas do trabalho, provoca constantes mudanças nas fases de produção e circulação do capital, sempre com o intuito de reduzir seus preços de custos e aumentar o excedente, na forma de mais-valia, na atividade produtiva. Entender esses fundamentos teóricos e seus mecanismos de mediação, por mais que muitas vezes sejam complexos e de difícil relacionamento, é de fundamental importância para visualizarmos as transformações capitalistas recentes, e suas questões econômicas e sociais, que provocam e manifestam as desigualdades em âmbito internacional, nacional e local. É a riqueza, o trabalho e o capital em constante e profunda metamorfose.

---

brasil/2019/04/19/internacional/1555672848_021656.html. Acesso em: 30 mar. 2021. Vale dizer que há menos de 10 anos desta última rebelião, uma onda de suicídios e reações por parte de trabalhadores/as ocorreu na Foxconn, a qual é grande fornecedora para grandes monopólios como Apple, Dell, Hewlett-Packard.

Referências

ANTUNES, Ricardo (org.). *Uberização, trabalho e indústria 4.0*. São Paulo: Boitempo, 2020.

CARCANHOLO, Reinaldo. *Capital*: essência e aparência. São Paulo: Expressão Popular, 2011. v. 1.

CARCANHOLO, Reinaldo. *Marx, Ricardo e Smith*: sobre a teoria do valor-trabalho. Vitória: Edufes, 2012.

CARCANHOLO, Reinaldo. *Capital*: essência e aparência. São Paulo: Expressão Popular, 2013. v. 2.

CARCANHOLO, Reinaldo. O capital especulativo e a desmaterialização do dinheiro. *In*: GOMES, Helder (org.). *Especulação e lucros fictícios*: formas parasitárias da acumulação contemporânea. São Paulo: Outras Expressões, 2015. p. 61-87.

CARCANHOLO, Reinaldo; SABADINI, Mauricio S. Capital fictício e lucros fictícios. *Revista da Sociedade Brasileira de Economia Política*, Rio de Janeiro, n. 24, p. 41-65, jun. 2009.

CORIAT, B. *Pensar pelo avesso*. Rio de Janeiro: Ed. da UFRJ/Revan, 1994.

COUTINHO, Mauricio C. *Lições de economia política clássica*. 1990. Tese (Livre-docência) — Universidade Estadual de Campinas, Campinas, 1990.

DE PAULA, João A. O outubro de Marx. *Nova Economia*, Belo Horizonte, v. 18, n. 2, maio/ago. 2008.

DOBB, Maurice. *A evolução do capitalismo*. São Paulo: Abril Cultural, 1983.

GOMES, Helder (org.). *Especulação e lucros fictícios*: formas parasitárias da acumulação contemporânea. São Paulo: Outras Expressões, 2015.

LUPATINI, Márcio. *O capital em sua plenitude*: alguns dos traços principais do período contemporâneo. 2015. 466 f. Tese (Doutorado em Serviço Social) — Escola de Serviço Social, Universidade Federal do Rio de Janeiro, Rio de Janeiro, 2015.

MARX, Karl. *O capital*. São Paulo: Abril Cultural, 1983. Livro I, t. 1.

MARX, Karl. *O capital*. São Paulo: Abril Cultural, 1984a. Livro I, t. 1.

MARX, Karl. *O capital*. São Paulo: Abril Cultural, 1984b. Livro III, t. 1.

MARX, Karl. *O capital*. São Paulo: Abril Cultural, 1985. Livro III, t. 2.

MARX, Karl. *Grundrisse*. São Paulo: Boitempo, 2011. p. 388-423.

MARX, Karl; ENGELS, Friedrich. *Lettres sur* Le capital. Paris: Éditions Sociales, 1964. p. 174.

MARX, Karl; ENGELS, Friedrich. *A ideologia alemã*. São Paulo: Martins Fontes, 2001.

MCKINSEY GLOBAL INSTITUTE. *The new dynamics of financial globalization*. Aug. 2017.

MELLO, Gustavo M. de C.; SABADINI, Mauricio S. (ed..). *Financial speculation and fictitious profits*: a marxist analysis. Cham: Palgrave Macmillan, 2019.

MORAES NETO, Benedito R. *Século XX e trabalho industrial*: taylorismo/fordismo, ohnoísmo e automação em debate. São Paulo: Xamã, 2003.

SABADINI, Mauricio de S. Especulação financeira e capitalismo contemporâneo: uma proposição teórica a partir de Marx. *Economia e Sociedade*, Campinas, v. 22, n. 3 (49), p. 583-608, dez. 2013.

SABADINI, Mauricio de S. A (crítica da) economia política, o capital fictício e os lucros fictícios. *Revista da Sociedade Brasileira de Economia Política*, n. 59, maio/jun. 2021.

SAES, Flávio A. M. de; SAES, Alexandre M. *História econômica geral*. São Paulo: Saraiva, 2013.

SMITH, Adam. *A riqueza das nações*: investigação sobre sua natureza e suas causas. São Paulo: Nova Cultural, 1996.

TEIXEIRA, Adriano L. A.; SABADINI, Mauricio S. *Marx and the category of fictitious profits*: some notes on the Brazilian economy. [*S. l.*]: In: BRAGA, Henrique P. (eds.) Wealth and poverty in contemporary brazilian capitalism. Berlin: Palgrave MacMillan, 2022. p. 105-142.

Crise, economia e política no capitalismo contemporâneo

Victor Neves

A vontade de mudar *não pode excluir o* destruir.

(Georges Labica, *Democracia e revolução*)

É sabido, desde a publicação d'*O capital* por Marx, que as contradições através das quais se desenvolve o modo de produção capitalista encontram-se particularmente explicitadas nos momentos de *crise*. Essas não são disfunções, mas parte da dinâmica necessária desse modo de produção e de vida,[1] e, mais importante, são momentos em que algumas de suas determinações centrais se manifestam de maneira mais clara. Não à toa, Marx recorre a seu exame como peça auxiliar na argumentação em pontos-chave de sua exposição totalizante sobre o capital.

Por isso, os presentes apontamentos sobre economia e política no capitalismo contemporâneo estarão amparados, a princípio, sobre a consideração da forma mais recente de suas crises. Fundados sobre

---

1. Para o conceito de "modo de vida", cf. Dias (2002).

essa exposição inicial, examinaremos, em linhas gerais, a relação entre dívida pública, reconfiguração das políticas sociais e processos de contratransferência, do trabalho ao capital, de parte da riqueza socialmente produzida e pinçada pelo Estado através dos mecanismos legais de captação de recursos para seu financiamento. Em seguida, indicaremos a indissociabilidade entre o papel do Estado como garantidor da dinâmica de acumulação, e reprodução ampliada, do capital, e sua permeabilidade às lutas por direitos, argumentando no sentido de que o caráter contraditório da ação e da institucionalidade estatal é necessário à própria eficácia do Estado no cumprimento de suas atribuições centrais como o guardião da forma presente de sociabilidade. Finalmente, consideraremos aspectos das lutas políticas das classes trabalhadoras hoje, à luz dos elementos trazidos à baila ao longo do texto.

Crises e peculiaridade da economia capitalista hoje

A temática das crises é objeto de extensa e controversa bibliografia. Diversas correntes do pensamento econômico e social as examinam, buscando descrevê-las ou explicá-las. Há ainda enfoques diferenciados no interior de cada linha teórica, o que indica o nível de complexidade do problema, que carrega dimensões econômicas, sociais, políticas e culturais, e é marcado por profundas contradições.[2]

A razão mais provável para tão grande interesse no assunto das crises é sua recorrência — e, com ela, sua relativa regularidade. Mandel, escrevendo na segunda metade dos anos 1970, lembrava que,

---

2. Devo muito da argumentação expressa nesta parte do texto ao trabalho conjunto e à reflexão em parceria com Mauricio Sabadini, colega no Programa de Pós-Graduação em Política Social (PPGPS) da Universidade Federal do Espírito Santo (Ufes), a quem expresso meus agradecimentos.

entre a consolidação do mercado mundial do capitalismo industrial e aquele momento, já haviam ocorrido 20 crises econômicas iniciando na principal economia do sistema internacional (Grã-Bretanha antes da Primeira Guerra, Estados Unidos depois). Tais ocorrências eram separadas por "intervalos mais ou menos regulares": 1825, 1836, 1847, 1857, 1866, 1873, 1882, 1891, 1900, 1907, 1913, 1921, 1929, 1937, 1949, 1953, 1958, 1961, 1970, 1974-1975 (MANDEL, 1990, p. 37).

De lá para cá, obviamente, aconteceram outras crises, de alcance internacional: 1980-1982, 1989-1991, 1997-1998, 2007-2009. O economista teuto-belga tirava disso a seguinte conclusão: "Supor que uma doença que se repete vinte vezes tenha a cada vez causas particulares e únicas, fundamentalmente estranhas à natureza mesma do doente [...], é claramente inverossímil e ilógico" (MANDEL, 1990, p. 37). Malgrado suas particularidades conjunturais, referentes a cada período histórico e a cada configuração particular da estrutura socioeconômica e política das nações, as crises capitalistas expressam contradições no funcionamento do próprio modo de produção, e aqui reside um fundamento importante para compreendê-las.

No caso específico das teorias das crises que se pautam em Marx e no marxismo, encontramos tentativas de explicação enfatizando diferentes causalidades — o que parece estar relacionado à hipostasia de elementos determinantes da própria diversidade de suas formas de manifestação. Procurando superar unilateralidades, Antonio Gramsci ([1932-1934]1977, Q. 13, § 17) enfatiza que uma compreensão adequada das crises deve ultrapassar a busca por *uma* origem ou *um* elemento determinante que apague a profundidade do *processo das crises* e sua relação perseverante e intrínseca com as determinações mais fundamentais do modo de produção capitalista. Essa compreensão deve estar atenta às *mediações* que marcam a *concretização do orgânico no conjuntural*. Daí o conceito de *crise orgânica*, contribuição imprescindível para uma adequada compreensão do problema da crise capitalista.

Em 1933, examinando "os acontecimentos que assumem o nome de crise e que se prolongam em forma catastrófica de 1929 a hoje"

(GRAMSCI, [1933]1977, Q. 15, § 5, p. 1755), Gramsci argumenta que simplificar o processo das crises significaria falseá-lo e encontra os eventos de 1929 como desdobramentos da dinâmica "do modo de produção e portanto de troca, e não fatos políticos e jurídicos", afirmando a crise como um "processo complicado" que "se inicia pelo menos com a [Primeira Grande] guerra, ainda que essa não seja sua primeira manifestação" (GRAMSCI, 1977, p. 1756). Ele nota que, para compreender tal processo, devem-se levar em conta fatos, por vezes simples, que expressam contradições fundamentais: por exemplo, na passagem do século XIX ao XX, no momento em que Lenin (1916[1977]) aponta o salto de qualidade do capitalismo concorrencial ao capitalismo monopolista, aprofunda-se a contradição entre "a vida econômica [que] tem sempre como premissa necessária o internacionalismo, ou melhor, o cosmopolitismo, [e] a vida estatal [que] se desenvolve sempre no sentido do 'nacionalismo', do 'bastar-se a si mesmo' etc." (GRAMSCI, [1933]1977, Q. 15, § 5, p. 1756).

Gramsci ([1933]1977, Q. 15, § 5, p. 1756) sugere, assim, que:

> [...] a crise não é mais que a intensificação quantitativa de certos elementos, não novos nem originais, mas especialmente a intensificação de certos fenômenos, enquanto outros que antes apareciam e operavam simultaneamente aos primeiros, imunizando-os, se tornaram inoperantes ou desapareceram de todo.

Essa interpretação gramsciana, referente à *primeira crise do sistema liberal* (ROSAS, 2018; 2019), pode trazer pistas para o modo de tratar o problema da crise no contexto atual, desde que não se busque transportar o passado ao presente (ou, nas palavras de Fernando Rosas, desde que não se busque identificar aquela primeira crise à atual, chamada por ele de *segunda crise do sistema liberal*). Deve-se, quanto a isso, ter em mente a advertência de que "as crises do capitalismo, sendo cíclicas, repetem-se, mas nunca se repetem verdadeiramente porque o capitalismo também muda no seu processo de desenvolvimento" (ROSAS, 2019, p. 287).

Gostaríamos de enfatizar, seguindo a sugestão gramsciana, um dos elementos "não novos nem originais", cuja manifestação, bastante evidenciada nas crises capitalistas recentes, nos parece determinar certos aspectos da sociabilidade e da política experimentadas por nós hoje: a relativa autonomização do capital em sua dimensão fictícia. Evidenciou-se, nas crises recentes, o peso crescente da riqueza financeira, em grande parte fictícia, possibilitado pela sofisticação das operações financeiras mundiais e pela integração das redes de comunicação, expressando a interligação dos mercados financeiros globais (GOMES, 2015).

A noção de capital fictício aparece em Marx, no Livro III de *O capital*. Essa categoria se refere a uma das formas pelas quais passa o capital em seu movimento, com a particularidade de que nela se atinge, ou se pretende atingir, certo descolamento quanto ao processo de valorização em seu conjunto, interpondo-se mediações mais intrincadas entre essa forma do capital e a criação de valor-trabalho no ciclo produtivo. A forma monetária do capital industrial passaria então de D — M — D' (ou, em sua forma desenvolvida: D — M... P... M' — D', a qual explicita mais claramente tanto o inconveniente, para o capital, das mudanças de forma, quanto aquele da interrupção da circulação ao longo da fase de produção) para D — D', o ápice do fetiche.

Essa aparente abreviação do ciclo compreendido entre o investimento de determinado valor em dinheiro e a obtenção de mais-valor sugere um grau mais elevado de complexificação e autonomização da reprodução financeira, correspondendo também a uma forma mais fetichizada do capital. No plano da aparência, trata-se de dinheiro gerando dinheiro, sendo representado por formas como títulos públicos e privados, bem como por ações.

Falamos em *aparência*. Ela é um momento ineliminável da realidade, o de sua apresentação imediata, mas prender-se a ela oblitera o entendimento da processualidade social e econômica em seu conjunto (CARCANHOLO, 2011). Os movimentos transformadores existentes na fase *da produção* são centrais no processo de valorização do valor, representados, por exemplo, pelos processos combinados em torno da assim chamada restruturação produtiva.[3] Acontece que tais movimentos se articulam, por sua vez, àqueles nas outras fases do ciclo do capital, determinando-se reciprocamente, sempre em torno da busca de se produzir um volume maior de excedente sob a forma de mais-valia absoluta e relativa, e tendo *implicações na disputa por sua apropriação* (BRETTAS, 2020, cap. 1). Sob as novidades, impulsionando-as, se encontra o conhecido movimento do capital — continuamos diante do mesmo modo de produção (HARVEY, [1989]2007).

Reconfiguração da política social e contratransferência de riqueza

Uma das expressões centrais do capital fictício, com repercussões diretas sobre as condições de vida da população, é a dívida pública. Aparecendo como um fenômeno meramente econômico, sua evolução provoca efeitos diretos que impactam a vida das pessoas, repercutindo na redução dos gastos sociais — direcionados para o pagamento de serviços, sob a forma de juros, para os detentores destes títulos (NAKATANI; MARQUES, 2020).

No mecanismo de pagamento da dívida pública, encontramos muitos traços que, se ora estão interligados à elaboração de planos de salvamento dos capitalistas, apresentados como salvamento "da economia" (como nas diversas interferências dos Estados na crise mais recente do século XXI para garantir a solvência do capital), ora são mobilizados pelo discurso do rombo, do endividamento irresponsável que teria de ser sanado por ajustes, para aplicar políticas e contrarreformas das mais diversas e de variadas formas, como a da Previdência e a Trabalhista. Tudo com a "justificativa" da necessidade de reduzir o déficit do Estado (BRETTAS, 2012).

---

3. O estudo aprofundado do tema pode partir de Antunes (2006).

Busca-se, assim, o reforço do Estado capitalista ao processo de concentração e centralização de capitais, nesse caso em mãos dos grandes grupos detentores de tais títulos de propriedade, normalmente fundos de pensão, fundos de investimentos e/ou fundos especulativos, em detrimento da redução dos gastos sociais e da falsamente alardeada falta de recursos para áreas prioritárias, como saúde, educação, saneamento básico, dentre outras. Além do mais, transfere-se parte da riqueza gerada na produção e apropriada pelo Estado sob a forma de tributos, que tendem a ser em sua maior parte pagos pela classe trabalhadora (SALVADOR, 2008), para ser apropriada pela fração do capital global detentora desse capital fictício. Nos Estados-nação da periferia do sistema, onde os atrativos para esse tipo de capital se acentuam com, por exemplo, as elevadas taxas de juros, observa-se um agravamento ainda maior da assim chamada "questão social".[4]

Montantes que se destinariam ao financiamento da atividade estatal vêm alimentando, portanto, um processo de redistribuição de renda às avessas, uma *contratransferência de riqueza* do conjunto das classes trabalhadoras em direção ao grande capital que se combina ao já clássico, e plenamente atual, processo de extração de mais-valia. Isso ocorre ainda que a aparência imediata de certas políticas, fundadas sobre precários mecanismos de distribuição de renda em direção aos estratos economicamente mais vulneráveis da população, represente suporte para todo tipo de propaganda em que se afirme o contrário.

Esse processo marca a própria reconfiguração da atividade estatal em contexto de *financeirização das políticas sociais* (BRETTAS, 2020). Busca-se, aproximadamente ao longo das últimas quatro décadas, hipertrofiar os mecanismos da transferência, mediada pelo Estado, da riqueza social para o capital, não apenas através do pagamento de juros, mas também mediante: "os empréstimos subsidiados, os contratos de gestão, as parcerias público-privadas, a criação de subsidiárias e

---

4. Abordagens seminais da categoria "questão social" no Serviço Social brasileiro encontram-se em VV. AA. (2001).

de novos 'entes públicos', as privatizações explícitas e as nem tanto" (GRANEMANN, 2012, p. 243-244).

Tais tendências se encontram na base do assim chamado "trinômio do neoliberalismo para as políticas sociais — privatização, focalização/seletividade e descentralização" (DRAIBE *apud* BEHRING; BOSCHETTI, 2007, p. 155), que concorre para a reapresentação do capitalismo em seu estado mais puro (HUSSON, 2008) — ou seja, purgado das concessões feitas sob pressão proletária em certas regiões do mundo pós-Segunda Grande Guerra.

Estado e luta política ontem e hoje

Importa sublinhar que o essencial dos fenômenos apontados não se restringe ao momento atual, nem tampouco à periferia do sistema. Assistimos, isto sim, a desdobramentos peculiares de características constitutivas da implementação histórico-concreta do projeto societário burguês — determinado pelas relações econômicas que o capitalista personifica —, no sentido de que "as máscaras econômicas das pessoas não passam de personificações das relações econômicas, como suporte das quais elas se defrontam umas com as outras" (MARX, [1867]2013, p. 219), ou seja, de que o capitalista atua econômica e socialmente como "capital personificado, dotado de vontade e consciência" (MARX, [1867]2013, p. 296).

É nesse sentido, e não a partir de qualquer conotação moralizadora do problema, que devem ser percebidas as seguintes tendências: 1) o imperativo incessante e reiterado, sob o acicate da concorrência entre capitalistas, da reprodução ampliada do processo de valorização do valor, mas também aquele da obtenção de superlucros (MANDEL, [1972]1985); 2) a busca de todos os meios para a consecução dessas finalidades, dentre os quais o emprego do Estado está longe de ser um dos menos efetivos e recorrentes.

Este último ponto requer desenvolvimento. Cabe resgatar, em primeiro lugar, que as políticas sociais nos marcos da sociedade burguesa tendem a ser desenhadas de modo a garantir que a mesma intervenção atenda, simultaneamente, a demandas das classes trabalhadoras em luta e aos interesses do grande capital. Isso se materializa tanto de modo indireto, no tocante à integração subordinada das lutas populares, resultando no reforço das condições políticas necessárias à manutenção da ordem, como também de modo direto, através da transferência de recursos públicos para o grande capital.

Exploremos este último aspecto, cujo entendimento requer a precisão de um ponto levantado anteriormente. Quando nos referimos à riqueza gerada na produção, que tem uma parte que é apropriada pelo Estado sob a forma de tributos, taxas e contribuições compulsórias, devemos considerar que tal riqueza aparece socialmente sob a forma de valor novo, que se divide em mais-valia, apropriada pela classe capitalista, e salários, entendidos aqui como a parte do valor novo apropriada pelo proletariado e que será empregada na reprodução da força de trabalho (MARX, [1867]2013). Considerando que os tributos são pagos pelo conjunto da população, os recursos à disposição do Estado são obtidos através da punção tanto de parte da riqueza gerada na parcela do trabalho excedente quanto naquela do trabalho necessário (BEHRING, 2010).

Malgrado a especificidade dos modos como se vem operando recentemente a intervenção do Estado no âmbito da repartição do valor novo socialmente produzido (aí compreendidos massa de mais-valia e massa salarial), essa intervenção, em si mesma, não é nova. Os recursos à disposição do Estado burguês-moderno pinçam parte da riqueza socialmente produzida desde que ele necessita, para existir, da manutenção de uma ampla e diversificada estrutura permanente, formada por abrangente aparato burocrático constituído por pletora de instalações, funcionários, instituições.[5] Essa necessidade, como

---

5. Como salienta Oliveira (2009), as formas através das quais se dá essa punção variam histórico-concretamente, o que determina as transformações dos sistemas tributários de cada

mostrado por Netto ([1992]2005), se acentua, enraíza e diversifica no estágio monopolista do capitalismo, e caminha *pari passu* com a consolidação da política social.

Por outro lado, a história da constituição e consolidação do capitalismo é, desde seus primórdios, indissociável da história da constituição do Estado capitalista e de seu emprego, no sentido da implementação, da continuidade e do aprofundamento dos processos de formação e valorização do valor através da extração de mais-valia no processo produtivo. Isso é verdade tanto no tocante à positivação da igualdade jurídica de cada indivíduo na condição de real ou potencialmente proprietário (ainda que apenas de seu próprio corpo e, com ele, de sua capacidade de trabalhar) como no que diz respeito à garantia, pelos meios necessários, da forma legal da relação consensual entre "guardiões das mercadorias" participantes de "relações volitivas" firmadas mediante contrato (MARX, [1867]2013, p. 159).

Cabe lembrar que tal normalidade, tal aparente consenso, esconde a participação efetiva e decisiva do Estado na própria *produção* das condições para que tais relações pudessem e possam ser estabelecidas e normalizadas. Isso é indicado por Marx em sua canônica crítica à "assim chamada acumulação primitiva" (MARX, [1867]2013, cap. XXIV), na medida em que demonstra que o nascimento do modo de produção capitalista não poderia ter ocorrido sem a expropriação dos produtores diretos na Inglaterra, sistematicamente apoiada por ativa — e violenta — intervenção estatal. Mas não se trata apenas do início desse modo de vida: vem-se demonstrando, mais recentemente, a reposição sempre presente das expropriações como parte do movimento expansivo do capital (FONTES, 2010, cap. I). O processo, mais uma vez, é indissociável da intervenção estatal, não esporádica e pontual, mas sistemática.

Essa indissociabilidade incide sobre *todas* as dimensões do Estado moderno, determinando não apenas sua conformação, mas também

---

formação econômico-social — que devem, portanto, ser estudados em sua historicidade.

cada uma das modalidades histórico-concretas de sua intervenção. Isso vale, a partir das últimas décadas do século XIX — com a passagem do capitalismo concorrencial ao capitalismo monopolista (LENIN, [1916]1977) —, também para a política social. Certos desdobramentos políticos desse ponto devem ser examinados.

Cabe lembrar, em primeiro lugar, que a sociedade existente é a base do Estado existente. O Estado é, essencialmente, o aparato secretado por toda sociedade cindida em classes sociais antagônicas, de modo a assegurar politicamente a possibilidade de apropriação privada do excedente econômico socialmente produzido (MARX; ENGELS, [1845-1846]2012; MARX, [1875]2012; ENGELS, [1884-1891]1984). Ele é "organismo próprio de um grupo, destinado a criar as condições favoráveis à máxima expansão do próprio grupo, mas esse desenvolvimento e essa expansão são concebidos e apresentados como a força motriz de uma expansão universal" (GRAMSCI, [1932-1934]1977, Q. 13, § 17, p. 1584).

Em sua versão moderno-burguesa, nacional, o Estado aparece como espaço de síntese entre o encaminhamento político do conflito (hegemonia) e o exercício pretensamente legítimo da coerção (COUTINHO, 2007). Não se deve, entretanto, perder de vista que a repressão é pressuposta no próprio encaminhamento político do conflito, ou seja, o exercício da hegemonia funda-se (ainda que implicitamente), até certo ponto, sobre a coerção. Tem, portanto, de ser entendido para além de sua aparência consensual. Trata-se da combinação entre coerção e consenso, "que se equilibram variavelmente, sem que a força suplante em muito o consenso, procurando-se antes o resultado de que a força pareça apoiada no consenso da maioria" (GRAMSCI, [1932-1934]1977, Q. 13, § 37, p. 1638).

É por isso que na análise do Estado, ao mesmo tempo que se devem apreender tanto seu aspecto coercitivo quanto o consensual, não se deve jamais perder de vista que a distinção entre eles é apenas formal-aparente — e cabe, quanto a isso, lembrar novamente que a aparência é um momento necessário e imediato da manifestação do real, que, entretanto, nela não se esgota (LENIN, [1914]2011).

Sociedade civil e sociedade política não devem, tampouco, ser tratadas como espaços exclusivamente apartados um do outro. Ambas se interpenetram, confundindo-se até certo ponto, na medida em que constituem momentos distintos da manifestação de um fenômeno estatal unitário.[6] Trata-se, em ambos os casos, de *espaços da forma capitalista de sociabilidade* em que se processa peculiarmente o equilíbrio entre coerção e consenso (NEVES, 2019, p. 505) a partir da condensação material das relações de forças entre grupos, classes e frações de classes em luta (POULANTZAS, 1980).

No âmbito do Estado burguês-moderno, os grupos dominantes são pressionados de diversas formas a coordenar, sob sua direção, os interesses dos grupos subordinados. Isso vale tanto para a incorporação de interesses de frações da própria classe dominante alijadas do controle direto do aparato estatal quanto para aqueles das classes dominadas. Por isso, a vida estatal "vem concebida como um contínuo formar-se e superar-se de equilíbrios instáveis", nos quais "os interesses do grupo dominante prevalecem mas até um certo ponto, ou seja, não até seu mesquinho [*gretto*] interesse econômico-corporativo" (GRAMSCI, [1932-1934]1977, Q. 13, § 17, p. 1584).

Coerção e consenso são mobilizados, portanto, em direção a "compromissos provisórios entre o bloco no poder e as classes dominadas" (POULANTZAS, 1980, p. 161). Esses compromissos, *justamente por se apresentarem como provisórios, têm máxima eficácia*, no sentido do atrelamento das organizações das classes trabalhadoras aos limites da forma burguesa de sociabilidade. Acontece que a provisoriedade do compromisso viabiliza a manutenção da disposição, sempre renovada, de avançar em seu próprio programa quando as condições

---

6. Quanto a isso, é sugestivo partir de perguntas aparentemente simples. Um sindicato, no Brasil posterior a 1930, ainda que sua fundação tenha sido fruto da organização popular autônoma, em seu funcionamento normal e legal, é sociedade civil ou sociedade política? E os conselhos, por exemplo, os de saúde, tão presentes em diferentes níveis da estrutura estatal? Ou ainda os grupos de interesses vivamente atuantes no parlamento... Esse tipo de interrogação aponta para o limite de uma concepção do Estado que absolutiza a separação entre sociedade civil e política, atribuindo-lhes materialidades exclusivas.

se apresentarem mais favoráveis — o que iria ocorrendo através do acúmulo progressivo de vitórias parciais, um *acúmulo de forças* respeitando as "regras do jogo" (COUTINHO, 1980, p. 40-41; 2008, p. 38) previamente aceitas pelos antagonistas. Essas regras incluem, é claro, o respeito à propriedade privada dos meios de produção fundamentais e a possibilidade de compra e venda de força de trabalho, que não apenas se fundam sobre, mas também contribuem para, a reprodução ampliada do processo de expropriação dos trabalhadores, constituindo ainda, ambas, condições sobre as quais se assenta sua exploração.

O quadro esboçado vem resultando, desde as primeiras décadas do século XX, na tendencial *integração subordinada* de frações nacionais das classes trabalhadoras ao ordenamento social capitalista, mediada pelo *transformismo* de seus dirigentes e organismos políticos.[7] Essa integração subordinada não ocorre sem resistências, mas essas, em parte expressiva do mundo capitalista, não têm bastado para reverter o sentido geral do movimento. Tão importante quanto falar na dialética entre coerção e consenso é, portanto, indicar aquela entre *repressão* e *integração*, mediada pelo *transformismo* não apenas em sua versão "molecular" (GRAMSCI, [1931-1932]1977, Q. 8, § 36, p. 962), ou seja, de certos dirigentes das classes trabalhadoras, mas também de setores inteiros seus, como resultado e parte do próprio processo da luta política mediada pelos compromissos assumidos no âmbito estatal (BIHR, 1991).

Vê-se, assim, que a conformação histórico-concreta do Estado moderno depende não apenas de seu papel como garantidor dos

---

7. Talvez o maior exemplo disso nas primeiras décadas do século XX seja o dado pelo malogro da revolução alemã de 1918-1923, para o qual foi da maior importância a política ativa (e muito violenta...) da direção social-democrata, no sentido da integração do partido e do movimento sindical à ordem burguesa alemã em consolidação. Os desdobramentos dessa política, desde a votação dos créditos de guerra em 1914 até a conciliação a todo custo quando no governo da República de Weimar, passando pelo estímulo e emprego dos *freikorps* contra os comunistas e os socialistas mais à esquerda, abrindo caminho ao fortalecimento da dimensão militar do fascismo então emergente, foram desastrosos. Excelente introdução ao assunto encontra-se em Loureiro (2020).

interesses do bloco de classes no poder, mas também de seu papel frente às classes dominadas, sendo este último sempre marcado por aquele primeiro. Ou seja: nos marcos da sociedade burguesa, a incorporação e o atendimento de demandas das classes subalternas pelo Estado promovem, ao mesmo tempo:

1. transformações no próprio Estado: criam-se agências, instituições, organismos destinados ao atendimento da demanda em questão, profissionaliza-se tal atendimento, contrata-se pessoal qualificado etc.;

2. reforço do Estado e de sua função de guardião da forma burguesa de sociabilidade: esvaziam-se, desorganizam-se, dividem-se os espaços de auto-organização e autonomia das classes dominadas, na medida em que se transfere a consecução dos objetivos de suas lutas, sempre tratadas como parciais, para o âmbito do Estado, sob as regras aceitáveis em tal espaço, reproduzindo-se nele as relações de subordinação vigentes e institucionalizadas na sociedade burguesa.

Combinam-se, assim, organização/unificação do bloco no poder e, ao mesmo tempo, desorganização/divisão das classes dominadas, polarizando-as em torno dos termos aceitáveis pelo próprio bloco no poder e curto-circuitando suas organizações políticas, projetos e estratégias específicas. Cabe insistir, com Poulantzas, em que tudo isso só é possível *porque o Estado burguês é permeável, a seu modo, às lutas das classes trabalhadoras*:

> Assim, a estrutura material do Estado em sua relação com as relações de produção, sua organização hierárquica-burocrática, reprodução em seu seio da divisão social do trabalho, traduzem a presença específica, em sua estrutura, das classes dominadas e sua luta. Elas não têm por simples objetivo afrontar, cara a cara, as classes dominadas, mas manter e reproduzir no seio do Estado a relação dominação-subordinação: o inimigo de classe está sempre no Estado (POULANTZAS, 1980, p. 163).

CONTRARREFORMAS OU REVOLUÇÃO

Cabe ainda observar que o estudo de experiências diferenciadas de luta das classes trabalhadoras ao longo do último século aponta para que o *manejo da temporalidade* tenha papel decisivo no quadro que vem sendo esboçado. É decisiva, para o constrangimento das lutas dos trabalhadores aos marcos da forma burguesa de sociabilidade, que elas sejam tragadas para uma dinâmica "fora do tempo" (BENSAÏD, 2000, p. 178), ou seja, que sua radicalidade seja aplastada pela negociação nos marcos de uma temporalidade alargada, ao longo da qual a consciência da classe reflui ao mesmo tempo que suas formas organizativas se alienam e se adaptam à ordem (IASI, 1999; 2006, parte I).

Devem, então, ser considerados os seguintes pontos quanto ao tratamento da luta política nos marcos da forma burguesa de sociabilidade, na medida em que ela seja canalizada para a política social:

1. o tratamento das refrações da "questão social" se dá invariavelmente de modo *fragmentado* (NETTO, 1996, cap. 1);

2. as organizações em luta são tratadas como *grupos de interesses* que podem ser absorvidos nos marcos do modo de vida vigente, através de "reformas que o desenvolvimento capitalista situa como possíveis e necessárias no interior dos seus quadros" (NETTO, 1996, p. 47);

3. parte do corpo dirigente das próprias organizações populares pode e deve ser absorvida, de diferentes modos, no interior do Estado restrito quando da formulação e da implementação das reformas, o que tende a marcar a *adesão* de tais quadros a posições de reprodução do ordenamento social vigente;

4. as políticas sociais, mesmo quando correspondem a vitórias das classes trabalhadoras no processo de luta política, são negociadas e desenhadas de modo tal a que sejam aceitáveis e funcionais à reprodução do ordenamento social burguês. Para isso, a mediação da política institucional, com sua *temporalidade alargada*, é decisiva;

5. a negociação, o desenho e a implementação da política social contam muitas vezes com a *participação de dirigentes oriundos dos*

movimentos das classes trabalhadoras, que podem justificar as concessões que acabam tendo de fazer, alegando que elas são parte de um *acúmulo de forças* numa trajetória maior, uma preparação para quando as condições da luta estiverem maduras para avanços mais substantivos;

6. a combinação entre os cinco pontos anteriores tende a impactar os aparelhos organizativos, os objetivos declarados, a autoimagem, o projeto político das classes trabalhadoras e dos movimentos sociais nos quais ela se expressa politicamente, *erodindo sua radicalidade* e aprisionando-os, de fato, sob a forma de meros grupos de interesses circunscritos à forma burguesa de sociabilidade (NEVES, 2020).

O processo sumariado pode ter outro desfecho, mas isso depende da capacidade das organizações das classes trabalhadoras de irem além das lutas por direitos — sem desprezá-las, mas entendendo-as teórica e praticamente como *momentos* de sua luta, e não sua finalidade última.

Metamorfoses da vida, metamorfoses das lutas

Com o processo de financeirização das políticas sociais, instalou-se em amplos setores sociais comprometidos com as lutas das classes trabalhadoras uma espécie de saudosismo, expresso em uma reatualização do reformismo fundada sobre a percepção enganosa de que o objetivo das lutas sociais deveria ser a busca por algo próximo a um mítico estágio anterior, a ideológica retomada do "desenvolvimento" (PRADO, 2020), ou dos anos gloriosos, ou das políticas sociais supostamente universais. Essa posição pode ou não vir acompanhada da ideologia do acúmulo de forças referida anteriormente, para a qual as vitórias parciais em tais lutas abrem caminho, numa temporalidade esvaziada de conteúdo concreto, alargada até não se sabe quando, para a emancipação dos trabalhadores, adequando suas organizações a diferentes modalidades de "política do possível", de "melhor gestão do existente", de "menos pior" (IASI; FIGUEIREDO; NEVES, 2019, p. 16).

Vivemos, entretanto, um momento em que já se criticou a idealização do assim chamado "Estado Social" (PEREIRA, 2012), na medida em que aquela modalidade de combinação entre crescimento econômico sustentado e aumento na qualidade de vida de amplos setores das classes trabalhadoras se constituiu em "excepcionalidade (cronológica, espacial e sociopolítica) na processualidade multissecular do capitalismo", episódios "descartados após uma curta existência de três décadas" (NETTO, 2007, p. 145-146). Também já se apontou que o padrão de política social abrangente e tendencialmente universal que vigeu em certos países da Europa Ocidental-Setentrional durante aqueles anos, além de envolver contingente populacional reduzidíssimo em termos planetários, significativamente menor que 10% da população mundial (NEVES, 2019, p. 314), esteve combinado à instalação de regimes brutalmente violentos e/ou abertamente ditatoriais em diversos quadrantes do mundo (FONTES, 2010, p. 64), constituindo parte de um processo que deve ser pensado, em termos planetários, como de "contrarrevolução em escala mundial" (FERNANDES, 2011, p. 158) ou "contrarrevolução preventiva generalizada" (FERNANDES, 2011, p. 75). Finalmente, já se sugeriu que as características particulares da exploração da força de trabalho nas periferias do modo de produção capitalista, tomando em conta especificamente o exemplo brasileiro, inviabilizam aí a constituição daquela forma de intervenção estatal (FERNANDES, [1975]1976).

Quanto a esse assunto, é importante insistir sobre o caráter contraditório da política social — precisando, por sua vez, o que se quer dizer com o termo *contraditório*. Trata-se de resgatar uma concepção não algébrica de contradição, na qual ela não apareça como um cabo de guerra em que quanto mais ganham os trabalhadores, mais perdem os capitalistas, mas compreender que as vitórias parciais de uns e outros caminham entrelaçadas, determinam-se reciprocamente e podem constituir, contra as aparências, a derrota de fundo de um projeto emancipatório totalizante.

As vitórias das classes trabalhadoras em suas lutas parciais podem ser (e muitas vezes têm sido) as marcas de sua própria derrota geral.

Referências

ANTUNES, Ricardo. *Adeus ao trabalho? Ensaios sobre as metamorfoses e a centralidade do mundo do trabalho.* São Paulo: Cortez; Campinas: Editora da Unicamp, 2006.

BEHRING, Elaine. Crise do capital, fundo público e valor. *In*: BOSCHETTI, Ivanete *et al.* (org.). *Capitalismo em crise*: política social e direitos. São Paulo: Cortez, 2010. p. 13-34.

BEHRING, Elaine; BOSCHETTI, Ivanete. *Política social*: fundamentos e história. São Paulo: Cortez, 2007.

BENSAÏD, Daniel. Lênin, ou a política do tempo partido. In: BENSAÏD, Daniel; LÖWY, Michael. Marxismo, modernidade e utopia. São Paulo: Xamã, 2000. p. 177-191.

BIHR, Alain. *Du "grand soir" à "l'alternative"*: le mouvement ouvrier européen en crise. Paris: Les Éditions Ouvrières, 1991.

BRETTAS, Tatiana. Dívida pública: uma varinha de condão sobre os recursos do fundo público. *In*: SALVADOR, Evilasio *et al.* (org.). *Financeirização, fundo público e política social.* São Paulo: Cortez, 2012.

BRETTAS, Tatiana. *Capitalismo dependente, neoliberalismo e financeirização das políticas sociais no Brasil.* Rio de Janeiro: Consequência, 2020.

CARCANHOLO, Reinaldo. *Capital*: essência e aparência. São Paulo: Expressão Popular, 2011.

COUTINHO, Carlos Nelson. *A democracia como valor universal*: notas sobre a questão democrática no Brasil. São Paulo: Lech, 1980.

COUTINHO, Carlos Nelson. *Gramsci*: um estudo sobre seu pensamento político. Rio de Janeiro: Civilização Brasileira, 2007.

COUTINHO, Carlos Nelson. *Contra a corrente*: ensaios sobre democracia e socialismo. São Paulo: Cortez, 2008.

DIAS, Edmundo Fernandes. *Revolução passiva e modo de vida*: ensaio sobre as classes subalternas, o capitalismo e a hegemonia. São Paulo: Sundermann, 2012.

ENGELS, Friedrich. *A origem da família, da propriedade privada e do Estado*. Rio de Janeiro: Civilização Brasileira, [1884-1891]1984.

FERNANDES, Florestan. *A revolução burguesa no Brasil*: ensaio de interpretação sociológica. Rio de Janeiro: Zahar, [1975]1976.

FERNANDES, Florestan. *Brasil em compasso de espera*: pequenos escritos políticos. Rio de Janeiro: Editora UFRJ, 2011.

FONTES, Virgínia. *O Brasil e o capital-imperialismo*: teoria e história. Rio de Janeiro: EPSJV; Editora UFRJ, 2010.

GOMES, Helder (org.). *Especulação e lucros fictícios*: formas parasitárias da acumulação contemporânea. São Paulo: Outras Expressões, 2015.

GRAMSCI, Antonio. *Quaderni del carcere*. 2. ed. Torino: Einaudi, 1977. 4 v.

GRANEMANN, Sara. Fundos de pensão e a metamorfose do "salário em capital". *In*: SALVADOR, Evilasio *et al.* (org.). *Financeirização, fundo público e política social*. São Paulo: Cortez, 2012.

HARVEY, David. *Condição pós-moderna*. São Paulo: Loyola, [1989]2007.

HUSSON, Michel. *Un pur capitalisme*. Lausanne: Page 02, 2008.

IASI, Mauro. *O processo de consciência*. São Paulo: CPV, 1999.

IASI, Mauro. *As metamorfoses da consciência de classe*: o PT entre a negação e o consentimento. São Paulo: Expressão Popular, 2006.

IASI, Mauro; FIGUEIREDO, Isabel; NEVES, Victor. *A estratégia democrático-popular*: um inventário crítico. Marília: Lutas Anticapital, 2019.

LENIN, Vladimir Illitch. Imperialism, the highest stage of capitalism: a popular outline. *In*: MARX, K.; ENGELS, F. *Collected works*. 4. ed. Moscow: Progress Publishers, [1916]1977. v. 22, p. 185-304.

LENIN, Vladimir Illitch. *Cadernos sobre a dialética de Hegel*. Rio de Janeiro: Editora UFRJ, [1914]2011. (Coleção Pensamento crítico 16).

LOUREIRO, Isabel. *A revolução alemã*: 1918-1923. 2. ed. digital. São Paulo: Fundação Editora Unesp Digital, 2020.

MANDEL, Ernst. *O capitalismo tardio*. São Paulo: Noval Cultura: [1972]1985.

MANDEL, Ernst. *A crise do capital*: os fatos e a sua interpretação marxista. São Paulo: Ensaio; Campinas: Editora da Unicamp, 1990.

MARX, Karl. *O capital*. São Paulo: Boitempo, [1867]2013. Livro I. Edição digital.

MARX, Karl. *Crítica do programa de Gotha*. São Paulo: Boitempo, [1875]2012.

MARX, Karl; ENGELS, Friedrich. *A ideologia alemã*. São Paulo: Boitempo, [1845-1846]2012.

NAKATANI, Paulo; MARQUES, Rosa. *O capitalismo em crise*. São Paulo: Expressão Popular, 2020.

NETTO, José Paulo. *Capitalismo monopolista e Serviço Social*. 4. ed. São Paulo: Cortez, [1992]2005.

NETTO, José Paulo. Desigualdade, pobreza e serviço social. *Em Pauta*, Rio de Janeiro: FSS/Uerj, n. 19, p. 135-170, 2007.

NEVES, Victor. *Democracia e socialismo*: Carlos Nelson Coutinho em seu tempo. Marília: Lutas Anticapital, 2019.

NEVES, Victor. Movimentos sociais "clássicos", "contemporâneos" e relevância da estratégia socialista. *Marx e o Marxismo*, v. 8, n. 14, p. 36-52, jan./jun. 2020.

OLIVEIRA, Fabrício. *A evolução da estrutura tributária e do fisco brasileiro*: 1889-2009. Texto para discussão. Brasília: IPEA, 2009.

PEREIRA, Potyara. Estado, regulação social e controle democrático. *In*: BRAVO, Maria Inês; PEREIRA, Potyara. *Política social e democracia*. 5. ed. São Paulo: Cortez, 2012. p. 27-45.

POULANTZAS, Nicos. *O Estado, o poder, o socialismo*. Rio de Janeiro: Graal, 1980.

PRADO, Fernando. *A ideologia do desenvolvimento e a controvérsia da dependência no Brasil*. Marília: Lutas Anticapital, 2020.

ROSAS, Fernando. Fascismo e populismo: elementos para uma revisitação histórica. *In*: HONÓRIO, Cecília. *O espectro dos populismos*: ensaios políticos e historiográficos. Lisboa: Tinta da China, 2018. p. 43-66.

ROSAS, Fernando. *Salazar e os fascismos*. Lisboa: Tinta da China, 2019.

SALVADOR, Evilasio. *Fundo público no Brasil*: financiamento e destino dos recursos da seguridade social (2000 a 2007). 2008. Tese (Doutorado) — Programa de Pós-graduação em Política Social, Universidade de Brasília, Brasília, 2008.

VV. AA. *Temporalis*: revista da Associação Brasileira de Ensino e Pesquisa em Serviço Social (ABEPSS), Brasília: ABEPSS; Grafline, ano 2, n. 3, jan./jun. 2001.

60 AÑOS DE LA REVOLUCIÓN CUBANA

Olga Pérez Soto
Silvia Odriozola Guitart

"Y no dicen que a pesar de todos los pesares, a pesar de las agresiones de afuera y de las arbitrariedades de adentro, esta isla sufrida, pero porfiadamente alegre, ha generado la sociedad latinoamericana menos injusta. Y sus enemigos no dicen que esa hazaña fue obra del sacrificio de su pueblo, pero también fue obra de la tozuda voluntad y el anticuado sentido del honor de este caballero que siempre se batió por los perdedores, como aquel famoso colega suyo de los campos de Castilla."

Eduardo Galeano (2008), "Espejos, una historia casi universal".

Introducción

El Primero de Enero de 1959 marcó un hito en la historia de Cuba. Después de siglos de explotación y dominación, se daba inicio a una etapa de construcción de un proyecto social con una profunda raíz humanista. Tal y como se señala en Cruz, (2011).

[...] la realidad que representó el Primero de Enero de 1959 rompió todo un esquema teórico anterior en el panorama económico y político cubano y latinoamericano. No fue una quimera llevar adelante una lucha armada, política y popular victoriosa en contra de la oligarquía gobernante y su ejército profesional apoyado por un vecino tan poderoso como los Estados Unidos de América, a solo 90 millas de sus costas. Cuba fue un ejemplo vital de su factibilidad y de la destrucción del mito del fatalismo geográfico (CRUZ, 2011).[1]

También la Revolución Cubana rompió con un segundo tipo de fatalismo muy difundido en la izquierda latinoamericana: el militar, el cual sostenía que, dada la sofisticación que habían alcanzado los ejércitos, ya no era posible vencer a un ejército regular. Sin embargo, Cuba demostró en ese momento que la táctica guerrillera era capaz de ir debilitando al ejército enemigo hasta llegar a liquidarlo (HARNECKER, 1999).

Resultado de la lucha armada y política, con una creciente adhesión popular que en la última etapa se enfrentó a la sangrienta dictadura encabeza por el General Fulgencio Batista, la Revolución Cubana fue radicalizándose hasta transformarse en una genuina revolución social de carácter socialista y liberación nacional-antimperialista, que paulatinamente fue desconstruyendo el aparato estatal represivo, así como el sistema y orden capitalista vigente, rompiendo, a su vez, con los lazos neocoloniales que ataban a Cuba con los Estados Unidos.

A diferencia de otras experiencias, en Cuba no se trató de alcanzar la liberación nacional para luego abrir paso a la construcción del socialismo; sino que el avance mismo hacia este nuevo orden social se definió como el camino para alcanzar la liberación nacional. La propia historia de relaciones de dominación vividas por la Isla siglos atrás fue configurando un escenario en el que el socialismo

---

1. De acuerdo con esta visión, Estados Unidos no toleraría una revolución socialista en su área estratégica y Cuba triunfa justo a unos 180 kilómetros de sus costas.

se estableció como condición ineludible para la independencia y la soberanía nacional.

Heredera de las tradiciones de lucha por la libertad que iniciaron los propios aborígenes exterminados por los conquistadores españoles, los negros esclavos traídos de África para las plantaciones cubanas, los mambises de la manigua, los obreros, campesinos, estudiantes y todas las fuerzas progresistas unidas contra la opresión, la Revolución Cubana emergió triunfante sin derivarse de una confrontación militar de carácter internacional y no contó con el apoyo material de fuerzas externas.

Aunque recibió en el fragor de la batalla guerrillera y clandestina las simpatías y solidaridad de gran parte del mundo, señala (CRUZ, 2011) la victoria fue consecuencia de una guerra llevada a cabo en su territorio donde la derrota armada, política y moral del aparato represivo de dominación fue el factor determinante. Esta victoria del proceso revolucionario cubano demostró que, sin lo nacional específico, ninguna Revolución puede ser creación heroica y que ninguna Revolución auténtica puede separarse de la mejor historia de su pueblo sin peligro de frustración.

Entender la significación histórica de este proceso, su origen y desarrollo en más de seis décadas, los logros alcanzados y los desafíos que enfrenta en las condiciones del mundo contemporáneo, son las motivaciones de este trabajo, el cual intenta dar respuesta a tres interrogantes esenciales: ¿Por qué la Revolución Cubana? ¿Cómo fue hecha la Revolución Cubana? y ¿Qué es la Revolución Cubana?

¿Por qué la Revolución Cubana?

La realidad que se encontró la Revolución en 1959 —y cuya transformación fue su principal inspiración— dista mucho del salón de juegos, fiestas y lujos que se ha querido vender de la Isla y, en particular, de La Habana. No pocos medios de prensa con posiciones contrarias al proceso revolucionario cubano se han dedicado a difundir una Cuba prerrevolucionaria próspera, caracterizada por el aumento del número de automóviles circulantes en las ciudades, residencias y casas de apartamentos y la introducción de avances en el país como la radio, la televisión y la telefonía con discado directo (sin necesidad de operadora). Sin embargo, todo aquello no representaba una mejora general del nivel de vida de las cubanas y cubanos. Con su alrededor de 6 millones de habitantes, el progreso de unas cuantas decenas de miles no era el de la totalidad.

> En los años ´50, Cuba era mucho más que La Habana, con su intensa vida nocturna, sus cabarets, sus lujosos hoteles, los Fords y Chevrolets del año y las visitas de refulgentes estrellas, como Sarita Montiel y Nat King Cole. Existía otra Habana, que era la Cuba (…) sometida a un capitalismo despiadado, dependiente y subdesarrollado, plagado de desigualdades sociales, desempleo en gran escala, analfabetismo, miseria apabullante y vergonzante, aquí y allá. Corrupción y represión (RODRÍGUEZ CRUZ, 2010).

Desde el malecón habanero, la ciudad mostraba su mejor rostro, aderezado por una cinta luminosa. Más atrás se ocultaban la penuria y la miseria más desgarradora (RODRÍGUEZ CRUZ, 2016). Se vivía en la degradación social producto de la dominación imperialista. La Habana era un gran burdel donde se divertían los norteamericanos y hacían grandes negocios los integrantes de la mafia (AGUIRRE, 2020).

De acuerdo con Thomas (1971), en La Habana los signos visibles de los contrastes entre ricos y pobres probablemente eran más grandes que en ninguna otra parte del mundo a fines de la década de 1950. El 20% de la población más rica concentraba el 58% de la riqueza; existían grandes plantaciones de azúcar y ganado, con el 75% de la tierra en manos del 8% de los propietarios y 200 mil familias campesinas que no tenían una vara de tierra donde sembrar alimentos para sus hambrientos hijos, mientras cerca de 300 mil caballerías de tierras productivas, en manos de poderosos intereses, permanecían sin cultivar (CASTRO, 2007). La tasa de desempleo alcanzaba el 25% de la población activa; y solo el 12% de los empleados eran mujeres (RODRÍGUEZ CRUZ, 2010). Los terratenientes explotaban despóticamente a una masa gigantesca de campesinos despojados y peones rurales en el campo (AGUIRRE, 2020), apreciándose notorias diferencias entre las zonas urbanas y rurales en cuanto a condiciones de vida. En los campos de Cuba, primaba un panorama caracterizado por desalojos campesinos, tiempo muerto, hambre y miseria (RODRÍGUEZ CRUZ, 2016).

El 23,6% de la población era analfabeta; existían 9 mil maestros desempleados; y el 50% de los niños en edad escolar no asistía a la escuela. Se disponía de 17 mil aulas, cuando debían ser 35 mil. El 90% de los niños rurales padecía enfermedades parasitarias y las principales causas de muerte eran por enfermedades evitables (CASTRO, 2007). Las tasas de mortalidad por gastroenteritis y tuberculosis eran, respectivamente, de 41,2 y 15,9 por cada 100 mil habitantes. Solo había un hospital en el campo, con diez camas y sin médicos. El 14% de los obreros agrícolas había padecido de tuberculosis, el 13% de tifoidea y el 36% se confesaba parasitado. La esperanza de vida al nacer era de 62,3 años, la mortalidad infantil de 40 por cada mil nacidos vivos y la mortalidad materna de 118,2 por cada 10 mil nacidos vivos.

La situación de la vivienda y el acceso a los servicios básicos se caracterizaban también por una situación de penuria; 400 mil familias del campo y la ciudad vivían hacinadas y casi dos millones y medio de la población urbana pagaba altos alquileres por las casas que ocupaban, absorbiendo entre un quinto y un tercio de sus ingresos (CASTRO, 2007). En el campo predominaban los bohíos de techo de guano, con piso de tierra y sin servicio sanitario ni letrina ni agua corriente. De acuerdo con Rodríguez Cruz (2016), el 55% de todas las viviendas campesinas carecía de inodoro o siquiera de letrina, lo que explicaba, en parte, el espantoso apogeo del parasitismo. En la ciudad, no eran pocos los barrios insalubres, los desalojos y las altas tarifas eléctricas fuera del alcance de los más pobres; 2 millones 800 mil personas de la población rural y suburbana carecían de luz eléctrica (CASTRO, 2007). En el año 1953, solo el 22% de las viviendas de Cuba pertenecían a sus ocupantes; el 65% carecía de acueducto y el 72% no contaba con servicio sanitario propio; el 42% no tenía servicio de electricidad y el 13% disponía de una sola pieza.

Con el surgimiento del imperialismo yanqui, señala Rodríguez García (2016), Cuba devino uno de los primeros países semicoloniales con una cláusula constitucional —la Enmienda Platt— que permitía la dominación política del país por Estados Unidos mediante la posibilidad de intervenir directamente en los asuntos políticos internos. En ella se estrenaron también los nuevos métodos de explotación que luego serían aplicados en todo el mundo. En este contexto, los gobiernos corrompidos y las intervenciones yanquis que se sucedieron en las primeras décadas de la república neocolonizada cumplieron la misión de entregar al amo extranjero las riquezas del país. "Las mejores tierras agrícolas, los centros azucareros más importantes, las reservas minerales, las industrias básicas, los ferrocarriles, los bancos, los servicios públicos y el comercio exterior, pasaron al férreo control del capital monopolista de Estados Unidos" (PARTIDO COMUNISTA DE CUBA, 1975).

La economía, por su parte, creció deformada y con absoluta dependencia de los intereses norteamericanos. Cuba se convirtió en su suministrador de azúcar a bajos precios, una reserva para el abastecimiento seguro en caso de guerra y un mercado más para los excedentes financieros y la producción agrícola e industrial de Estados Unidos. "Salvo unas cuantas industrias alimenticias, madereras y textiles, Cuba seguía siendo una factoría productora de materias primas. Se exportaba azúcar para importar caramelos, se exportaba cueros para importar zapatos, se exportaba hierro para importar arados" (CASTRO, 2007). Las inversiones de Estados Unidos en Cuba, que en 1896 ascendían a 50 millones de dólares, se elevaron a 160 en

1906, a 250 en 1911 y a mil 200 en 1923, lo cual incluía la propiedad de las tres cuartas partes de la industria azucarera[2] (PARTIDO COMUNISTA DE CUBA, 1975).

En la etapa posterior (1925-1958), apunta Rodríguez García (2016), las inversiones norteamericanas en el sector azucarero (incluyendo la agricultura) descendieron aproximadamente un 65%, manteniéndose solamente las unidades más productivas bajo su dominio. Ello no significó que los intereses yanquis abandonaran sus posiciones dominantes en la economía cubana, pues las inversiones totales crecieron un 50,3% entre 1936 y 1958. Sin embargo, estos montos no contribuyeron en lo más mínimo a aumentar las posibilidades de acumulación del país. Se calcula que entre 1944 y 1956, arrojaron entre 650 y 700 millones de dólares por concepto de utilidades, de los cuales solo 50 millones fueron reinvertidos en el país.

El escenario político, económico y social anteriormente descrito fue generando un creciente rechazo popular que alcanzó su máxima expresión a partir del golpe de Estado del 10 de marzo de 1952, con el que se produjo el derrocamiento del gobierno constitucional y la abolición de la Constitución de 1940. El nuevo gobierno, al igual que sus antecesores, fue fiel representante de los intereses norteamericanos en Cuba. Para conservar el poder, Batista instauró uno de los regímenes dictatoriales más sangrientos de América Latina. Tales acontecimientos agudizaron al máximo las contradicciones inherentes al régimen neocolonial, creándose las bases objetivas y subjetivas para la existencia de una situación revolucionaria. Así, bajo el liderazgo del Movimiento 26 de julio, comenzó una nueva etapa de luchas que alcanzó la victoria el 1ro de enero de 1959.

---

2. La distribución por sectores de las inversiones norteamericanas en Cuba en 1925 era la siguiente (en millones de pesos): 750 en azúcar; 110 en ferroviario; 110 en deuda pública; 105 en bienes inmuebles y otros; 100 en servicios públicos: 50 en tabaco; 40 en manufactura; 35 en el minero; 30 en el comercio; 20 en la banca; y 10 en la marina mercante; para un monto total de 1360 (PINO SANTOS, 1960).

¿Cómo fue hecha la Revolución Cubana?

Durante los siglos que duró la dominación de Cuba por España, los habitantes de la isla fueron adquiriendo costumbres, tradiciones culturales, formas de pensar y actuar propias, con intereses económicos y políticos que cada vez más se fueron distanciando y oponiéndose a los de la metrópoli. Se fue gestando el proceso de formación de la nación cubana, cuyas primeras manifestaciones aparecen en la segunda mitad del siglo XVIII y se consolidan a inicios del XIX con la posición radical asumida por los independentistas cubanos (PÉREZ ATUCHA, 2010), dispuestos a enfrentar violentamente al poder colonial, bajo los designios del amor a la patria y a su libertad.

El 10 de octubre de 1868 comenzó "la única y sola Revolución que ha existido en nuestra tierra", al decir del Historiador de La Habana, Dr. Eusebio Leal Spengler (LEAL SPENGLER, 2017), para sintetizar el proceso continuo de lucha por la independencia de Cuba que ha protagonizado la nación durante más de un siglo. La primera de las gestas libertadoras se extendió hasta 1878 y, aunque no concluyó con el triunfo del Ejército Libertador, dejó importantes enseñanzas para etapas posteriores.

Luego de un periodo de preparación de condiciones para emprender nuevamente la contienda, se inicia la llamada Guerra Necesaria (1895-1898), liderada por figuras históricas de renombre como José Martí, Antonio Maceo y Máximo Gómez; y "continuadora de la guerra de 1868, al perseguir idénticos ideales de separación de la Isla de Cuba de la monarquía española y su institución como estado libre e independiente, con gobierno propio con autoridad suprema con el nombre de República de Cuba" (ROIG DE LEUCHSENRING, 1945).

Sin embargo, cuando la guerra era una inminente victoria del Ejército Libertador, el anhelo de independencia se vio frustrado ante la intervención militar norteamericana en el conflicto hispano-cubano y la firma de la paz entre las dos potencias sin tener en cuenta a los patriotas cubanos. Comenzaba así la ocupación militar estadounidense del territorio nacional y la posterior aprobación de la Enmienda Platt como apéndice a la Constitución, para garantizar que la nueva nación quedara atada en lo político, lo económico y lo mercantil a los intereses de Estados Unidos.

Durante las cinco décadas que duró la dominación estadounidense, los cubanos no cejaron en su empeño de liberación. Campesinos, obreros, mujeres, estudiantes y todos aquellos dispuestos a continuar la lucha, procedentes incluso de diversas clases sociales, tuvieron que enfrentarse a dos ocupaciones militares de Estados Unidos, dos sangrientas dictaduras y una larga lista de gobiernos corruptos y demagogos que sometieron al país a una profunda crisis económica, social y política.

La última etapa de lucha se inició en 1953 con el asalto a los cuarteles Moncada en Santiago de Cuba y Carlos Manuel de Céspedes, en la ciudad de Bayamo y continuó con la prisión fecunda, el exilio preparatorio, el desembarco del yate Granma en 1956 y la lucha guerrillera en las montañas, junto a la insurrección clandestina en las ciudades (CRUZ, 2011). En todo este proceso, participaron el partido comunista existente entonces, denominado Partido Socialista Popular desde 1944 y el Directorio Revolucionario 13 de Marzo (creado el 24 de febrero de 1956 como DR y rebautizado luego del asalto al Palacio presidencial, el 13 de marzo de 1957), bajo el liderazgo del Movimiento Revolucionario 26 de Julio (M-26-7), fundado el 12 de julio de 1955 y dirigido por Fidel Castro. Luego de múltiples vicisitudes, reveses temporales y de una ofensiva final indetenible, se alcanzó el triunfo el 1ro de enero de 1959.

En el presente trabajo, se identifican cuatro factores, estrechamente interconectados, que son esenciales para comprender la victoria de la Revolución Cubana. El primero de ellos es la **importancia de la unidad**, una de las principales lecciones de los procesos de liberación emprendidos por el país desde el siglo XIX; tempranamente comprendida por José Martí al fundar el Partido Revolucionario Cubano

(PRC) en abril de 1892, para aglutinar en su seno a todos los cubanos (dentro y fuera de la Isla) que tenían como propósito común reiniciar la lucha por la independencia.

Según se reseña en Harnecker (1999), lo que más admira Fidel en Martí "no son tanto las proezas de los campos de batalla, como aquella empresa gigantesca, heroica y callada de unir a los cubanos para la lucha". Él está convencido de la necesidad de crear un verdadero movimiento cívico, que requiere de un mínimo de acuerdo en el terreno ideológico, una buena disciplina y, especialmente, una reconocida jefatura;[3] para lo cual es indispensable crear un mecanismo que permita destruir "implacablemente al que trate de crear tendencias, camarillas, cismas o alzarse contra el movimiento". De este modo, una vez consolidado el grupo inicial del M-26-7 y materializada su ruptura definitiva con la dirección de la ortodoxia, el 11 de marzo de 1956, redobla sus esfuerzos por unir a las fuerzas revolucionarias.

Varios acontecimientos sucesivos, protagonizados por el M-26-7, dan cuenta de lo anterior. Ejemplo de ellos son: i) el Pacto de México (o Carta de México), reunión efectuada en México en agosto de 1956 entre dirigentes del M-26-7 y del Directorio Revolucionario 13 de Marzo en la que ambas organizaciones se comprometieron a unir sólidamente sus esfuerzos en el propósito de derrocar la tiranía y llevar a cabo la Revolución Cubana; ii) la reunión de Altos de Mompié, celebrada el 3 de mayo de 1958 por la Dirección Nacional del M-26-7 (tanto del llano como de la Sierra), después del fracaso de la Huelga General Revolucionaria del 9 de abril de 1958, a partir de la cual se consolidó el liderazgo político-revolucionario de Fidel, incluido su nombramiento como Comandante en Jefe de todas las fuerzas del M-26-7; iii) la constitución, el 20 de julio de 1958, de un amplio Frente

---

3. "No puede organizarse un movimiento donde todo el mundo se crea con derecho a emitir declaraciones públicas sin consultar con nadie –dice y agrega–; ni puede esperarse nada de aquel que se integre por hombres anárquicos que a la primera discrepancia toman el sendero que estiman más conveniente, desgarrando y destruyendo el vehículo". Carta de Fidel Castro a Luis Conte Agüero (14 agosto 1954), citado por (HARNECKER, 1999).

Cívico Revolucionario y la firma de un documento unitario —el llamamiento Al pueblo de Cuba— por parte de representantes del más variado espectro de fuerzas políticas y sociales del país que se oponían a la dictadura de Batista, conocido históricamente como el Pacto de Caracas; y iv) el Pacto del Pedrero, suscrito el 1ro de diciembre de 1958 por el Directorio Revolucionario 13 de Marzo y el M-26-7 para aunar esfuerzos en la zona central del país, al que se sumaron pocos días después las fuerzas del Partido Socialista Popular.

Después del triunfo de la Revolución, el M-26-7, el Directorio Revolucionario 13 de marzo y el Partido Socialista Popular, comprendieron que era necesario pasar de la coordinación a la fusión de las fuerzas, en la que desaparecieran las viejas divisiones. En junio de 1961, sus respectivas direcciones acordaron disolverse y crear las Organizaciones Revolucionarias Integradas (ORI). Este proceso no estuvo exento de errores y dificultades, asociados a posiciones sectarias dentro de la organización. Así lo refrendó el Informe Central al Primer Congreso del PCC: "Como ningún proceso de esta índole se desarrolla idílicamente, existieron a veces contradicciones, pero el espíritu de unidad, el sentido de la responsabilidad histórica y la comunidad de objetivos prevaleció siempre por encima de las actitudes sectarias, las cuales de una forma o de otra todos padecimos" (PARTIDO COMUNISTA DE CUBA, 1975).

Después de unos meses de vida y de los errores analizados, las ORI fueron reorganizadas a partir de 1962 y dieron lugar a la creación del Partido Unido de la Revolución Socialista de Cuba (PURSC), estableciéndose tres principios de ingreso: la voluntariedad, el criterio de las masas y la selección; una práctica novedosa en la construcción de los partidos políticos. De acuerdo con Martínez Heredia (2017), este es

> un partido que pretende organizar a los revolucionarios cubanos sobre la idea de que es necesario un partido que todavía es imprudente llamarle comunista, pero que debe ser a partir de mejores formas de componerse, empezando porque, para ser militante, o sea miembro de él, no puede salir esto de que un grupito o una secta los escoja, sino solamente de

que sea considerada ejemplar la persona por los trabajadores, por sus compañeros en asambleas abiertas de discusión.

Un factor básico en cuanto a la fuerza moral del partido cubano en sus bases, asegurándose el prestigio moral de sus miembros. En octubre de 1965, se constituyó la nueva dirección partidista, compuesta por el Comité Central y su Buró Político, y se aprobó que la organización cambiara su nombre por el de Partido Comunista de Cuba (PCC).

Es por ello que la existencia en Cuba de un solo partido tiene su génesis en la propia historia de la liberación nacional, cuyas enseñanzas reafirman la importancia de la unidad como elemento decisivo de la victoria. Se garantiza, de este modo, la unidad de todos los cubanos que desean continuar construyendo una sociedad más democrática, inclusiva y justa; en un mundo en el que prevalece la fragmentación política de las fuerzas de izquierda frente al avance del neoliberalismo, cuyos centros de poder han laborado intensamente por golpear o coaptar las formas colectivas de organización, resistencia y lucha, que significan una amenaza real y efectiva para el sistema de dominación del capital.

El segundo factor determinante en el triunfo de la Revolución Cubana fue el hecho de **contar con un programa** que permitiera aunar a las masas a su alrededor. El primer gran esfuerzo de Fidel durante las duras condiciones del presidio fue escribir su autodefensa y, con el apoyo de colaboradores cercanos, lograr que este saliera íntegro al exterior y se distribuyeran clandestinamente unos 100 mil ejemplares del discurso en toda la isla. En carta dirigida a Haydée Santamaría y Melba Hernández, el 18 junio de 1954, les explicaba que la importancia del mismo era decisiva, pues en su alegato estaba contenido el programa y la ideología del M-26-7, sin lo cual era imposible pensar en nada grande.

La tarea nuestra ahora de inmediato —les escribe Fidel— es movilizar a nuestro favor la opinión pública; divulgar nuestras ideas y ganarnos el respaldo de las masas del pueblo. Nuestro programa revolucionario es el más completo, nuestra línea, la más clara, nuestra historia la más sacrificada; tenemos derecho a ganarnos la fe del pueblo, sin la cual, lo repito mil veces, no hay revolución posible (HARNECKER, 1999).

De este modo, su alegato de autodefensa, conocido como "La Historia me Absolverá", se convirtió en el vehículo más efectivo para lograr reagrupar a aquellos jóvenes comprometidos en la organización del movimiento revolucionario que no pudieron participar en los acontecimientos del 26 de julio, la llamada Generación del Centenario, así como sumar muchos más adeptos para la causa. Consecuentemente, este discurso no solo significó una pieza oratoria de enorme trascendencia, sino que se convirtió en el Programa del Moncada, sintetizando el programa político y de acción del M-26-7.

Cinco leyes revolucionarias serían proclamadas inmediatamente después de tomar el cuartel Moncada y divulgadas a la nación (CASTRO, 2007): la primera devolvía al pueblo su soberanía y la restauración de la Constitución de 1940, como la verdadera ley suprema del Estado; la segunda concedía la propiedad inembargable e intransferible de la tierra a todos los que ocupasen parcelas de cinco o menos caballerías de tierra; la tercera le otorgaba a los obreros y empleados el derecho a participar del 30% de las utilidades en todas las grandes empresas; la cuarta concedía a todos los colonos el derecho a participar del 55% del rendimiento de la caña y establecía una cuota mínima para todos los pequeños colonos que llevasen tres o más años de establecidos; y la quinta ley revolucionaria ordenaba la confiscación de bienes a todos los malversadores de todos los gobiernos y a sus causahabientes. Se declaraba, además, que la política cubana en América sería de estrecha solidaridad con los pueblos democráticos del continente y que los perseguidos políticos por las sangrientas tiranías que oprimen a naciones hermanas, encontrarían en la patria de Martí asilo generoso, hermandad y pan.

El problema de la tierra, el problema de la industrialización, el problema de la vivienda, el problema del desempleo, el problema de la educación y el problema de la salud del pueblo; he ahí concretados los seis puntos a cuya solución se hubieran encaminado resueltamente nuestros esfuerzos, junto con la conquista de las libertades públicas y la democracia política (CASTRO, 2007).

A diferencia de las promesas incumplidas de los diversos gobiernos corruptos que se instalaron durante la época neocolonial, el Programa del Moncada centraba su atención en el reconocimiento y la solución de las principales problemáticas que aquejaban al pueblo cubano en aquel entonces, lo cual permitió que fuera creciendo el número de simpatizantes del M-26-7 y se sumaran cada vez más combatientes a la lucha clandestina en las ciudades y a la guerra de guerrillas de la Sierra Maestra. Fidel tenía muy claro que la propaganda era vital para generar un movimiento de masas y sin este, no era posible la Revolución. Y en ello radica, precisamente, el tercer elemento definitorio para alcanzar la victoria de 1959, el **apoyo masivo del pueblo a la Revolución**.

En el décimo aniversario de la huelga general del 9 de abril, Fidel expresó:

Ya el pueblo de ese momento no era el pueblo de siete años atrás, ya el pueblo de ese momento no era el pueblo de 20 años atrás. Ya era un pueblo que había adquirido una conciencia de lucha, un pueblo cuyo espíritu de rebeldía se había desarrollado; un pueblo que se había ido aglutinando no alrededor de los partidos tradicionales desprestigiados, sino un pueblo que se fue reuniendo alrededor de un movimiento revolucionario; un pueblo que se fue reuniendo alrededor de un pequeño núcleo de combatientes revolucionarios, de un pequeño ejército revolucionario; un pueblo que se fue formando, que soportó crímenes, atropellos, abusos, injusticias de toda clase, y que todo aquello lo llevaba bien por dentro; y un pueblo que se había ido orientando, que se había ido alertando, que se había ido preparando para una revolución. Por eso, cuando quisieron escamotearle el triunfo el 1ro de enero, se encontraron la descomunal sorpresa de que ese pueblo se lanzó a la calle; se encontraron con la descomunal sorpresa de que las columnas rebeldes cercaron y desarmaron las tropas y que de repente en verdad en ese día histórico había triunfado una verdadera revolución (CASTRO, 1968).

Los tres factores abordados hasta el momento (la importancia de la unidad, contar con un programa claro y el apoyo masivo del pueblo), no hubieran sido posible de alcanzar sin la existencia de un cuarto elemento: el **liderazgo indiscutible de Fidel**. Su sentido de la ética, el ejemplo personal, la lealtad al legado histórico de los próceres que lo precedieron, su apego a la verdad, su visión de futuro, su profundo humanismo y su elevado sentido de la justicia, son algunas de las cualidades que rápidamente lo distinguieron, convirtiéndolo en el máximo líder de la Revolución Cubana. Así lo señala (CRUZ, 2011):

[…] el carisma del líder de la Revolución Cubana fue, es y será resaltado por muchos estudiosos del proceso revolucionario como decisivo para la imagen e irradiación del ejemplo cubano. Ello es cierto si se parte de que él es una de las singularidades de la misma. El carácter honesto, ético y valiente del compañero Fidel es un tema a considerar al examinar la influencia colosal, en tiempo y espacio, del papel de la personalidad en la historia y de la repercusión que tuvo en el triunfo revolucionario y en su posterior transcurrir histórico. Dotado de un atractivo nato — imán personal dirían algunos—, de una oratoria vibrante y pedagógica, capaz de llegar a los más variados niveles de educación y cultura de la población cubana y del mundo, Fidel es el exponente más claro y profundo de la obra de la Revolución Cubana. Su genialidad política, su visión estratégica y su método lógico, razonable y, por sobre todo, dialéctico e historicista, capaz de comprender la realidad nacional, regional e internacional en sus diversos giros y cambios, coyunturas y disyuntivas, lo convirtieron en el líder revolucionario popular más genuino de la contemporaneidad. Otros rasgos de su personalidad, como la de concebir toda idea justa, por pequeña que sea, como un proyecto gigantesco; de creer en las virtudes humanas por encima de todas las miserias y mediocridades; de ser tenaz y audaz en la lucha contra lo imposible, para alcanzar lo máximo posible, lo convierten en un soñador o un utopista irremediable, virtudes de un comunista con razón y sentimientos (CRUZ, 2011).

Catalogado como "esa fuerza telúrica llamada Fidel Castro Ruz", para el Che las características de la personalidad de Fidel también son consideradas como uno de los factores peculiares de la Revolución Cubana.

Fidel es un hombre de tan enorme personalidad que, en cualquier movimiento donde participe, debe llevar la conducción y así lo ha hecho en el curso de su carrera desde la vida estudiantil hasta el premierato de nuestra patria y de los pueblos oprimidos de América. Tiene las características de gran conductor, que sumadas a sus dotes personales de audacia, fuerza y valor, y a su extraordinario afán de auscultar siempre la voluntad del pueblo, lo han llevado al lugar de honor y de sacrificio que hoy ocupa. Pero tiene otras cualidades importantes, como son su capacidad para asimilar los conocimientos y las experiencias, para comprender todo el conjunto de una situación dada sin perder de vista los detalles, su fe inmensa en el futuro, y su amplitud de visión para prevenir los acontecimientos y anticiparse a los hechos, viendo siempre más lejos y mejor que sus compañeros. Con estas grandes cualidades cardinales, con su capacidad de aglutinar, de unir, oponiéndose a la división que debilita; su capacidad de dirigir a la cabeza de todos la acción del pueblo; su amor infinito por él, su fe en el futuro y su capacidad de preverlo, Fidel Castro hizo más que nadie en Cuba para construir de la nada el aparato hoy formidable de la Revolución Cubana (CHE GUEVARA, 1961).

¿Qué es la Revolución Cubana?

El 1ro de mayo del año 2000, el Comandante en Jefe Fidel Castro pronunció un histórico discurso en el que definió el concepto de

Revolución, el cual a partir de ese momento se convirtió en ruta y camino a seguir para todos aquellos luchadores por causas justas. En los días posteriores a su fallecimiento, millones de cubanos ratificaron ser fieles y seguidores de este concepto, firmando un solemne juramento. Por su importancia para la comprensión del proceso revolucionario cubano, se toma como punto de partida en el presente trabajo.

Revolución es sentido del momento histórico; es cambiar todo lo que debe ser cambiado.

A lo largo de la Revolución Cubana, se han realizado importantes transformaciones como resultado de la necesidad de cambiar todo lo que debe ser cambiado, de acuerdo al momento histórico. La periodización en etapas de este proceso ha sido diversa y ha respondido, según cada autor, a disímiles criterios relacionados con temas económicos, políticos, institucionales, entre otros. A los efectos de este trabajo, se agrupan las seis décadas transcurridas en tres momentos: 1959-1989; 1990-2011; y 2011 hasta la actualidad.

En los primeros años de la Revolución Cubana se dictaron medidas de carácter agrario, popular y antimperialista, con el objetivo de dar cumplimiento al Programa del Moncada. Una de las primeras fue castigar ejemplarmente a los principales responsables de los crímenes cometidos por la tiranía batistiana, así como confiscar de manera inmediata todos los bienes mal habidos por los funcionarios del sangriento régimen. Le sucedieron en el tiempo, la rebaja de hasta el 50% de los alquileres y de las tarifas eléctricas; la dos Leyes de Reforma Agraria; la nacionalización de las empresas extranjeras radicadas en la Isla, fundamentalmente de propiedad norteamericana (refinerías de petróleo, empresas de electricidad y teléfonos, centrales azucareros, bancos y otras grandes empresas); la supresión del juego, el tráfico de drogas, el contrabando y la prostitución; la Ley de Reforma Urbana; la Campaña de Alfabetización y la construcción de instalaciones educacionales y de salud, conjuntamente con la formación de personal pedagógico y sanitario, para sentar las bases del acceso gratuito a la educación y la salud en el país.

A partir de la ruptura de relaciones con Estados Unidos y el inicio del bloqueo económico, comercial y financiero impuesto por este, Cuba comienza a reorientar sus relaciones de intercambio con la Unión Soviética y el Consejo de Ayuda Mutua Económica (CAME), entrando como observadora a este último en 1972. Desde entonces, el campo socialista se constituyó en el principal socio económico y comercial del país y se fue configurando un modelo con rasgos similares al eurosoviético. En este contexto, el proceso de nacionalizaciones emprendido en la década anterior, así como la institucionalización llevada a cabo en la década de los ´70, con la aprobación de la primera Constitución del periodo revolucionario (1976), el afianzamiento del aparato institucional del Estado y el nuevo Sistema de Dirección y Planificación de la Economía, dieron lugar a transformaciones radicales en las relaciones de propiedad, que afianzaron la preeminencia de la propiedad estatal socialista sobre los medios de producción y la conformación de una economía centralmente planificada, mediante balances materiales y planes quinquenales, alineados a las relaciones con el bloque socialista.

A mediados de los años ´80, la economía cubana presentó resultados comprometedores en aspectos de importancia macroeconómica, que provocaron que, a partir de 1986, fuera imposible mantener la dinámica de crecimiento del quinquenio anterior, iniciándose un periodo de estancamiento económico.[4] Comienza a implementarse

---

4. Entre ellos pudieran mencionarse el desbalance comercial que prácticamente se duplicó de 1983 a 1984; de un superávit comercial de 450 millones de pesos en 1983, se pasó a un déficit en 1985 de 400 millones de pesos; la ejecución fiscal en 1983 mostraba un superávit de 735 millones de pesos, contra un déficit presupuestario en 1984 de 76 millones y la liquidez en manos de la población se incrementó considerablemente. En el propio año 1986, la caída del precio del petróleo y la devaluación del dólar motivaron una reducción de los ingresos en divisas, lo cual sumado a las condiciones climáticas desfavorables y a las presiones financieras externas, que conllevaron a posponer el pago del servicio de la deuda, desde el mes de julio, más las crecientes dificultades que se suscitaron en el comercio con los países de Europa del Este y la URSS, originadas en gran medida por las reestructuraciones económicas internas emprendidas por estos, provocaron una pérdida de dinamismo de la economía cubana en este periodo. Esta situación se caracterizó por el estancamiento de la dinámica de crecimiento del PIB en tres de los años del quinquenio y un promedio para el periodo de 0%; el crecimiento acelerado del

el periodo de Rectificación de Errores y Tendencias Negativas, el cual se vio truncado ante la caída del Muro de Berlín y la posterior desaparición de la Unión Soviética.

Al desaparecer las relaciones económicas de colaboración e integración que existían con los países del antiguo campo socialista, con el que se mantenía más del 80% del intercambio total, se rompe la interacción de Cuba con su ambiente externo, alterándose abrupta y brutalmente las bases del desarrollo socioeconómico prevalecientes hasta inicios de la década del '90. La economía cubana queda a expensas de las condiciones de incertidumbre e inestabilidad que caracterizan la economía mundial, dominada por las relaciones capitalistas, lo cual potenció los efectos del bloqueo de Estados Unidos, el cual se recrudeció con la aprobación de la Ley Torricelli en 1992 y la Ley Helms-Burton en 1996.

Como resultado de todo lo anterior, se desarticularon las condiciones que enmarcaban el desenvolvimiento de la economía, cuya estructura y funcionamiento estaban condicionados por su ambiente externo.[5] Ello conllevó a la necesidad de una reconfiguración del modelo económico del país para responder a las exigencias de una nueva realidad. Se iniciaba así el llamado Período Especial en Tiempos de Paz.

Algunas de las transformaciones emprendidas en estos años condujeron a una mayor diversificación de la matriz de propiedad (ampliación del trabajo por cuenta propia y de las formas cooperativas en la agricultura y apertura al capital extranjero), así como a un

---

déficit fiscal; el incremento de la deuda en moneda libremente convertible; el descenso de la tasa de acumulación neta y una seria afectación de la productividad del trabajo y la efectividad de los fondos básicos productivos, entre otros indicadores.

5. En sólo dos años (1990 y 1991), la capacidad de compra del país se vio disminuida drásticamente en más de la mitad; se perdieron 3/4 partes de los mercados tradicionales, las condiciones en que se efectuaban las relaciones económicas (precios preferenciales, créditos blandos, etc.), los principales abastecedores de suministros y las fuentes de financiamiento externo; y se rompieron bruscamente las relaciones de integración económica que apoyaban la estrategia cubana de desarrollo socioeconómico, establecidas a lo largo de más de treinta años. Para 1993, el PIB había descendido casi un 35% en relación con 1989.

proceso de descentralización que implicó cambios en la planificación (se sustituyó la planificación basada en balances materiales por mecanismos de planificación financiera), otorgándose mayores facultades y autonomía a las empresas estatales. Se apostó a nuevos sectores como el turismo y la industria biotecnológica, aprovechando, en este último caso, el potencial humano creado por la política educacional de la Revolución.

A pesar de la tensa situación económica, se preservaron las conquistas sociales y se mantuvieron los sistemas de educación, salud y protección social. En el marco de la Batalla de Ideas iniciada en el año 2000, el país implementó un conjunto de programas sociales que contribuyeron a la realización de importantes cambios positivos en la calidad de vida de los cubanos y las cubanas.

A partir del año 2003, se produjo una elevada centralización de los mecanismos de asignación y utilización de las divisas y dos años después fueron evidentes las limitaciones de la economía para enfrentar el déficit de la cuenta financiera de la balanza de pagos, las retenciones bancarias de transferencias al exterior y el elevado monto de los vencimientos de la deuda; todo lo cual significó una gran tensión en el manejo de la economía. Entre 1997 y 2009, las variaciones de precios en las exportaciones y las importaciones produjeron una pérdida neta para el país superior a los diez mil millones de dólares y el poder de compra de las exportaciones de bienes se deterioró, como promedio, un 15%. Asimismo, los fenómenos climatológicos en el período causaron elevados daños a la economía, enfrentándose 16 huracanes entre 1998 y 2008, cuyas pérdidas superaron los 20 mil millones de dólares, sin incluir las cuantiosas afectaciones ocasionadas por la sequía.

Este nuevo escenario dio origen a la actual etapa de transformaciones del modelo de desarrollo socialista cubano, iniciada en 2011 con el VI Congreso del PCC, que se conoce como el proceso de Actualización del Modelo Económico y Social Cubano. De acuerdo con Fernández Ríos (2016), entre 2005 y 2007, tres acontecimientos impactaron fuertemente el imaginario popular y la conciencia colectiva sobre la necesidad de tales cambios: la intervención del líder de la Revolución Cubana en la Universidad de La Habana, en noviembre de 2015, que alertó sobre vulnerabilidades que podían afectar el avance del proyecto socialista, entre ellas las de carácter subjetivo; su ulterior enfermedad en 2006 que levantó el tema del liderazgo y de las garantías de continuidad de la Revolución Cubana; y la intervención de Raúl Castro el 26 de julio de 2007 que promovió un debate nacional y un diagnóstico popular crítico acerca de los caminos que resultaron errados, así como de las insuficiencias y deformaciones económicas e institucionales que venían afectando el desarrollo del país.

En este contexto, los cambios más importantes que caracterizan el periodo son: el mejoramiento de la organización y formas de gestión de la propiedad estatal socialista, a partir de nuevas modificaciones en los sistemas de gestión empresarial; el reconocimiento y promoción de formas de propiedad no estatales en el proceso de producción social y su integración al proceso de planificación de la economía nacional; la extensión de las formas cooperativas a actividades no agropecuarias; la conservación de las conquistas sociales del socialismo a partir de las políticas sociales universales, pero combinando políticas de atención diferenciada a personas, grupos y comunidades en situación de vulnerabilidad; la combinación de mecanismos administrativos y mecanismos económicos y financieros en el sistema de planificación de la economía nacional, sobre la base de su integración con las políticas macroeconómicas; y el desarrollo de políticas de transformación estructural en armonía con el medioambiente; políticas de innovación, demográficas y para el mejoramiento del patrón de inserción externa. Cambios todos dirigidos a la necesidad de reorientar la economía al nuevo escenario, sin renunciar a los ideales esenciales de construir el socialismo en Cuba.

Es igualdad y libertad plenas; es ser tratado y tratar a los demás como seres humanos.

Desde el triunfo de la Revolución Cubana se establecieron políticas que propiciaron un trabajo coordinado a nivel nacional para responder a las principales necesidades sociales del país, tal y como había sido proclamado en el Programa del Moncada. En esta dirección, se han alcanzado importantes logros sociales como resultado de la voluntad política del Estado de elevar el bienestar y la calidad de vida de las personas.

Cuba es uno de los países de la región latinoamericana que más invierte en protección social, salud y educación, con más del 50% del gasto del presupuesto destinado a estas esferas. La detección y atención a las desigualdades se constituye en uno de los pilares de su estrategia de desarrollo. Pese a las restricciones económicas que enfrenta el país, se aseguran derechos ciudadanos sin distinción de ningún tipo, eliminándose toda forma de discriminación institucional por color de la piel, sexo, edad, condición de discapacidad o cualquier otra.

A nivel internacional y regional, la Revolución Cubana ha sido reconocida por su elevada capacidad institucional para brindar una red de protección social que incluye el acceso universal y gratuito a importantes servicios sociales, tales como la salud y la educación. Con amplios niveles de cobertura, estos dos sectores de la política social cubana muestran resultados similares a los de los países desarrollados. Ello se refleja, por un lado, en las bajas tasas de mortalidad infantil; la alta cobertura de inmunización; la atención a la salud materno-infantil; la elevada esperanza de vida al nacer; y la formación de profesionales en el ámbito sanitario, lo cual de conjunto con el desarrollo del sector biotecnológico y médico-farmacéutico, ha posibilitado la introducción de protocolos, productos, tratamientos y equipos médicos de producción nacional, en pos del mejoramiento de la calidad de vida de los cubanos y las cubanas. Cuba fue el primer país que obtuvo la validación de la eliminación de la transmisión materno-infantil de sífilis congénita y del VIH, condición ratificada por la OMS en 2019. Por otro lado, son visibles los logros alcanzados en el campo educacional, el cual exhibe elevadas tasas de escolarización, de inclusión y de paridad de género. Cuba fue también el primer país libre de analfabetismo en América Latina, tan tempranamente como en 1961, poco más de dos años después del triunfo de la Revolución.

Con la aprobación de la nueva Constitución en abril de 2019, se actualiza, completa y amplía de manera significativa y sustancial el catálogo de derechos, lográndose una ordenación más coherente y sistémica y evitando la dispersión o atomización de estos por la preceptiva constitucional, en tanto los agrupa bajo el rótulo de derechos sin adjetivos. En este sentido, la eliminación del calificativo de "fundamentales" le confiere a todos los derechos igual jerarquía y valor, y los asume como universales, indivisibles e interdependientes (o sea, ningún derecho es más importante que otro). Se reconoce, además, la dignidad humana como el valor supremo que rige el reconocimiento y ejercicio de los demás derechos.

Existe un compromiso del Estado con la igualdad entre mujeres y hombres en todos los ámbitos de la vida y la no discriminación por motivos de género. Las mujeres cubanas juegan un importante rol en los diversos niveles decisorios de la vida política, económica y pública del país, tanto a nivel nacional, como territorial; constituyen el 53,2% de los parlamentarios, una de las cifras más elevadas del mundo. Son, además, el 66,2% de la fuerza técnica empleada y más del 60% de quienes se matriculan y gradúan de la educación superior.

La Revolución Cubana también ha alcanzado resultados relevantes en el ámbito cultural y deportivo. La organización del sistema de enseñanza del arte y de escuelas formadoras de instructores, la creación de una cinematografía nacional y la extensión de su servicio a las zonas rurales y montañosas, la fundación de instituciones y agrupaciones culturales, el desarrollo del movimiento editorial y la celebración de eventos culturales con elevado prestigio internacional, son algunos ejemplos de ello. Asimismo, los resultados deportivos alcanzados son un referente para el resto de los países del mundo. Cuba es el país latinoamericano con mayor número de medallas olímpicas, panamericanas y centroamericanas.

Es emanciparnos por nosotros mismos y con nuestros propios esfuerzos; es desafiar poderosas fuerzas dominantes dentro y fuera del ámbito social y nacional.

La historia por la lucha de la soberanía nacional en Cuba ha dado lugar a que, cada vez con más fuerza, se coloque en el centro de atención la solución a las problemáticas que deben ser enfrentadas bajo el concepto de que el socialismo depende en gran medida de lo que el país sea capaz de lograr con sus propios esfuerzos. Asimismo, ha ido ganando consenso en el imaginario popular la visión de que los logros y beneficios del socialismo no solo son para el futuro, sino también para el presente; o sea, que el tránsito al socialismo acumule logros que beneficien a las actuales generaciones y, a su vez, constituyan condiciones y estímulo para la continuidad. Se trata de que los pasos y métodos utilizados no erosionen la meta estratégica del socialismo, la superación de la enajenación humana, pero que a la vez estimulen a las generaciones involucradas, sin obviar la significación de la vida cotidiana de las personas (FERNÁNDEZ RÍOS, 2016). Y ello dependerá, en gran medida, de las posibilidades que el país pueda tener de avanzar en esta dirección, a partir de sus capacidades y recursos internos.

Sin embargo, la Revolución Cubana enfrenta el reto de garantizar su continuidad y mantenerse como un proyecto alternativo a la lógica del capital en condiciones muy adversas por las limitaciones económicas y de recursos que enfrenta, así como por los impactos negativos de la crisis por la que atraviesa el capitalismo, con sus secuelas de afectaciones a los países subdesarrollados. Adicionalmente, no puede obviarse que, en el caso de Cuba, la permanente confrontación entre el capitalismo y el socialismo, que tuvo su más abierta manifestación en la segunda mitad del siglo XX en el contexto de la guerra fría, tiene su expresión particular en la política de hostilidad emprendida por los Estados Unidos desde el triunfo de la Revolución.

Aun antes de que las Trece Colonias inglesas declararan su independencia, ya uno de sus padres fundadores, Benjamín Franklin, señalaba en 1767 la necesidad de colonizar el valle del Mississippi "... para ser usado contra Cuba o México mismo [...]". Desde entonces, la aspiración de Estados Unidos por gobernar a Cuba ha sido permanente, bajo la visión compartida a lo largo de los siglos de que Cuba era un apéndice natural de la Florida. John Quincy Adams, el sexto presidente de Estados Unidos, llegó a decir: "Hay leyes de gravitación política, así como las hay de gravitación física [...] así Cuba, separada por la fuerza de su conexión no natural con España, tendrá que caer hacia la Unión Norteamericana...". Las ofertas de compra a España para que cediera la perla de su corona en el Caribe, no tardaron en llegar antes de la Guerra de Secesión (ELIZALDE, 2019).

Estos intereses fueron los que condujeron a la intervención estadounidense en la guerra que libraban los cubanos contra España en 1898 y que concluyó con la instauración de la República neocolonial la cual, hasta el 1ro de enero de 1959, estuvo sometida a los intereses económicos y políticos de los sucesivos gobiernos de Estados Unidos.

A partir de 1959, la escalada de agresiones para frenar el empuje de la Revolución fue evidente. Ya desde diciembre de 1958, el jefe de la Agencia Central de Inteligencia (CIA), Allen Dulles, había intervenido categóricamente en una reunión del Consejo de Seguridad Nacional de Estados Unidos encabezada por el presidente Dwight D. Eisenhower, expresando que debía "impedirse la victoria de Castro" (ALONSO FALCÓN, 2019). Desde tal fecha y hasta su desaparición física, Fidel fue objeto de 638 intentos de asesinato, engendrados por la CIA. Pero esto ha sido apenas una de las líneas de agresión contra Cuba por más de seis décadas.[6]

La lista de actos terroristas contra la mayor de las Antillas es larga y abarca desde agresiones militares hasta económicas, biológicas, diplomáticas, psicológicas, mediáticas, de espionaje, así como la ejecución de actos de sabotaje e intentos de asesinato a otros líderes.

---

6. El primer documento que esbozaría las líneas principales de acción del gobierno de los Estados Unidos contra Cuba, lo redactaría el 11 de diciembre de 1959, el coronel J. C. King, jefe de la División para el Hemisferio Occidental de la CIA. King fue una pieza clave de la CIA en el derrocamiento del presidente Joao Goulart en 1964. Sus huellas intervencionistas se conocen, además, en República Dominicana en 1957, en Chipre entre 1973 y 1974 y finalmente en Liberia entre 1974 y 1975 (ALONSO FALCÓN, 2019).

En total, 3 mil 478 cubanos han fallecido por esta causa y otros 2 mil 099 han quedado incapacitados como resultado de los planes violentos de Washington contra la Isla.

Las alternativas empleadas para ello han sido disímiles. Destacan la colocación de artefactos explosivos en lugares con elevada concentración de personas; la quema de cañaverales y otros centros de interés productivo; la invasión armada mercenaria por Girón en 1961; la introducción de plagas y enfermedades de plantas, animales y seres humanos, esparcidas desde avionetas; y los atentados a embajadas, consulados, diplomáticos, personal y colaboradores cubanos en el mundo (CARRASCO; MONTESINOS, 2021).

Adicionalmente a tales hechos, Cuba ha debido enfrentar por casi seis décadas, el genocidio más largo de la historia: el bloqueo económico, comercial y financiero impuesto por los Estados Unidos. Los antecedentes de este fenómeno datan del propio año 1959, cuando Estados Unidos comenzó a amenazar con la reducción de la cuota azucarera, la prohibición de inversión privada norteamericana y la eliminación de todo tipo de ayuda económica, si eran nacionalizadas propiedades norteamericanas sin una rápida compensación. El 30 de septiembre de 1960, el Departamento de Estado recomienda a los ciudadanos estadounidenses abstenerse de viajar a Cuba, a no ser que hubiese razones apremiantes para hacerlo. Ya en noviembre, se implantan las primeras medidas restrictivas en cuanto al servicio postal desde Estados Unidos hacia Cuba, al situar a Cuba entre los países hacia los cuales las exportaciones desde Estados Unidos tenían impuestas restricciones particulares. A partir de la promulgación de esta disposición, se instaura como requisito la adquisición de una licencia general para regalos, incluidos como tales alimentos, ropas, medicinas y fármacos.

A partir de 1961, se desencadenan varios hechos que refuerzan las restricciones impuestas. El 3 de enero, el gobierno de Estados Unidos anuncia el rompimiento de sus relaciones diplomáticas y consulares con el gobierno de Cuba; el 2 de marzo, anuncia estar considerando la aplicación de la Ley de Comercio con el Enemigo para el caso de Cuba; el 31 de ese propio mes, el Presidente estadounidense emite una proclama presidencial en la que se determina que, por razones de interés nacional, la cantidad de cuotas azucareras en ese año ya sería cero; el 4 de septiembre, el Congreso aprueba la Ley de Ayuda Externa de 1961, que prohibía todo tipo de asistencia al gobierno de Cuba y autorizaba al Presidente estadounidense a establecer y mantener un embargo total sobre todo el comercio entre los Estados Unidos y Cuba.[7] Finalmente, el 3 de febrero de 1962, el Presidente de Estados Unidos emitió otra proclama presidencial que impuso el bloqueo sobre el comercio entre Estados Unidos y Cuba; encargó al Secretario del Tesoro ponerlo en práctica con respecto a las importaciones y al Secretario de Comercio continuar el embargo previamente impuesto sobre las exportaciones. Los Secretarios de Comercio y del Tesoro fueron autorizados también a administrar y modificar el bloqueo. La Proclama entró en vigor el 7 de febrero.

Desde entonces y hasta la fecha, se han ido tomando diversas medidas para recrudecer el bloqueo, destacándose la aprobación de la Ley Torricelli en 1992 y la Ley Helms-Burton, en 1996. Tan solo durante los cuatro años que duró la presidencia de Donald Trump, se tomaron 243 medidas con este propósito.

Entre los principales efectos del bloqueo, se encuentran la prohibición de: la importación y exportación de bienes y servicios entre ambos países y, en el caso de algunos productos aprobados, el pago de estos debe ser en efectivo; la importación a Estados Unidos de terceros países que incorporan productos de origen cubano a sus productos finales y la exportación de terceros países que tengan incorporados componentes de origen norteamericano a Cuba; inversiones de empresas

---

7. En esa misma legislación, se prohibía la asistencia al gobierno de cualquier país a menos que el Presidente determinase que no estaba dominado o controlado por el movimiento comunista internacional; así como la asistencia a cualquier país que estuviese en deuda con cualquier ciudadano de Estados Unidos por concepto de bienes o servicios ofrecidos cuando dicho ciudadano hubiese agotado todos los medios legales disponibles y la deuda no fuese denegada o controvertida por ese gobierno.

estadounidenses en Cuba; viajes de ciudadanos estadounidenses a la Isla (salvo algunas categorías aprobadas excepcionalmente); el uso del dólar por Cuba en transacciones internacionales.

De acuerdo con Minrex (2020), a precios corrientes los daños acumulados por el bloqueo alcanzan la cifra de 144 mil 413,4 millones de dólares. Si se toma en cuenta la depreciación del dólar frente al valor del oro en el mercado internacional, esta política ha ocasionado perjuicios cuantificables por más de un billón 98 mil 8 millones de dólares. Entre abril de 2019 y marzo de 2020, el valor de las pérdidas rebasó por primera vez en un solo año la barrera de los cinco mil millones de dólares (5 mil 570,3 millones de dólares).

En palabras de Elizalde (2019),

> Estados Unidos nunca se ha recuperado de lo que significó una revolución a 90 millas de sus costas, una "cura de caballo" al decir de Sartre en su antológico ensayo de 1961 […]. A lo largo de 60 años, esta "cura de caballo" algunos la han visto como un espectáculo; otros, como un misterio, o un suicidio, o un escándalo, o como un hermoso desafío. Pero ello no explica del todo la obsesión del Norte, ni el carrusel de mentiras y sanciones con el que amanecemos cada día en la isla. La clave es el ejemplo que ha dado a los demás esa pequeñísima Isla, ese palmar en medio del océano: si Cuba puede crear una nación independiente, los otros también pueden (ELIZALDE, 2019).

Es defender valores en los que se cree al precio de cualquier sacrificio; es modestia, desinterés, altruismo, solidaridad y heroísmo; es luchar con audacia, inteligencia y realismo; es no mentir jamás ni violar principios éticos. Es convicción profunda de que no existe fuerza en el mundo capaz de aplastar la fuerza de la verdad y las ideas.

Con la verdad por delante, Fidel siempre afrontó las disímiles situaciones que se fueron presentando, por más complejas que estas fueran. Desde su alegato "La Historia me Absolverá", sentenció lo que sería un precepto indiscutible de la Revolución Cubana: la fuerza de la verdad y las ideas.

Sé que me obligarán al silencio durante muchos años; sé que tratarán de ocultar la verdad por todos los medios posibles; sé que contra mí se alzará la conjura del olvido. Pero mi voz no se ahogará por eso: cobra fuerzas en mi pecho mientras más solo me siento y quiero darle en mi corazón todo el calor que le niegan las almas cobardes (CASTRO, 2007).

De este modo, son valores esenciales arraigados en el pueblo cubano, el humanismo, el patriotismo, el antimperialismo, la dignidad, la responsabilidad y la honradez; la elevada vocación solidaria e internacionalista, así como una cultura cimentada en las mejores tradiciones éticas y espirituales de la historia nacional. Asimismo, son valores esenciales de la ideología cubana la lealtad, la honestidad, la modestia, la laboriosidad, la responsabilidad, el altruismo, el desinterés, el respeto a los demás y al medio ambiente.

En el artículo 1 de la Constitución de la República de 2019, se refrenda que Cuba es un Estado socialista de derecho y justicia social, democrático, independiente y soberano, organizado con todos y para el bien de todos como república unitaria e indivisible, fundada en el trabajo, la dignidad, el humanismo y la ética de sus ciudadanos para el disfrute de la libertad, la equidad, la igualdad, la solidaridad, el bienestar y la prosperidad individual y colectiva (CUBA, 2019).

Estos valores se expresan también en el plano internacional. Para Cuba, la cooperación es un acto de solidaridad inherente a los principios proclamados por la Carta Magna y constituye un componente esencial de su política exterior; a partir del precepto martiano de que "Patria es humanidad". Así, el país pone a disposición de otros pueblos del mundo su talento, su generosidad, sus valores humanistas y solidarios, su audacia, su modestia y el sacrificio del pueblo cubano, a pesar de las limitaciones materiales que enfrenta por el bloqueo económico, comercial y financiero del gobierno de los Estados Unidos. La cooperación cubana prioriza los intereses de los pueblos necesitados y esta se ofrece sobre los principios de incondicionalidad, respeto absoluto a la soberanía, las leyes, la cultura y la religión del país receptor, así como la autodeterminación de las naciones.

Desde 1963 datan las primeras acciones de cooperación internacional de Cuba, con el envío de la primera brigada médica a Argelia, aunque ya en 1960 un pequeño equipo médico había brindado colaboración en Chile tras un terremoto en ese país. A lo largo de la Revolución Cubana, son numerosos los ejemplos de acciones de cooperación, incluso con países con los que no mantiene, o mantenía en su momento, relaciones diplomáticas. A pesar de ser un país subdesarrollado y con escasos recursos naturales, Cuba ha cooperado con 186 naciones, incluyendo en este apartado la formación de estudiantes. Más de un millón de cubanos ha prestado ayuda solidaria en el exterior y, algo más del 50%, han sido mujeres.

Un lugar destacado en esta dirección lo ocupan las brigadas del contingente médico cubano "Henry Reeve"[8] el cual, tan solo en el año 2020, envió 4 mil 491 profesionales de la salud a 40 países, organizados en 56 brigadas médicas, para enfrentar la pandemia de la COVID-19. Destacan también, como ejemplos de la solidaridad cubana, la atención a los más de 20 mil niños rusos, ucranianos y bielorrusos, expuestos a la radiación y la contaminación nuclear provocada por el accidente de la central electronuclear de Chernóbil; la Operación Milagros en varios países de América Latina; y la activa participación en la lucha contra el Ébola en África, con el envío de 461 médicos y enfermeras a África Occidental, principalmente en Sierra Leona, Liberia y Guinea Conakri, los tres países más afectados.

---

8. El Contingente Médico Henry Revee se constituyó en el 2005, como apoyo solidario al pueblo norteamericano con motivo del azote del huracán Katrina, aunque dicha ayuda no fue aceptada por el gobierno estadounidense. Está integrado por profesionales de la salud, especializados en la atención a situaciones de desastres y graves epidemias. Por esta labor solidaria internacional en el enfrentamiento a desastres naturales y epidemias graves, Cuba ostenta el Premio de Salud Pública en memoria del Dr. Lee Joung-Wook otorgado por el Consejo Ejecutivo de la Organización Mundial de la Salud (OMS). Su actitud en el enfrentamiento de la COVID-19, ha motivado la iniciativa internacional de solicitar el otorgamiento a la Brigada de cooperación médica Henry Reeve, del Premio Nobel de la Paz.

El país se destaca, igualmente, por su colaboración internacional en otras áreas como la educación, la cultura, el deporte y la gestión de riesgos de desastres.

Como ha podido apreciarse, los elementos expuestos con anterioridad contribuyen a sentenciar que en Cuba, *"Revolución es unidad, es independencia, es luchar por nuestros sueños de justicia para Cuba y para el mundo, que es la base de nuestro patriotismo, nuestro socialismo y nuestro internacionalismo"*.

Reflexiones finales

La Revolución Cubana es una experiencia concreta de más de 60 años de construcción del socialismo en los siglos XX y XXI. El socialismo en Cuba y continuar apostando por él como propuesta de desarrollo, contiene desafíos y retos que se sustentan por:

- El socialismo es una propuesta de desarrollo que implica ruptura y superación de la lógica del capital. La fractura contempla todos los órdenes de la sociedad, desde los patrones de producción, distribución, cambio y consumo, hasta los derechos, democracia, instituciones, cultura, educación, axiología, ciencia y ser humano. El socialismo como proyecto histórico monumental no es reforma, es revolución.

- El socialismo en Cuba tiene el desafío de continuar consolidando la diferencia entre la necesidad del cambio social *VS* cómo hacer el cambio social: es necesario delimitar, en cada debate, qué cuestión está en el centro de la agenda socialista, si se está debatiendo la necesidad del cambio social o cómo hacer ese cambio social.

- La necesidad del cambio social es el resultado del desarrollo de la lógica del capital, sus contradicciones y fracasos. El cómo hacer el cambio social significa cómo construir una sociedad esencialmente diferente, recolocando al hombre en el centro del desarrollo; significa avanzar en cómo construir el socialismo. En el debate de cómo hacer el cambio social, es importante conjugar el reto entre la alternativa necesaria y posible en el proceso y en el proyecto; de manera que, lo posible presente no contradiga lo necesario futuro del proyecto histórico. Lo posible actual no debe comprometer lo necesario causal y esencial del proceso de transformación monumental del imaginario socialista.

- Seguir apostando por el socialismo como alternativa revolucionaria significa reflexionar sobre el socialismo como ciencia y la ciencia del socialismo, al recordar que, sin teoría revolucionaria, no hay práctica revolucionaria. La teoría de la transición socialista está en construcción. Es imprescindible continuar rescatando todo el debate, así como toda la experiencia del llamado socialismo histórico, ya sea por oposición y/o suscripción desde la crítica marxista. La agenda de investigación de la ciencia del socialismo tiene muchas tareas pendientes. La construcción del socialismo debe basarse en el desarrollo de la investigación crítica de la sociedad capitalista contemporánea y de las experiencias históricas de la transición socialista.

- Para aceptar la diversidad de formas de construcción del socialismo, a partir de una esencialidad, no hace falta recurrir a denominaciones y epítetos. No hay socialismo por siglos, ni socialismo de siglos; hay experiencias de construcción socialistas durante los siglos que desarrollan al imaginario socialista y expresan su esencialidad como expresiones concretas de la necesidad y del cómo hacer el cambio social en cada momento histórico y para cada país. El caso de Cuba, no es diferente.

- Para la Revolución Cubana, seguir pensando en cómo construir el socialismo prospero, sostenible, democrático, soberano e independiente, implica el desafío de continuar consolidando la necesidad del cambio social como utopía superior a la propuesta del capital, porque el socialismo es una utopía científica y revolucionaria.

En este escenario, el triple desafío del socialismo en Cuba después de más de 60 años:

Primer desafío:
Desarrollo del imperialismo y sus impactos

En el siglo XIX, Marx tuvo como objetivo avanzar en la teoría crítica del capitalismo, descubrir la ley fundamental de la acumulación capitalista para demostrar las relaciones de explotación, sus tendencias polarizadoras. El marxismo en el siglo XX, en sus primeras décadas, tuvo que enfrentar el reto de capturar los cambios contenidos en el capitalismo imperialista y la estructura social que lo acompañaba. El avance del siglo XX fue testigo de más de un ajuste del patrón de acumulación imperialista. Desde finales de los años ´60 aparece la regulación monopolista estatal transnacionalizada, consolidada e instalada en la última década del siglo XX, con el seudónimo de *globalización y contenido neoliberal desarrollado en el siglo XXI como rentista, parasitario* y neofascista.

El capitalismo como propuesta de desarrollo es un fracaso histórico impuesto a la gran mayoría que se traduce en hambre, pobreza, explotación, alienación, enajenación, migración, refugiados, corrupción, daño al medio ambiente, desnutrición, deuda al nacer y morir, hombres sin derechos, guerra, terrorismo y exterminio. Las profundas transformaciones de la lógica imperialista del capital ha complejizado las formas de subvertirlo.

Segundo desafío:
Ciencia del Socialismo

A las experiencias de construcción socialista se les exigió resolver, en pocos años, la herencia de deuda social, económica y humana que ha generado el capitalismo a lo largo de su existencia. El presente siglo hereda la deuda social acumulada bajo las etiquetas de diferentes generaciones de "objetivos de desarrollo", imposibles de cumplir, en la medida que continúe avanzando el capitalismo imperialista como relación social global de acumulación. Lo anterior implica problemas sociales globales, ambientales, destrucción de fuerzas productivas, destemplo estructural, precarización del trabajo y la vida humana, en medio de profundos daños al medio ambiente y contradicciones globales del capital en la disputa por la recomposición de la geopolítica mundial.

Al mismo tiempo, durante el siglo XX y en las primeras décadas del siglo XXI, el socialismo histórico ha tenido el desafío de interpretar las profundas y complejas mutaciones del imperialismo para articular e interpretar las condiciones para subvertirlo, a través de la transformación socialista en países capitalistas subdesarrollados y concretar la utopía revolucionaria. Cuba tiene el desafío de ser una experiencia socialista que avanza y convive junto a la agudización del imperialismo y su geopolítica.

Tiene entonces una compleja tarea en teoría y en práctica: continuar explicando la necesidad del cambio social del capitalismo imperialista y, paralelamente, interpretar y proponer cómo hacer el cambio social que implica la transformación desde el subdesarrollo hacia el imaginario socialista. La crítica, como arma analítica e ideológica en la contemporaneidad, contribuye al continuo desarrollo del pensamiento socialista y, como consecuencia, de la alternativa posible y necesaria, por ruptura y superación del capitalismo imperialista contemporáneo.

Tercer desafío:
Ser un referente de futuro

No se trata de volver al socialismo cuando el capitalismo está en crisis o negarlo cuando el socialismo no avanza a los ritmos deseados. El marxismo contiene el desarrollo de la crítica al capitalismo y de la nueva sociedad. No es solo la crítica a la sociedad capitalista, sino que también es un proyecto de nueva sociedad en constante crítica y una interpretación de la evolución histórica, política y social. El marxismo es una utopía revolucionaria y científica, una propuesta de futuro. La crítica para la interpretación esencial de la realidad. Pero no como ejercicio teórico, sino como búsqueda de causas con un enfoque de totalidad que exprese la articulación entre conocimiento, ciencia y axiología para subvertirla.

Pensar en la necesidad del cambio social como ruptura y superación puede parecer una utopía, pero es más convincente que la del capital, porque el socialismo es una utopía científica y revolucionaria.

Referências

AGUIRRE, F. A 61 AÑOS. La revolución cubana de 1959. Diario La Izquierda, São Paulo, 1 enero 2020. Dosponível em: http://www.laizquierdadiario.com/La-revolucion-cubana-de-1959. Acesso em: nov. 2021.

ALONSO FALCÓN, R. EE.UU-Cuba: lo que empezó por diciembre. *CUBADEBATE*, La Habana, 29 dic. 2019. Disponível em: http://www.cubadebate.cu/opinion/2019/12/29/ee-uu-cuba-lo-que-empezo-por-diciembre/. Acesso em: nov. 2021.

CARRASCO, J.; MONTESINOS, P. La vieja historia del terrorismo contra Cuba… y las listas arbitrarias. *Juventud Rebelde*, La Habana, 12 enero 2021. Disponível em: http://www.juventudrebelde.cu/internacionales/2021-01-12/la-vieja-historia-del-terrorismo-contra-cuba-y-las-listas-arbitrarias. Acesso em: nov. 2021.

CASTRO, F. *Discurso pronunciado en la concentración celebrada en Sagua La Grande como resumen de los actos conmemorativos del X Aniversario de la Huelga del 9 de abril de 1968*. La Habana: Fidel Soldado de las Ideas, 9 abr. 1968. Disponível em: http://www.fidelcastro.cu/es/discursos/discurso-en-la-concentracion-regional-celebrada-en-sagua-la-grande-con-motivo-del-x. Acesso em: nov. 2021.

CASTRO, F. *La historia me absolverá*. La Habana: Editorial Ciencias Sociales, 2007.

CHE GUEVARA, E. Cuba: ¿Excepción histórica o vanguardia en la lucha anti-colonialista?,. *Verde Olivo*, 1961.

CRUZ, O. *El significado de la Revolución Cubana (en tres partes)*. Biblioteca Virtual de Filosofía y Pensamiento Cubanos, 2011. Disponível em: http://biblioteca.filosofia.cu/. Acesso em: nov. 2021.

CUBA. Assamblea Nacional del Poder Popular (ANPP). [Constituição (2019)]. Constitución de la República de Cuba. *La Gaceta Oficial de la República*, La Habana, ano 117, n. 5, Extraordinária, p. 69-116, 10 abr. 2019. Disponível em: https://www.gacetaoficial.gob.cu/sites/default/files/goc-2019-ex5_0.pdf. Acesso em: nov. 2021.

ELIZALDE, R. *Itinerario de una obsesión. CUBADEBATE*, La Habana, 12 dic. 2019. Disponível em: http://www.cubadebate.cu/opinion/2019/12/12/itine-rario-de-una-obsesion/. Acesso em: nov. 2021.

FERNÁNDEZ RÍOS, O. La Revolución Cubana en un nuevo contexto histórico. *Revista de Políticas Públicas*, São Luís, Número Especial, p. 51-62, nov. 2016. Disponível em: http://www.periodicoseletronicos.ufma.br/index.php/rppublica/article/view/5955/3564. Acesso em: nov. 2021.

HARNECKER, M. *Fidel*: la estrategia política de la victoria. Buenos Aires: Red de Bibliotecas Virtuales da Clacso, 14 mayo 1999. Disponível em: http://biblioteca.clacso.edu.ar/ar/libros/martah/fidel.rtf. Acesso em: nov. 2021.

LEAL SPENGLER, E. La única y sola Revolución que ha existido en nuestra tierra. *CUBADEBATE*, La Habana, 11 oct. 2017. Disponível em: http://www.cubadebate.cu/opinion/2017/10/11/la-unica-y-sola-revolucion-que-ha-existido-en-nuestra-tierra/. Acesso em: nov. 2021.

MARTÍNEZ HEREDIA, F. *Cuba de 1959 a 1999 desde una perspectiva histórica.* Entrevistador: Eric Toussaint. Liège: CADTM, 29 jun. 2017. Disponível em: https://www.cadtm.org/Cuba-de-1959-a-1999-desde-una. Acesso em: nov. 2021.

MINREX. *Informe de Cuba contra el bloqueo económico, comercial y financiero impuesto por los Estados Unidos*. La Habana, 2020. Disponível em: http://www.cubavsbloqueo.cu/es/informes/informe-de-cuba-vs-bloqueo-2020. Acesso em: nov. 2021.

PARTIDO COMUNISTA DE CUBA. *Informe al Primer Congreso del PCC*. La Habana: PCC, 1975.

PÉREZ ATUCHA, Y. Cuba colonial 1492-1898. *Contribución a las Ciencias Sociales*, Málaga, oct. 2010.

PINO SANTOS, O. *El imperialismo norteamericano en la economía cubana*. La Habana, 1960.

REYES RODRÍGUEZ, D. La unidad como lección y confirmación. *CUBAHORA*, La Habana, 24 feb. 2015. Disponível em: https://www.cubahora.cu/historia/la-unidad-como-leccion-y-confirmacion. Acesso em: nov. 2021.

RODRÍGUEZ CRUZ, J. C. *¿Por qué la Revolución Cubana? La verdadera historia de la dictadura de Fulgencio Batista*. La Habana: Editorial Capitán San Luis, 2010.

RODRÍGUEZ CRUZ, J. C. *Fidel Castro ¿Qué se encontró al triunfo de la Revolución?* La Habana: Editorial Capitán San Luis, 2016.

RODRÍGUEZ GARCÍA, J. L. *Estrategia de desarrollo económico en Cuba*. La Habana: Editorial Universitaria Félix Varela, 2016.

ROIG DE LEUCHSENRING, E. *13 conclusiones fundamentales sobre la guerra libertadora cubana de 1895*. México (DF): El Colegio de México, 1945. Disponível em: http://biblioteca.clacso.edu.ar/Mexico/ces-colmex/20200916033456/jornadas-34.pdf. Acesso em: nov. 2021.

THOMAS, H. Cuba: la revolución y sus raíces históricas. *Estudios Internacionales*, Santiago de Chile, n. 16, p. 126-157,1971.

Unidade II

A busca por uma contra-hegemonia: entre retrocessos e resistências

A Política de Assistência Social nas regiões Norte e Nordeste do Brasil:
percepções dos sujeitos e configurações dos conselhos municipais

Alba Maria Pinho de Carvalho
Leila Maria Passos de Sousa Bezerra
Maria Antônia Cardoso Nascimento

Introdução

Esta produção acadêmica é decorrente da pesquisa "Avaliando a implementação do Sistema Único de Assistência Social nas regiões Norte e Nordeste: significado do SUAS para o enfrentamento da pobreza nas regiões mais pobres do Brasil". Consiste em recorte específico que foca dois eixos analíticos, demarcados com base na investigação sobre a implementação dessa política pública nos municípios pesquisados no Pará, Maranhão e Ceará: percepções de gestores(as) estaduais e municipais, trabalhadores(as), conselheiros(as) e usuários(as) acerca da Política de Assistência Social e de seu correlato modelo de gestão; configurações dos Conselhos Municipais de Assistência Social como espaços de participação e controle social.

A pesquisa em tela,[1] de caráter regional, foi realizada nos estados do Pará, Maranhão e Ceará, no período de 2015 a 2018. Dezoito municípios constituíram a amostra, tendo como unidades de análise os Centros de Referência de Assistência Social (CRAS), os Centros de Referência Especializados de Assistência Social (CREAS) e Centros de Referência para a População em Situação de Rua (Centro POP). Os sujeitos de pesquisa foram gestores(as) estaduais e municipais, trabalhadores(as), conselheiros(as) e usuários(as) do SUAS. Sob a coordenação regional da professora Dra. Maria Ozanira da Silva e Silva (Universidade Federal do Maranhão — UFMA), adotou-se a metodologia participativa, com uso de observação sistemática, entrevista semiestruturada e grupo focal.

As reflexões e as análises resultantes da supracitada pesquisa retratam um momento histórico da vida brasileira deveras significativo em termos de avaliação das políticas públicas, sobremodo da Política de Assistência Social: 2015, período de visibilidade da crise brasileira durante o segundo mandato do governo da ex-presidenta Dilma Rousseff (2015-2016), que já se realizava por um ajuste à direita; 2016, tempo de agravamento dessa crise e de deflagração do golpe político-civil-midiático-judiciário-legislativo, que entra para a história como Golpe de 2016, a instaurar mudanças radicais na configuração do Estado brasileiro; 2017 e 2018, momento limite de desmonte das políticas públicas, com respaldo legal da Emenda Constitucional 95/2016, que limita os gastos públicos por 20 anos (CARVALHO; MILANEZ;

---

1. A pesquisa "Avaliando a implementação do Sistema Único de Assistência Social nas regiões Norte e Nordeste: significado do SUAS para o enfrentamento da pobreza nas regiões mais pobres do Brasil" foi desenvolvida com o apoio da Fundação de Amparo à Pesquisa e ao Desenvolvimento Científico e Tecnológico do Maranhão (Fapema) e do Conselho Nacional de Desenvolvimento Científico e Tecnológico (CNPq). Consultar o projeto de pesquisa original, bem como os relatórios específicos de cada estado participante da amostra de pesquisa e o relatório final das regiões Norte e Nordeste, que apresentam os resultados em íntegra.

GUERRA, 2018), a atingir, de forma drástica, o orçamento da Política de Assistência Social. Assim, as narrativas dos(as) sujeitos(as) expressam essas mutações no âmbito do Estado brasileiro contemporâneo, a se refletirem no campo da Seguridade Social.

Indiscutivelmente, as redefinições da Política de Assistência Social e do SUAS, consubstanciadas nas descobertas da pesquisa, são agravadas no período de 2019, 2020 e 2021, nos marcos do Bolsonarismo (CARVALHO; ARAÚJO, 2021) entrecruzado com a pandemia de covid-19, a confluir para as tragédias marcantes no Brasil do presente.

Percurso da Assistência Social na contemporaneidade: uma saga ao longo de mais de 30 anos

A referência analítica para a leitura crítica dos discursos de sujeitos(as) envolvidos(as) na implementação do Sistema Único da Assistência Social (SUAS) é a própria trajetória sócio-histórica da Assistência Social na vida brasileira. Toma-se, como marco, a Constituição Federal de 1988, em virtude dos avanços na regulamentação de direitos sociais e sua responsabilização pública atribuída ao Estado, nas suas três instâncias de governo: federal, estadual e municipal. De fato, esse texto constitucional federal de 1988, gestado em um Processo Constituinte, no âmbito da democratização brasileira — com forte intervenção dos Movimentos Sociais, de diferentes configurações e com considerável força de pressão —, consubstancia a aprovação de uma agenda democrática no campo dos direitos, particularmente sociais, civis e políticos. É a chamada "Constituição Cidadã", resultante de uma articulação de forças sociais, a viabilizar um pacto histórico de afirmação e tardio reconhecimento de direitos sociais, materializado em Políticas Públicas de caráter universal. Estruturou, assim, o sistema de Proteção Social

Brasileiro, com destaque para a Seguridade Social, constituído por Saúde, Previdência Social e Assistência Social.

No contexto de lutas sociopolíticas de distintos segmentos organizados da sociedade civil brasileira pela redemocratização e pela construção do Estado de Direito, nos anos 1970 e 1980, a Assistência Social foi inserida no campo da política pública, garantidora dos direitos socioassistenciais. A Lei Orgânica da Assistência Social — LOAS (Lei n. 8.742/93), promulgada somente ao final de 1993, em meio a polêmicas e lutas, normatiza os princípios previstos nos artigos 203 e 204 da Constituição Federal de 1988, tornando, juridicamente, a Assistência Social "direito do cidadão e dever do Estado". A LOAS (1993) constituiu-se, portanto, em marco legal a introduzir novas bases para a Assistência Social inscrita na proteção social no Brasil, com a intenção de garantir direitos socioassistenciais aos seus *usuários* e alicerçada sobre princípios democráticos fundamentais. De caráter não contributivo, destina-se a *"quem dela necessitar"*, todavia, desde que dentro de critérios de seletividade, instituídos pelo Estado. A emancipação política, em perspectiva ampliada da satisfação das necessidades humanas (PEREIRA, 1996), na configuração da garantia de direitos sociais, encontra-se em tensionamento com a tendência de assegurar "mínimos sociais" de sobrevivência — em uma versão minimalista de cidadania —, sendo ambas anunciadas no texto da LOAS (1993) e disputadas por projetos ideopolíticos distintos.

Cumpre ressaltar que, no entanto, ao longo dos mais de 30 anos do seu reconhecimento como política pública de proteção social, a Assistência Social, na condição de garantidora de direitos socioassistenciais reclamáveis juridicamente, ainda não se materializou para a maioria da população brasileira. Desse modo, mantêm-se e ressignificam-se traços político-culturais das origens filantrópicas e assistencialistas da Assistência Social, recorrentes, inclusive, em discursos e práticas de determinados segmentos dos(as) sujeitos(as) envolvidos(as) com essa política pública. O deslocamento semântico-político da Assistência Social para o campo da política pública estatal tem sido marcado por lutas simbólicas, com efeitos reais, saturadas de tensões, ambiguidades, avanços, recuos, desafios.

Inegavelmente, a Assistência Social tem enfrentado entraves e tensões de diferentes ordens no contexto do Brasil contemporâneo. Merece especial destaque a viabilização dessa Política, fincada em direitos, nos marcos do Estado Democrático, em meio aos deslocamentos do chamado Estado Ajustador (CARVALHO *et al.*, 2018) que, a partir de 1990, "ajusta e ajusta-se aos ditames do mercado", nos marcos do neoliberalismo. É a confluência do Estado Democrático de Direito e do Estado Ajustador, na própria formação da contemporaneidade brasileira, nos últimos 30 anos, com a dominância da lógica do ajuste, em meio aos tensionamentos democráticos (CARVALHO, 2019),[2] a constituir o chão histórico de implementação da Política Pública de Assistência Social e do seu correlato modelo de gestão. Assim, em meio a esse embate de perspectivas que, em determinados contextos sócio-históricos, tem exigido múltiplas formas de resistências e lutas, é possível bem delinear a "Saga da Assistência Social na contemporaneidade brasileira" (CARVALHO *et al.*, 2018).

Nos percursos dessa "Saga", a Política de Assistência Social constitui uma das áreas, no âmbito do sistema de Proteção Social, que mais avançaram na construção de sua institucionalidade. Especificamente, no período de 2003 a 2014, referente aos denominados "ciclos de governos petistas", a Assistência Social consolidou a sua identidade como Política de Proteção Social, a atuar no campo socioassistencial, operada com base em um sistema público, não contributivo, descentralizado e participativo. Nesse sentido, merecem especial destaque as definições e os delineamentos na estruturação da Política, circunscritos na Política Nacional de Assistência Social (PNAS, 2004) e nas Normas Operacionais Básicas da Assistência Social (NOB/SUAS, 2005; 2012),

---

2. Ao longo de suas produções nos anos 2000, Alba Maria Pinho de Carvalho sustenta essa tese da confluência do Estado Democrático de Direito e do Estado Ajustador a constituir a contemporaneidade brasileira, com a dominância do Estado Ajustador, ao longo das últimas três décadas. Ver, especificamente, as suas produções indicadas nas referências.

que conformam as normativas jurídico-políticas centrais dessa política pública e de seu modelo de gestão, o Sistema Único de Assistência Social (SUAS, 2005; 2011).

Destarte, são definidas as bases para o comando único na gestão descentralizada da Política de Assistência Social, com a institucionalização do SUAS, regulamentado pela Lei n. 12.435/2011, disciplinando a gestão pública da Assistência Social em todo o território nacional. Tais normativas especificam o público usuário[3] dessa política pública e atribuem ao Estado a primazia para afiançar seguranças sociais fundamentais.

Durante os dois mandatos do presidente Luiz Inácio Lula da Silva (2003-2010) e do primeiro da presidenta Dilma Rousseff (2011-2014), podem-se destacar a ampliação e o reconhecimento público da importância estratégica do campo socioassistencial estatal, mediante os avanços nos marcos regulatórios da Política de Assistência Social e do SUAS, na organização institucional e na definição orçamentária nessa área, a materializar a implementação desse modelo de gestão e construir os rumos de sua consolidação em todo o país (BEZERRA, 2018).

Mesmo ao considerar as tensões e críticas à tendência hegemônica de implementação dessa política pública e do SUAS durante os governos petistas, e, em especial, ao lançarmos o olhar crítico às particularidades de estados e municípios em estudo, há que se reconhecer a amplitude assumida pelo campo socioassistencial estatal nesse período. Essa fase expansiva do SUAS declinou ainda no segundo mandato inconcluso de Dilma Rousseff e, de forma substancial, no decurso do *golpeachment*, que a destituiu da presidência da República.

Em verdade, o Golpe de 2016 deflagrou um novo ciclo de ajuste do Brasil ao capitalismo financeirizado, de caráter ultraliberal, fincado

---

3. Demarca os históricos "demandatários(as)" do campo socioassistencial — segmentos sociais "inaptos para o trabalho" — e os "novos", a compreender aqueles considerados "aptos para o trabalho" em situação de pobreza — desempregados, trabalhadores(as) informais e precarizados —, com vista a reconhecê-los na condição de sujeitos(as) de direitos.

em uma política de espoliação de direitos, das riquezas nacionais e do fundo público (CARVALHO *et al.*, 2018). Trata-se de uma pesada arquitetura de "golpes dentro do Golpe", com uma forte investida contra as políticas públicas garantidoras de direitos sociais e trabalhistas, e contrárias às políticas públicas identitárias, afirmadoras da dialética igualdade/diferença. A rigor, o governo de Michel Temer deflagra um desmonte da nação brasileira, abolindo direitos conquistados no Pacto Social-Democrático da Constituição de 1988. O governo emergente do Golpe jogou pesado no desmonte da Seguridade Social, interrompendo o Sistema de Proteção Social brasileiro, conquistado nos percursos da democratização. Com base na Emenda Constitucional 95/2016, do Teto dos Gastos Públicos, investe no desmonte do SUAS e de sua rede de equipamentos — CRAS, CREAS, Centro POP —, intervindo, drasticamente, na Política Pública de Assistência Social (CARVALHO *et al.*, 2018).

Ao submeter ao foco da crítica os olhares de sujeitos(as) envolvidos(as) nas tramas da Política de Assistência Social, é preciso ter presente este contexto em que se efetiva a "Saga da Assistência Social". E, nesta configuração de seus percursos na contemporaneidade, cabe considerar que a ruptura com a matriz político-cultural-hierárquico--conservadora e autoritária (TELLES, 1999), estruturante da formação sócio-histórica do Brasil e da gênese de seu campo socioassistencial, configura-se em desafio para a efetivação da Política de Assistência Social (PAS) e do Sistema Único de Assistência Social (SUAS), neste século XXI. Exige problematizar traços históricos da Assistência Social, passíveis de reprodução no presente, conforme explicitados em práticas cotidianas, eivadas de *assistencialismos*, *clientelismos* e *subalternidades*, instituídos e implicados à figura negativada do *"pobre incivil"* (TELLES, 1999), projetado em situação de tutela, inferioridade e dependência, em face dos ditos "seus beneméritos", estejam estas situadas nas esferas privada ou estatal (BEZERRA, 2018).

A produção acadêmica, em tela, centra-se na configuração da Política de Assistência Social e do SUAS nestes anos 2000, a delinear um campo minado por lutas simbólicas (BEZERRA, 2015), e cujas tensões, avanços e desafios foram apreendidos nas práticas discursivas dos(as) sujeitos(as) de pesquisa, conforme explicitado nos dois itens seguintes.

Percepções sobre a Política de Assistência Social: discursos de gestores(as), trabalhadores(as), conselheiros(as) e usuários(as) no foco da crítica

A Política de Assistência Social delineia-se como um campo em disputa por diferentes concepções e narrativas. A leitura crítica dos discursos de diferentes sujeitos(as) responsáveis pela implementação do SUAS nos estados do Pará, Maranhão e Ceará permitiu circunscrever "achados de pesquisa", a abrir fecundas vias de discussão e análise. Identificaram-se pontos de confluências, divergências e particularidades acerca da Política de Assistência Social e do SUAS, a considerar as dinâmicas de materialização dessa política pública e de seu modelo de gestão nos municípios pesquisados dos três referidos estados.

A maioria dos relatos de *gestores(as) estaduais e municipais* participantes desta pesquisa indicou avanços da Política de Assistência Social em correlação com o SUAS nos anos 2000. Dentre estes, cabe salientar o reconhecimento, por parte de gestores, dos(as) usuários(as) dessa política na condição de sujeitos(as) de direitos, a enunciar uma compreensão da pobreza multidimensional e imbricada à civilização do capital, que a produz e reproduz. Destacam, então, o reconhecimento da Assistência Social na condição de política pública regulamentada, não contributiva, garantidora de direitos *"para quem dela necessita"* e política de Estado, com enfoque na responsabilidade e centralidade estatal na garantia da proteção social.

O marco regulatório e os aspectos técnicos dessa política pública expressam, conforme afirmaram esses gestores, avanços fundamentais no campo socioassistencial estatal, a partir de sua regulamentação via Política Nacional de Assistência Social (PNAS, 2004) e de suas normativas operacionais, sobretudo com a implementação do Sistema Único da Assistência Social (SUAS, 2005; 2011). Conforme suas percepções, tais normativas favoreceram melhor compreensão e operacionalização de seus conceitos e eixos estruturantes, de sua estrutura organizativa, de seus níveis de gestão (proteção social básica e proteção social especial), de sua dinâmica orçamentária, das instâncias de participação no controle social, do pacto federativo, da tipificação dos serviços socioassistenciais. Trouxeram, destarte, orientações pertinentes aos gestores estaduais e municipais acerca de suas competências e atribuições para fins de materialização do SUAS.

Entretanto, os avanços reconhecidos no campo socioassistencial estatal por gestores(as) — em termos normativos e institucionais — entrelaçaram-se com as contradições estruturantes do capitalismo periférico-dependente brasileiro e as permanências do ranço conservador-assistencialista que o atravessam historicamente, com destaque ao poder legislativo municipal que, na figura do vereador, tende a fazer da Assistência Social sua "moeda de troca" eleitoreira. Esses(as) interlocutores(as) enfatizaram avanços e retrocessos por dentro dos recentes processos de reconhecimento da Política de Assistência Social e de implementação do SUAS nesses três estados pesquisados, em especial em face das ameaças à sua consolidação, intensificadas a partir do segundo semestre de 2016.

No tocante às condições gerais de funcionamento e implementação da Política de Assistência Social e do SUAS, foi recorrente, nas falas dos(as) gestores(as) estaduais e municipais nos três estados da pesquisa, reconhecer sua não execução em consonância com seus dispositivos jurídico-políticos, a atribuírem tais limites-desafios aos aspectos ora pontuados: secundarização dessa política pública em relação à educação e à saúde, por parte dos gestores públicos; frágil intersetorialidade entre as políticas públicas sociais e interdisciplinaridade entre trabalhadores(as) do SUAS; reprodução do assistencialismo e da cultura do favor nas práticas sociais locais, a debilitar o reconhecimento da assistência social como direito socioassistencial, sobretudo por parte dos(as) usuários(as) e do Poder Legislativo municipal; incipiente visibilidade pública e reconhecimento social dessa política pública por dentro do Estado e da sociedade civil, a reiterar os influxos do estigma da pobreza de cariz conservador/moralizador e individualizante; cortes orçamentários e atrasos no repasse de recursos públicos federais, já evidenciados desde 2016, a considerar a prevalência do cofinanciamento federal indispensável ao funcionamento do SUAS em todo o território nacional. O contexto de retrocessos e desmonte do recente sistema de proteção social brasileiro, no qual se insere a recente Política Pública de Assistência Social, atravessou recorrentemente seus discursos.

Dentre os impasses expressos pelos(as) gestores(as), importa destacar a particularidade, enunciada pelos(as) pesquisadores(as) do Pará (2017), em relação a esse estado, qual seja, o enfoque no *"fator amazônico"* — a remeter às especificidades das populações ribeirinhas, quilombolas e indígenas em seus territórios vividos (SANTOS, MENESES, 2009; BEZERRA, 2015) —, explicitado nas normativas da Política de Assistência Social, todavia não ainda incorporado na implementação do SUAS nesse estado e sem contar com cofinanciamento federal diferenciado.

Em seus discursos, os(as) *trabalhadores(as) do SUAS*, nos municípios paraenses, maranhenses e cearenses pesquisados, demonstraram conhecimento da Política de Assistência Social e de seu correlato modelo de gestão (SUAS), em termos de sua gênese, seu desenvolvimento, seus preceitos teóricos, técnicos e ideopolíticos. Destacaram seus marcos históricos regulatórios principais, sendo estes as referências fundantes em suas falas e que, supostamente, norteiam suas práticas profissionais. Predominou, dentre esses sujeitos, a versão positivada da Assistência Social, a evocarem a *máxima "direito do cidadão e dever do Estado"* para melhor expressarem a sua configuração no patamar de política pública de Estado, com estruturação institucional, legislação e orçamento público específicos; de caráter participativo e descentralizado; com sistematicidade e tipificação nacional de serviços, programas, projetos e benefícios socioassistenciais; além da definição das seguranças socioassistenciais.

Outro elemento recorrente nas percepções dos(as) trabalhadores(as) foi apontar tal política pública como possibilidade de acesso aos direitos socioassistenciais por parte de seus demandatários, compreendidos na condição de "cidadãos de direitos". Reforçaram a necessidade de socializar informações sobre o SUAS, seus serviços, projetos, programas e benefícios, inscritos no campo dos direitos socioassistenciais, a referenciar-se nos marcos regulatórios como mediação significativa para romper com a cultura do favor, ainda vigente em discursos e práticas de distintos(as) sujeitos(as) imbricados(as) nesse campo. Não obstante, ao remeterem-se *àqueles que dela necessitam*", algumas narrativas de técnicos(as) pareceram reiterar a figura estigmatizada e naturalizada do "pobre", expressiva na reprodução das noções de pobreza, vulnerabilidade e risco sociais, restritas, por vezes, aos marcos regulatórios da PNAS (2004), sem problematizá-las em seus fundamentos teórico-políticos e em seus vínculos orgânicos com o capitalismo e/ou como refrações da questão social, a sinalizar um outro desafio a enfrentar.

Conforme os "achados" de pesquisa indicaram, permanece o dilema-desafio estruturante do campo socioassistencial estatal afeito à cultura da cidadania e do direito: desnaturalizar a pobreza — em sua gênese e configurações contemporâneas —, politizá-la no debate público, de forma a apreendê-la como expressão-limite da questão social nos marcos do capitalismo mundializado e em sua versão periférica e dependente no Brasil. Portanto, produzida e reproduzida sócio-histórica e político-culturalmente na sociabilidade do capital, a ser decifrada e enfrentada em sua pluridimensionalidade (BEZERRA, 2015), para fins de garantia de direitos. Em correlato, exige atentar-se para a natureza e os limites da Política de Assistência Social no paradoxo de "[...] assegurar proteção social para segmentos estruturalmente desprotegidos nesta civilização do capital" (CARVALHO, 2018).

Cabe, aqui, retomar a importância do debate crítico e politizado sobre o pertencimento dos(as) ditos(as) usuários(as) da Política de Assistência Social às classes trabalhadoras nas dinâmicas do capital, segundo já enunciado por Couto *et al.* (2011), entretanto, ausente nos discursos dos(as) interlocutores(as) da pesquisa em tela. Trata-se de caminhar em direção à ruptura tanto com a cultura do favor/assistencialismo, ora vigentes nas práticas sociais cotidianas que atravessam a implementação do SUAS, como com a perspectiva de inserção social minimalista, focalizada e seletiva daqueles que atenderem aos critérios rigorosos de seletividade e submeterem-se às normativas institucionais, pertinentes ao campo socioassistencial estatal, alinhado ao projeto político-cultural neoliberal à brasileira (BEZERRA, 2017).

Os(as) técnicos(as) desta pesquisa enunciaram também peculiares percepções negativadas da Assistência Social. No *Relatório de pesquisa de campo no estado do Pará* (CRUZ *et al.*, 2017), tal enfoque relacionava-se ao *"descaso com o fator amazônico"*, posto que houve quase unanimidade desses(as) interlocutores(as) ao salientaram que as particularidades regionais — em termos físico-geográficos e socioculturais pertinentes às populações ribeirinhas, quilombolas e indígenas, a configurar as singularidades socioterritoriais das expressões da questão social paraense — não estavam sendo consideradas na implementação do SUAS nos municípios da amostra nesse estado, a colocar em risco a garantia de direitos a essas populações locais e a indicar dissonância com relação aos marcos regulatórios dessa política pública. A própria incorporação da abordagem territorial — a considerar distintas escalas territoriais — como eixo estruturante da PNAS parece fragilizada diante do "descaso com o fator amazônico" enunciado.

O *Relatório de pesquisa de campo no estado do Ceará* (CARVALHO *et al.*, 2018) apontou a ênfase dada pelos(as) trabalhadores(as) do SUAS aos limites-desafios postos à sua implementação nas unidades públicas constitutivas da Proteção Social Básica (PSB) — os Centros de Referência da Assistência Social (CRAS) — e da Proteção Social Especial (PSE) de Média Complexidade — os Centros de Referência Especializada da Assistência Social (CREAS) e Centros de Referência para População de Rua (Centros Pop — em âmbito municipal). A maioria dessas narrativas focou suas próprias relações e condições de trabalho precarizadas, em desacordo, portanto, com a NOB/SUAS-RH (2005). Destacaram as implicações dessa precarização do trabalho na descontinuidade de serviços, programas, projetos e benefícios, diante da rotatividade dos profissionais do SUAS; e na postergação e até inviabilização (temporária) do acesso dos(as) usuários(as) aos direitos socioassistenciais, operacionalizados nos CRAS, CREAS e Centros POP, conforme se observou durante o trabalho de campo, nas unidades de referência pesquisadas.

Salienta-se a tendência de tecnificação e burocratização dessa política pública nos anos 2000, a prevalecer, nos relatos dos(as) técnicos(as), duas dimensões inquietantes, presentes no campo socioassistencial estatal brasileiro, de acordo com o *Relatório de pesquisa de campo no estado do Maranhão* (SILVA, 2017, p. 60): "[...] uma compreensão equivocada e estigmatizante acerca do pobre e da situação de pobreza", somada à preocupação central "[...] em conhecer e cumprir as exigências técnicas e legais instituídas pela PAS". Embora essa perspectiva não tenha sido enunciada pelos(as) técnicos(as) municipais de Pará e Ceará, a supracitada versão gestionária dessa política pública também foi percebida durante o trabalho de campo em alguns municípios cearenses da amostra desta pesquisa. As versões de parcela dos(as) *conselheiros(as)* de Conselhos Municipais de Assistência Social (CMAS) assemelharam-se às dos(as) técnicos(as) ao referendarem os marcos regulatórios da PNAS (2004) e dos SUAS (2005; 2012) e enaltecerem a Assistência Social estatal como política pública de Estado e garantidora de direitos socioassistenciais. Buscaram diferenciá-la de práticas assistencialistas, de primeiro-damismo, de subalternidades instituídas e sem orçamento público definido, que anteriormente prevaleciam nesse campo. Todavia, parcela expressiva dos(as) conselheiros(as) do Pará e do Ceará reconheceu traços de continuidade e hibridização dessas práticas por dentro da institucionalidade democrática e socialmente protetiva da Política de Assistência Social e do SUAS, em sua materialidade cotidiana em nível municipal. Nesses discursos, a Política de Assistência Social resultou de movimentos sociais e políticos, a configurarem processos de construção permeados por disputas ideopolíticas, avanços e limites-desafios, adensados nesse contexto de contrarreformas e desmontes do sistema de proteção social brasileiro. Dentre as percepções acerca dessa política pública, proferidas por conselheiros(as) paraenses, o *Relatório de pesquisa de campo no estado do Pará* (CRUZ et al., 2017) destacou três aspectos: primeiro, denunciaram o reiterado *"descaso com o fator amazônico"*. apesar das normatizações; segundo, a tendência de fragilização do exercício do controle social democrático em conjuntura de desmonte de direitos e ataque à democracia, somada ao desconhecimento da natureza e funcionalidade dos CMAS por parte de alguns conselheiros; terceiro, os limites postos pela constituição de equipe mínima de trabalhadores do SUAS, como tendência nos municípios da amostra. Em relação a esse terceiro item, apesar de respaldada na própria NOB/SUAS-RH (2005), observou-se, conforme relatórios de pesquisa dos três estados, a prevalência de equipes mínimas de trabalhadores(as) do SUAS nas unidades de análise pesquisadas, que tende a fragilizar e/ou inviabilizar o atendimento às demandas postas e à garantia da qualidade dos serviços oferecidos aos seus usuários. No tocante às percepções de *usuários(as)* acerca da Política de Assistência Social e do SUAS, recorrentes nos relatórios de pesquisa de campo nos estados do Pará (CRUZ et al., 2017), Maranhão (SILVA et al., 2017) e Ceará (CARVALHO et al., 2018), buscou-se sintetizar significações predominantes e intrincadas em seus relatos. Por um lado, predominou o relativo "desconhecimento" da Assistência Social como política pública garantidora de direitos e do SUAS, em especial em termos de seus marcos regulatórios, das siglas adotadas, das noções e/ou bases conceituais que os alicerçam e, por vezes, de programas, projetos, serviços e benefícios socioassistenciais, ofertados nos CRAS, CREAS e Centros Pop. Por outro lado, embora não identificando, diretamente, CRAS, CREAS e Centros Pop com a Política de Assistência Social e o SUAS, os reconheceram como espaços de "apoio", "acolhimento", "orientação", "encaminhamentos", de obtenção de informações, cursos, alguns benefícios emergenciais, inserção em serviços, programas e projetos socioassistenciais disponibilizados nessas unidades. As percepções desses(as) sujeitos(as) expressaram, assim, seus saberes e suas experiências, tecidos nas estruturas e dinâmicas das unidades públicas em seus territórios vividos, sobretudo, nas interações estabelecidas com os(as) trabalhadores(as) do SUAS, em seus modos de operacionalização cotidiana dessa política pública. Nesse sentido, coaduna-se com a interpretação de Bezerra (2017), ao salientar que a Assistência Social estatal, sob a ótica de seus usuários, vem apreendida não como compreensão genérica, jurídico-política ou teórica, *mas como a vivem e a sentem cotidianamente*. Em termos das recorrências nos discursos de usuários(as), vale salientar *a associação estabelecida*, por parcela significativa desses(as) sujeitos(as), *entre assistência social e a noção de "ajuda e/ou benesse" à reiterada figura do "pobre incivil"* (TELLES, 1999), *o dito "necessitado-carente"*. Tais significações denotam resquícios do assistencialismo e da cultura do favor/tutela inscritos por dentro dessa política pública. Suas percepções acerca da assistência social estatal tendem ainda a ser positivadas ou negativadas, a depender da qualidade da atuação profissional dos(as) trabalhadores(as) do SUAS, mesmo quando não implicada em acesso direto aos benefícios socioassistenciais e/ou à resolutividade de situações de necessidades que os(as) motivaram a procurarem os CRAS, CREAS ou Centros Pop em seus municípios.

No *Relatório de pesquisa de campo no estado do Ceará* (CARVALHO *et al.*, 2018), merece destaque, nos discursos de usuários, uma peculiar "visão híbrida" dessa política pública, sinalizada no deslocamento político-cultural da Assistência Social como "ajuda" — cujo acesso depende do critério de "falta/carência" — rumo a uma incipiente versão de "direito", relativa ao "apoio" estatal que, em face das situações de necessidade, não restrita ao caráter material, assegura políticas públicas sociais, com ênfase na Política de Assistência Social. Tal deslocamento semântico associava-se à forma de atendimento garantido pelos(as) trabalhadores(as) do SUAS, em especial, nos CRAS e CREAS e, em menor proporção, nos Centros Pop cearenses, nos territórios referenciados. As relações e as condições precarizadas de trabalho, vivenciadas por esses(as) profissionais, não passaram, portanto, despercebidas nos relatos de usuários(as), ao expressarem suas percepções negativadas da Política de Assistência Social, posto que enfatizaram suas implicações na descontinuidade e na parca qualidade do acesso a serviços, benefícios, programas e projetos socioassistenciais, operacionalizados nessas unidades públicas.

Em última instância, cabe registrar outro aspecto relevante: o fato de parcela significativa desses(as) múltiplos(as) sujeitos(as) envolvidos(as) na implementação do SUAS expressar compreensão da urgência em construir alianças e amplas frentes de lutas político-culturais, em defesa do sistema de proteção social brasileiro, dentre os quais a Assistência Social se inclui como política pública imprescindível nestes tempos de avanços da perversa confluência entre neoliberalismo, neoconservadorismo e recrudescimento da função penal-punitiva do Estado.

Os Conselhos Municipais de Assistência Social no Pará, no Maranhão e no Ceará: lócus de participação e controle social

Os dados de campo expressaram que os 18 municípios cumpriam com os dispositivos do artigo 30 da LOAS (BRASIL, 2011). Todos apresentavam Conselhos Municipais de Assistência Social (CMAS), mas a maioria se configurava como cartorial e administrativo. Uma das principais características dessa inferência diz respeito ao fato de que, via de regra, a escolha dos conselheiros não obedecia a critérios necessários para o desenvolvimento de um trabalho educativo voltado à garantia dos interesses da classe trabalhadora, principalmente a consolidação das políticas públicas como mediação necessária na interlocução com o capital. Parcela significativa dos conselheiros entrevistados demonstrou desconhecimento do significado do SUAS e dos CMAS, com exceção dos conselheiros das três capitais dos estados pesquisados.

Uma parcela significativa de conselheiros agia mais como colaboradora da Secretaria de Assistência Social e, principalmente, do prefeito, nos casos em que a gestão da referida Secretaria se caracterizava pelo primeiro-damismo. Não raro a palavra "parceria" foi mencionada para ilustrar a relação entre CMAS e Secretaria. O depoimento a seguir é deveras emblemático:

> Às vezes fico vendo alguns conselheiros criticando a secretária. Não entendo como isto acontece, porque pra mim a nossa relação de conselheiro com a secretária é de parceria. Somos parceiros para fazer o SUAS, a assistência social funcionar direito. A mesma coisa precisa ser feita em relação ao prefeito (informação verbal).[4]

A identificação do trabalho da gestão (seja da Secretaria de Assistência Social, seja da prefeitura) com o trabalho do conselheiro explicitava uma negação de interesses distintos entre o representante do estado e o representante da classe trabalhadora, ou o antagonismo de classe social cada vez mais evidente no Brasil. Alguns discursos revelaram dependência dos CMAS à administração municipal, revitalizando a prática de controle social na perspectiva do poder instituído.

A parceria, entendida como colaboração, impedia a crítica aos limites da ação governamental, principalmente no caso da Política de Assistência Social, que embora tenha se expandido na condição de política não contributiva (COUTO *et al.*, 2010), a manifestação de sua expansão quantitativa não se reproduzia na dimensão qualitativa (aqui pensada como trabalho de natureza crítica) dos serviços ofertados, observados nas unidades de referência empírica, especificamente nos CMAS. De fato, essa situação poderia sofrer alteração significativa,

---

4. Depoimentos retirados do grupo focal com conselheiras em Barreirinhas (MA).

caso houvesse uma atuação politizada e comprometida com a afirmação da Assistência Social como direito, por parte dos conselheiros.

O perfil dos conselheiros das capitais apontava para pessoas na faixa etária de 30 a 55 anos, com formação superior e com experiência em movimentos sociais, Organizações não Governamentais (ONGs) e filantropia. Os primeiros, no geral, denunciaram as condições políticas desfavoráveis para alavancar um protagonismo mais politizado em relação à postura conservadora dos gestores. Cabe ressaltar que a maioria dos conselheiros chamou a atenção para os seguintes aspectos: falta de conhecimento sobre a política social em geral, e sobre a política de Assistência Social em particular, constituindo um dilema histórico, a limitar a atuação do próprio Conselho Municipal no exercício do controle social da referida política em nível local; necessidade de superação da lógica normativa dos conselhos setoriais; qualificação de conselheiros para participação e controle social; mobilização dos usuários para participação nos CMAS; estruturação dos CMAS com garantia de sede e trabalhadores próprios; e capacitação continuada dos conselheiros para melhoria da atuação no exercício do controle social da Política e garantia de local próprio para funcionamento dos conselhos, como condições necessárias ao desenvolvimento dos trabalhos dos conselhos.

Esses conselheiros mais politizados e ansiosos em materializar processos democráticos efetivos nos CMAS, ao destacarem a ausência dos usuários no referido espaço, não raro, remetiam ao artigo 125 da NOB/SUAS, que assim explicita:

> O estímulo à participação e ao protagonismo dos usuários nas instâncias de deliberação da política de assistência social, como as conferências e os conselhos, é condição fundamental para viabilizar o exercício do controle social e garantir os direitos socioassistenciais (BRASIL, 2012, p. 51).

Quanto à estratégia de participação, essa legislação propõe no seu artigo 126:

Para ampliar o processo participativo dos usuários, além do reforço na articulação com movimentos sociais e populares, diversos espaços podem ser organizados, tais como: I — coletivo de usuários junto aos serviços, programas e projetos socioassistenciais; II —comissão de bairro; III — fórum; IV — entre outros (BRASIL, 2012, p. 51).

No entanto, a realidade investigada nos municípios mostrou um quadro distinto, conforme explicitado no relato a seguir:

A participação do usuário no Conselho de Assistência só existe na lei. Ninguém investe na participação dele e eles também não se interessam por participar de conselho. Não são preparados para participar de conselho como o CMAS. Não se entende que o conselho existe para acompanhar a gestão do prefeito e não para elogiar o governo. Por outro lado, não existe investimento na participação dos usuários da Política como usuário do conselho (informações verbais).[5]

Os trechos dos relatos dos interlocutores chamam a atenção para os obstáculos em articular e garantir a participação de usuários no processo de controle social da Política, pois, a despeito de a participação se colocar como exigência à formação dos CMAS, foram identificados sérios limites para sua real atuação como sujeitos com poder de interlocução, conforme preconizam os parâmetros legais. Mesmo nos municípios em que se verificou algum avanço, constatou-se a ausência de usuários nos referidos conselhos. Ademais, quando se faziam presentes, não tinham discernimento do trabalho a ser realizado na condição de conselheiros municipais.

Os usuários que frequentavam os CRAS e CREAS não eram formados para o exercício do controle social, na perspectiva da democratização da política pública. Apesar de alguns conselheiros afirmarem empenho no fortalecimento dos conselhos, percebeu-se que a sua mobilização era insuficiente. As convocações para atividades e

---

5. Depoimentos retirados do grupo focal com conselheiras em Fortaleza (CE).

assembleias, quando estas ocorriam, muitas vezes, eram tão somente para assegurar, na formalidade, o "processo democrático" e aprovar pautas vinculadas à liberação de recursos. Não foi constatado trabalho no âmbito dos municípios que estimulasse *coletivos de usuários junto a serviços, programas e projetos socioassistenciais e à comissão de bairros*, conforme orientado no artigo 126 da NOB/SUAS, anteriormente mencionado. Aliás, durante a observação *in loco*, no decurso do trabalho de campo, nos CRAS, CREAS e CMAS, poucos foram os registros relativos à interlocução entre trabalhadores, usuários e movimentos sociais e de bairro.

Nesse sentido, pode-se afirmar que esses espaços eram negligentes por não exercerem uma formação política para a autonomia, objetivando que os usuários pudessem assumir sua condição de sujeitos de direito prescrito na Constituição de 1988 e na LOAS (1993; 2012) que, como já se observou alhures, no caso da primeira, o estímulo à participação ocorre dentro da ordem estabelecida. Se o reconhecimento constitucional foi uma conquista da classe trabalhadora organizada, representada pelo segmento de trabalhadores da Assistência Social, a ausência de protagonismo pelo usuário direto dessa política pública tornava o controle social pelo sujeito de direito uma distopia. Fato que talvez explique a reduzida manifestação pública dos usuários da Política de Assistência Social contra as deliberações de retrocessos à seguridade social a partir de meados de 2016 e sua exacerbação nos anos seguintes.

Os relatos que afirmaram a realização de capacitações enfatizaram as ações promovidas pelo Ministério de Desenvolvimento Social (MDS), por meio de cursos *on-line*, como insuficientes para qualificar o desempenho das funções requisitadas nos CMAS. Em nenhum momento, foi citada oferta de cursos para conselheiros, ministrados por lideranças de movimentos sociais e/ou professores universitários com vinculação orgânica à classe trabalhadora.

Outra questão bastante debatida nos grupos focais com os interlocutores da pesquisa nos três estados refere-se ao espaço físico e à mobília dos CMAS. A maioria dos municípios afirmou não possuir imóveis próprios e equipamentos adequados para responder aos objetivos dos conselhos. No geral, esses eram sediados em um ou dois cômodos de um prédio, que recebia a identificação de "Casa dos Conselhos" e reunia todos os conselhos setoriais de políticas públicas. Essa junção, todavia, era avaliada, pelos conselheiros dos CMAS, como negativa. Na concepção deles, cada política setorial deveria ter espaço próprio devido às suas *especificidades.*

Parece que o problema desse tipo de percepção não se encontra nas "especificidades", que pode levar à reiteração da orientação governamental de fragmentação das políticas e, por conseguinte, de seu controle pelos trabalhadores organizados, mas, sim, na falta de espaço próprio com infraestrutura adequada.

Os artigos 116 e 117 da NOB/SUAS-2012 (BRASIL, 2012, p. 48) deliberam sobre a importância das Conferências de Assistência Social como espaços de avaliação dessa Política nos seguintes termos:

> No que tange às conferências de assistência social, estas são instâncias que têm por atribuições a avaliação da política de assistência social e a definição de diretrizes para o aprimoramento do SUAS, ocorrendo no âmbito da União, dos Estados, do Distrito Federal e dos Municípios. Por sua vez, a convocação das conferências de assistência social pelos conselhos de assistência social se dará ordinariamente a cada 4 (quatro) anos.

O posicionamento dos interlocutores da pesquisa sobre as Conferências Municipais de Assistência Social salientou a sua realização em todos os municípios, embora, nem sempre, com a regularidade definida pela lei. Avaliaram, então, que tais conferências apareciam como espaços mais propícios para escutar os usuários diretos da Política, os quais, como já discutido, não frequentavam os CMAS. Nesse sentido, foi avaliado que, na maioria das conferências, havia presença "significativa" de usuários, cuja participação não se revertia em atuação política visando à crítica ao existente e que enfatizasse propostas de melhoramento dos serviços socioassistenciais, projetos e programas viabilizados nos CRAS e CREAS.

Dessa forma, as conferências também refletiam uma ação isolada de um processo que exige articulação coerente em sintonia com a democracia participativa.

A título de conclusão

Como culminância do Golpe de 2016, vivencia-se no Brasil, a partir de 2019, um momento-limite, com a emergência de um governo de extrema-direita a atingir frontalmente a democracia brasileira. E, assim, continua a reproduzir, de forma avassaladora, a estratégia de desmanche golpista para fazer valer o ultraliberalismo, o autoritarismo e o reacionarismo político-cultural.

É um tempo histórico extremamente autoritário que, desde a posse do governo federal em curso, vem fazendo desmontes impensáveis da institucionalidade democrática com impactos trágicos na vida brasileira. De fato, o "Bolsonarismo" está promovendo desmontes irreversíveis a se refletirem no presente e nas futuras gerações (CARVALHO, 2019).

No cenário do Brasil do presente, o "Bolsonarismo", como configuração sociopolítica de extrema-direita, continua e aprofunda, de forma grave e irresponsável, o desmonte da nação brasileira. As direitas, que se entrecruzam, nas tessituras do "Bolsonarismo", vêm continuando o desmanche da institucionalidade democrática, efetivada nesses quase cinco anos de Golpe. Em última instância, a sua pretensão é soterrar o pacto democrático da Constituição de 1988, atendendo aos interesses do grande capital no poder, desmontando direitos e Políticas Públicas, desestruturando a Proteção Social brasileira e, de modo particular, a Seguridade Social (CARVALHO, 2019).

Tal investida ultraliberal e autoritária aprofunda o desmanche da Política de Assistência Social e, especificamente, do SUAS. A resistência impõe-se como exigência histórica do nosso tempo, como única alternativa para preservar as conquistas e os avanços do Pacto da Constituição de 1988, móveis de luta, ao longo da contemporaneidade brasileira.

Se a saída é política, os caminhos, as estratégias, as frentes de resistências e as lutas são plurais. E, em consonância, são múltiplos os(as) sujeitos(as) na implementação do SUAS — gestores, conselheiros, trabalhadores e usuários —, protagonistas na defesa da Política de Assistência Social (PAS), das seguranças e dos direitos socioassistenciais que afiançam aos segmentos "que dela necessitam". Não obstante, ressalta-se que os usuários da PAS e do SUAS são sujeitos cruciais e estratégicos na continuidade e consolidação dos direitos socioassistenciais no Brasil (BEZERRA, 2018).

Nessa direção, coaduna-se com a proposta-desafio teórico-política enunciada por Bezerra (2017), qual seja: implodir a figura homogeneizadora de "usuário(a) da assistência social" — então identificado, prioritariamente, a partir de critérios de necessidades — para compreendê-lo(a) em seus modos de vida e resistências pluriversais. Implica abranger dimensões de interseccionalidades entre classe social, gêneros, etnia-raça, geração, sexualidades situadas nos territórios e com suas territorialidades em construção, que atravessam e estruturam as existências precárias e as demandas comuns e específicas/materiais e imateriais desses históricos demandatários(as) do campo socioassistencial estatal.

Sujeitos(as) "de carne e sangue" com existências precarizadas, todavia, são *vidas que importam*, com saberes, culturas e demandas legítimas a serem visibilizadas, tornadas audíveis e politizadas nos espaços públicos, com vista ao acesso e à garantia de direitos, ainda que inscritos nos limites do capitalismo periférico e dependente no Brasil. Para Bezerra (2017), decifrar e potencializar a pluriversalidade dos modos de vida, resistências e lutas desses *sujeitos-usuários*, seus trânsitos no campo socioassistencial, a partir das dinâmicas de seus territórios vividos, inscritos nas margens urbanas, constituem-se em desafios postos para a continuidade dessa política pública e do SUAS. É urgente conhecê-los e reconhecê-los socialmente como protagonistas legítimos na politização da natureza, finalidade, configuração e dimensão estratégica da Política de Assistência Social e do SUAS, em face do capitalismo financeirizado, de cariz neoliberal e direcionado à acumulação por espoliação social (HARVEY, 2015), imposta em escala planetária (BEZERRA, 2018).

Diante das ameaças postas à inconclusa democratização brasileira, potencializadas com o recrudescimento do Estado penal-punitivo, somado ao desmonte do sistema de proteção social, no qual a Política de Assistência Social e o SUAS vêm sofrendo drásticos cortes orçamentários e retrocessos político-culturais, a formação político-educativa permanente, as resistências plurais — recusas críticas qualificadas do instituído — e as lutas contra-hegemônicas, rumo à radicalização da democracia e à emancipação humana, constituem-se em únicos caminhos para as classes subalternas.

Referências

BEZERRA, L. M. P. S. *Pobreza e lugar(es) nas margens urbanas*: lutas de classificação em territórios estigmatizados do Grande Bom Jardim, 2015. 450 f. Tese (Doutorado em Sociologia) — Programa de Pós-graduação em Sociologia, Universidade Federal do Ceará (UFC), Fortaleza, 2015.

BEZERRA, L. M. P. S. Impasses e desafios da política de assistência social em Fortaleza-CE: o Sistema Único da Assistência Social e as versões de usuários da Proteção Social Básica. *In*: JORNADA INTERNACIONAL DE POLÍTICAS PÚBLICAS, 8., 2017, São Luís. *Anais* [...]. São Luís: UFMA, 2017.

BEZERRA, L. M. P. S. De territórios vulneráveis/de riscos sociais aos territórios vividos nas margens urbanas: uma análise da implementação do Sistema Único de Assistência Social em Fortaleza-CE. *Relatório final de pesquisa de estágio pós-doutoral em Sociologia*. Fortaleza, 2018.

BRASIL. Lei n. 8.742, de 7 de dezembro de 1993. Lei Orgânica da Assistência Social (LOAS). Dispõe sobre a organização da Assistência Social e dá outras providências. Diário Oficial da União, Brasília, DF, 1993.

BRASIL. Lei n. 12.435, de 6 de julho de 2011. Altera a Lei n. 8.742, de 7 de dezembro de 1993, que dispõe sobre a Assistência Social. Diário Oficial da União, Brasília, DF, 2011. Disponível em http://planalto.gov.br/. Acesso em: out. de 2020.

BRASIL. Política Nacional de Assistência Social (PNAS, 2004) e Norma Operacional Básica (NOB SUAS). Brasília, DF, 2005.

CARVALHO, Alba Maria Pinho de. Brasil do presente: desmontes, autoritarismo, desmanches e reacionarismo — desafio à luta política/interpelação à categoria de assistências sociais. *In*: ENCONTRO DE ASSISTENTES SOCIAIS — DESMONTE DOS DIREITOS DA CLASSE TRABALHADORA: ASSISTENTES SOCIAIS NO COMBATE AO CONSERVADORISMO, 40., 2019, São Luís. *Anais* [...], São Luís, maio 2019. Conferência de abertura.

CARVALHO, Alba Maria Pinho de; ARAÚJO, Maria do Socorro de Sousa. Autoritarismo no Brasil do presente: bolsonarismo nos circuitos do ultraliberalismo, militarismo e reacionarismo. *Katálisys*, Florianópolis, v. 24, n. 1, p. 146-156, jan./abr. 2021.

CARVALHO, Alba Maria Pinho de; MILANEZ, Bruno; GUERRA, Eliana Costa. Rentismo-neoextrativismo: a inserção dependente do Brasil nos percursos do capitalismo mundializado (1990-2017). *In*: RIGOTTO, R. M.; AGUIAR, A. C. P.; RIBEIRO, L. A. D. (org.). *Tramas para a justiça ambiental*: diálogo de saberes e práxis emancipatórias. Fortaleza: Edições UFC, 2018.

CARVALHO, A. M. P. de *et al*. *Relatório de pesquisa de campo no estado do Ceará*. Fortaleza: Universidade Federal do Ceará; Universidade Estadual do Ceará, 2018. Mimeo.

CONSELHO NACIONAL DE ASSISTÊNCIA SOCIAL. Resolução n. 33, de 13 de dezembro de 2012 — NOB SUAS. Aprova a Norma Operacional Básica do Sistema Único de Assistência Social — NOB SUAS. Brasília, DF, 2012.

COUTO, B. R. *et al*. (org.). *O sistema único de assistência social no Brasil*: uma realidade em movimento. 2. ed. São Paulo: Cortez, 2010.

CRUZ, S. H. R. *et al. Relatório de pesquisa de campo no estado do Pará*. Belém: Universidade Federal do Pará. 2017. Mimeo.

HARVEY, D. *O enigma do capital*: e as crises do capitalismo. Tradução: João Alexandre Peschanski. São Paulo: Boitempo, 2015.

PEREIRA, P. A. P. *Necessidades humanas*: subsídios à crítica dos mínimos sociais. São Paulo: Cortez, 1996.

SANTOS, B. S.; MENESES, M. P. (orgs.). *Epistemologias do Sul*. Coimbra: Edições Almedina, 2009.

SILVA, M. O. S. *et al. Relatório de pesquisa de campo no estado do Maranhão*. São Luís: Universidade Federal do Maranhão, 2017. Mimeo.

TELLES, V. S. *Direitos sociais*: afinal, do que se trata? Belo Horizonte: Editora UFMG, 1999.

A busca por uma contra-hegemonia no campo das drogas

Fabiola Xavier Leal

Introdução

O objetivo deste capítulo é compreender como se conforma o *Movimento Antiproibicionista* (MA) nos processos de disputa *na* e *da* política sobre drogas hegemônica vigente, evidenciando se há prevalência de métodos de supremacia ou formas de hegemonia na perspectiva gramsciana. Interessa-nos compreender, a partir dos sujeitos históricos que empreendem as lutas nesse campo, como o MA se organiza e se apresenta atualmente, quais demandas e bandeiras coloca em pauta e quais discursos produz. E, nessa perspectiva, compreender como esse movimento de resistências (ou seja, a organização e a conformação das lutas) aos ataques proibicionistas se apresenta na conjuntura capitalista atual.[1]

---

1. Este capítulo é fruto de um estudo aprofundado no doutoramento sobre o Movimento Antiproibicionista no campo das drogas no Brasil (LEAL, 2017).

Para entender esse fenômeno, parto das reflexões de *Antonio Francesco Gramsci* (1891-1937), no âmbito do marxismo, que nos auxilia a pensar a realidade social como totalidade complexa constituída por contradições, processos e estruturas que demandam mediações no campo crítico (LEAL, 2017). É preciso demarcar que a escolha por esse autor é intencional, pois foi possível encontrar nesse referencial teórico algumas categorias-chave que contribuíssem para elucidar um objeto de estudo no campo da sociedade civil, considerada organizada e presente nas disputas das políticas sobre drogas.

Posto isso, é importante algumas demarcações em termos introdutórios. Primeiro, sobre a necessidade de considerar o "fenômeno que envolve as drogas" um evento contemporâneo complexo da vida em sociedade que envolve múltiplas dimensões e motivações históricas. Como uma dimensão das necessidades humanas, o consumo de drogas faz parte de múltiplos ritos de cura, sociabilidade, consolo, prazer, devoção (CARNEIRO, 2002), magia, religião e deleite (BERGERON, 2012), envolvendo questões de caráter geopolítico, econômico, social, cultural (BUCHER; OLIVEIRA, 1994). Portanto, não podemos perder de vista as conexões e a totalidade do fenômeno para não incorrer no erro de excluir a dimensão dialética com suas contradições diversas, diminuindo ou anulando a complexidade em questão. E, nesse sentido, compreendemos que esse fenômeno das drogas e suas repercussões se caracterizam como uma prática social constantemente (re)condicionada pela lógica da sociedade capitalista e que as intervenções na área, como as políticas sociais (saúde, assistência social, segurança pública etc.), se configuram como intervenções do Estado não somente do ponto de vista político, mas também institucional, social e cultural. O que nos exige considerar, portanto, que as reflexões devem ser realizadas a partir de incursões históricas e fundamentações empíricas que, no plano mais geral, têm a ver com transformações de toda ordem ocorridas nas relações entre Estado e sociedade, no país e no mundo (LEAL, 2017).[2]

---

2. Um parêntese aqui é necessário para demarcar que o uso do termo "droga" neste capítulo deve ser advertido. Esse termo carrega em si diversas concepções, e, apesar de ser o mais usual,

Segundo, derivando da primeira noção, entender o que chamamos de *Proibicionismo* para avançarmos na aproximação que nos interessa aqui, que é o campo das resistências e das lutas. De forma geral, o Proibicionismo se configura como um paradigma que rege a atuação dos Estados em relação a determinado conjunto de substâncias (FIORE, 2012), a partir de um posicionamento ideológico, de fundo moral, que se traduz em ações políticas de regulação (como as normativas/legislações/convenções) e intervenção (KARAM, 2010), como no campo penal, principalmente pelo mote da guerra às drogas. Ou seja, integra um conjunto de fatores, como as ideias do puritanismo norte-americano da cultura branca protestante anglo-saxã que desconsidera a diversidade étnica, cultural e religiosa de outros povos, se sobrepondo às culturas tradicionais (RODRIGUES, 2006); a valoração da indústria farmacêutica; os conflitos geopolíticos do século XX; a moralidade das elites (BERGERON, 2012); o estatuto médico-jurídico com o fortalecimento do modelo biomédico (BARBOSA, 2010); a questão étnico-racial e de gênero; a violência do Estado; a organização em torno do tráfico, entre outros aspectos. Na síntese de Rodrigues (2004), esse paradigma se estrutura em quatro planos que se articulam: a moral, a saúde pública, a segurança pública e a segurança internacional, o qual, temporalmente, tem uma demarcação internacional no início do século XIX, a partir das estratégias imperialistas intensificadas para as disputas territoriais e de poder entre as potências (LIMA, 2009), com uma radicalização desse paradigma após

---

é utilizado de forma descuidada, contribuindo com visões preconceituosas e estigmatizantes sobre as pessoas que consomem e seus comportamentos, como sobre as pessoas que produzem e/ou comercializam, fomentando, assim, distorções e reducionismos que acabam por mitificar a realidade. Posto isso, a concepção que considero "mais bem adequada" ao tratarmos do fenômeno em questão é sobre *"substância psicoativa"*, que serve para designar as substâncias que alteram o Sistema Nervoso Central e que, de forma mais apropriada, produzem impactos culturais importantes e não carregam o discurso enviesador proibicionista. Ainda nos autoriza a considerar uma concepção de homem e de sociedade a partir de uma dimensão ontológica e histórica, que permita analisar de maneira crítica o consumo dessas substâncias na sociedade. Entretanto, o termo *droga* (no singular ou no plural) permeará todo o texto, pois é o usualmente reproduzido na maioria da literatura e normativas existentes. Desse modo, a opção aqui é meramente prática.

a Segunda Guerra Mundial, com o início da Guerra Fria (1947-1989) (BERGERON, 2012).

Em resumo, há uma polarização em todo esse debate entre dois discursos tradicionais — o de tom moralista e outro de tom científico. O primeiro inscreve o fenômeno numa cruzada *antidroga*, através de uma articulação ideológico-moral que difunde as drogas como substâncias extremamente perigosas e destrutivas (VELHO, 1999), as quais, portanto, devem ser eliminadas/banidas radicalmente. Nessa vertente, encontramos principalmente o discurso majoritário da polícia, da mídia, das autoridades religiosas e também da saúde (RIBEIRO, 2000), contando, no contexto atual, com o reforço do *neo*conservadorismo com o viés fundamentalista — que vai repercutir no plano político de forma intolerante ao que é diferente e divergente. O que não é algo essencialmente novo, se considerarmos que esse *neo*conservadorismo é um produto do constructo da reprodução social da sociedade de classes (LUKÁCS, 2013) e que se encontra em uma fase de reatualização ampliada nas diversas esferas da vida social. Sua forma "clássica" continua a marcar as versões contemporâneas do conservadorismo. E com rebatimento direto em propostas que destroem direitos sociais, que pelo neoliberalismo são "reformas", mas, na verdade, operam como "contrarreformas" e ocultam o "novo pensamento conservador" (NETTO, 2011b). Já o segundo discurso, o científico, se apresenta de forma geral sob um tom epidemiológico. E, nesse campo, é preciso se atentar para as questões metodológicas do tema, com a definição de categorias e processos de análise, considerando que o tema das drogas é tenso e contraditório para que se possa definir um enfoque fechado (RIBEIRO, 2000).

Postas essas primeiras observações, o texto está estruturado em dois tópicos, sendo que o primeiro versa sobre algumas reflexões gramscianas que contribuem para as mediações aqui empreendidas para entender o Movimento Antiproibicionista. E o segundo versa sobre esse Movimento em si, abordando algumas de suas características mais gerais que nos permitem apontar conclusões a respeito da busca pela hegemonia trazida por essa resistência. E, por último, trago algumas considerações finais que nos indicam o rumo dessa história de lutas e resistências.

O *Antiproibicionismo*, então, se apresenta como o contraponto ao paradigma vigente há pelo menos mais de um século. Aqui, o percurso percorrido para entender o MA no campo das drogas se deu à luz de Gramsci, e assim, por consequência, a compreensão de como esse Movimento se conforma no campo das lutas e na tentativa de uma produção de uma contra-hegemonia. Portanto, o esforço deve ser antes o de desvendar esse Movimento tão diverso na sua constituição e conformação.

Mas antes destaco dois pressupostos: considerar como referência a(s) política(s) sobre drogas no Brasil como o campo de disputa aqui colocado. E a partir disso, fazer as mediações para entender o Estado capitalista[3] produtor dessa(s) política(s) permeado pela sociedade (LEAL, 2017) que se associa, que faz política, que multiplica os polos de representação e organização dos interesses, frequentemente contrários àqueles representados *no* e *pelo* Estado. E, assim, considerar a sociedade representante dos múltiplos interesses presentes na sociedade como um todo, que na *cor*relação com o Estado capitalista ampliado o coloca não somente como um reprodutor da coerção (COUTINHO, 1999). Dessa maneira, conceber que a natureza da política sobre drogas (como qualquer política pública) é de caráter conflituoso (LEAL, 2006), portanto os efeitos referentes a custos e benefícios não são determinados de antemão, pois vão depender de um conjunto amplo de fatores, como do momento histórico e da realidade particular de cada país. Assim, os processos de conflito, de consenso e de coalizão vão se modificando, a depender dos arranjos

---

3. Sem perder de vista a particularidade da nossa formação social brasileira e, também, a conjuntura latino-americana. Não podemos descolar qualquer debate sobre as drogas desse cenário. Questões como modo de colonização, constituição do racismo, o perfil da elite, as organizações políticas, os elementos culturais e sociais etc. devem permear toda a análise.

institucionais, das atitudes e dos objetivos dos sujeitos políticos, do nível de consciência desses sujeitos sobre a realidade e o fenômeno em questão, dos interesses em jogo, dos instrumentos de ação, das estratégias políticas, das articulações possíveis, entre outros aspectos (LEAL, 2017).

E o outro pressuposto: considerar que a ideia de *Movimento* aqui é entendida como a conformação/organização das lutas de resistência ao paradigma proibicionista vigente. O termo diz respeito simplesmente a um dos conceitos expressos no dicionário — "série de atividades organizadas por pessoas que trabalham em conjunto para alcançar determinado fim" (FERREIRA, 2003, p. 950). Portanto, não está associado ao debate sobre movimentos sociais, seus conceitos e características, não sendo interesse a sua caracterização se é ou não um movimento social. Desse modo, ressaltamos a importância de conhecer quem são os sujeitos políticos e quais projetos estão em disputa. E sobre esses projetos em disputa, eles não se dão somente entre o campo da proibição *versus* o da antiproibição. Não há tendência generalizante e uníssona em nenhuma das duas realidades. Há uma processualidade contraditória, multiforme e heterogênea. Assim, compreendemos que a realidade social não resolve por si só suas diversidades, desigualdades e antagonismos. O real está essencialmente atravessado pela relação de negatividade (IANNI, 1990) e que precisa se constituir como concreto pensado, pleno de determinações.

E como nos lembra nosso mentor: "[...] eu não gosto de atirar pedras na escuridão; prefiro ver um interlocutor ou um adversário concreto" (GRAMSCI, 1965).[4] Ele nos avisa que é preciso conhecer o antagonista em sua natureza e seus fundamentos para, então, conhecermos o protagonismo daqueles/as que buscam engendrar uma outra história.

---

4. Gramsci em carta dirigida à cunhada Tatiana. Carta de 15 de dezembro de 1930.

Entre o pessimismo da razão e o otimismo da vontade: os caminhos para a Resistência

Para introduzir este tópico, retomo as reflexões gramscianas, que não se originam nele, de que a história continua a ser domínio das ideias, da atividade consciente dos indivíduos, e que uma ideia se realiza somente quando encontra na realidade econômica sua justificação, o instrumento para se afirmar. Assim, para se conhecer mais plenamente as finalidades históricas de um país, uma comunidade, um grupo, é preciso conhecer quais são os sistemas e as relações de produção e de troca; a ideia da conexão entre a teoria e a prática como um devir histórico (COUTINHO, 2011; LEAL, 2017). E na busca por essa conexão é que as categorias gramscianas nos auxiliam a trilhar alguns dos caminhos da resistência no campo das drogas, para entendermos a busca por uma contra-hegemonia nessa luta secular.

Um dos requisitos primordiais dessa interpretação diz respeito à historicidade do social. Se a realidade social é um objeto em movimento, a perspectiva histórica deve ser contemplada nessa análise (IANNI, 1990). Nesse sentido, as lutas empreendidas pelos sujeitos sociais considerados antiproibicionistas vêm de longe e estão repletas de contradições e antagonismos, o que nos coloca como uma obrigação rever toda essa trajetória para iluminar o tempo presente. Brevemente, podemos sintetizar, conforme Simionatto (1998) na análise da realidade a partir de uma perspectiva de totalidade, que a inserção dos indivíduos na esfera social acontece através de ações descontínuas e fragmentadas que geram, portanto, teorias fragmentadas, heterogêneas e aleatórias, as quais reforçam a alienação e a reificação do presente. Também demandam uma apreensão dessa processualidade e historicidade do social, assim como do jogo das relações que vão permitir desvendar a realidade e suas contradições. A partir do passado e do presente para entender o devir humano, se discute uma ética revolucionária (LEAL, 2017), sem separar a política e a história da economia (OLIVEIRA, 2008).

O estatuto teórico de Gramsci, com as categorias de *Estado ampliado, hegemonia, intelectuais* e *ideologia*, nos auxilia a pensar sobre os sujeitos políticos na construção de um projeto societário. Esse Estado ampliado é todo o complexo de atividades práticas e teóricas com o qual a classe dominante não somente justifica e mantém seu domínio, mas também procura conquistar o consentimento ativo daqueles sobre os quais exerce uma dominação (GRAMSCI, 2002). É formado pela sociedade civil (aparelhos privados de hegemonia, como igrejas, sindicatos, escolas, organizações privadas) (COUTINHO, 1989) e pela sociedade política (aparelhos repressivos do Estado — o Estado *stricto sensu* —, burocracias executiva, judicial e policial militar, com o conjunto de mecanismos utilizados pela classe dominante para deter o monopólio legal da repressão e da violência) (SOUZA FILHO, 1997), sendo, portanto, uma síntese contraditória e dinâmica entre as duas esferas (COUTINHO, 1999). E para nós aqui, nesta análise, é a categoria do ponto de partida e também do ponto de chegada (LEAL, 2017).

Desse ponto, destacamos a concepção de sociedade civil como o espaço, então, em que se manifestam a organização e a representação dos interesses dos diferentes grupos sociais, sendo uma esfera de elaboração e/ou difusão dos valores, cultura e ideologias, que tornam ou não conscientes os conflitos e as contradições sociais. Não é, obviamente, uma área social organizada exclusivamente por bons valores ou pelos interesses mais justos (NOGUEIRA, 2004). Como uma esfera em que as classes se organizam e defendem seus interesses, há permanentes disputas de projetos societários na luta pela construção de projetos hegemônicos de classe (COUTINHO; TEIXEIRA, 2003).

E nessa relação, a busca pela hegemonia não deve significar apenas a subordinação de uma classe em relação à outra, mas a capacidade de as classes construírem uma visão de mundo e, assim, elaborarem uma "reforma intelectual e moral"[5] (SIMIONATTO, 2004), a partir

---

5. Reforma intelectual e moral para Gramsci compreende também a transformação econômica: "[...] se a hegemonia é ético-política, não pode deixar de ser também econômica, não

da vontade coletiva (GRUPPI, 1978). Desse modo, se garante a articulação dialética entre teleologia e causalidade, entre os momentos subjetivos e objetivos da práxis humana, com o protagonismo da vontade (COUTINHO, 1989), devendo ser os objetivos "concretos" e "racionais", teleologicamente planejados, tendo em conta as condições objetivas postas pela realidade social (GRAMSCI, 2000). Como ele nos diz (GRAMSCI, 1968), em uma perspectiva da crítica da ordem das coisas, tomando partido, se posicionando e buscando a liberdade. Para a transformação da realidade, é preciso o alcance da consciência na qual cada um pode compreender o seu valor histórico e suas funções. Requer considerar que cada parte seja coerente com o todo e que cada momento da vida social seja pensado na perspectiva da coletividade (GRAMSCI, 1999).

Para a superação de um modo de ser e pensar, é exigida, portanto, a superação de interesses particulares, com o compromisso de classes. Dessa maneira, é possível se delinear uma nova consciência que se manifestará e se concretizará na prática política (GRUPPI, 1978). Entretanto, um ponto nevrálgico presente nos tempos atuais de acirramento das contradições do capitalismo desde o final do século XX, as relações entre o Estado e a sociedade civil vêm se modificando e sendo redirecionadas nos planos teórico e prático-político. O neoliberalismo tem aprofundado a hegemonia da "pequena política", e consolidado a desresponsabilização do Estado e o repasse de suas funções à sociedade civil, a qual deixa de ser uma arena de luta de classes e disputa de projetos societários, e passa a ser convertida num espaço de coesão social e harmonização entre as classes a serviço do capital (LUZA; SIMIONATTO, 2011).

Nesse cenário, torna-se cada vez mais complexo o estabelecimento de uma contra-hegemonia em um contexto de crise sanitária global derivada de uma crise econômica ainda mais corrosiva, reforçando um tempo histórico de supremacia dos interesses econômico-corporativos

---

pode deixar de ter seu fundamento na função decisiva que o grupo dirigente exerce no núcleo decisivo da atividade econômica" (GRAMSCI, 2001b, p. 48).

e individuais. Isso vai ter rebatimentos e consequências graves para a luta coletiva e a "desestruturação" das classes sociais.

Portanto, somente uma análise correta das relações de força contidas em cada contexto vai permitir compreender que os fenômenos parciais da vida política e social, ao serem remetidos à totalidade, podem apontar as estratégias e as táticas, seja para manter a ordem vigente, seja para fortalecer a construção de uma nova hegemonia (SIMIONATTO, 1998).

Na perspectiva do nosso autor, a sociedade civil não é uníssona, pois é composta tanto pelos institutos representantes das classes trabalhadoras quanto pela burguesia, sendo ambos atravessados pela lógica perversa do capitalismo, a ponto de serem destituídos de suas perspectivas críticas e fundantes de novas hegemonias para se tornarem sociedade proativa, em favor do capital (LUZA; SIMIONATTO, 2011). O que mostra que a sociedade civil não é um setor acrítico e amorfo, mas um espaço de disputa de interesses de classe e da grande política. Se é, nessas circunstâncias, um constante espaço de disputa, contém em si a possibilidade da luta contra-hegemônica para a transformação de uma dada realidade.[6]

Importante aqui demarcar que, "no movimento histórico, jamais se volta atrás" (GRAMSCI, 1987, p. 148). Na dialética do movimento não mecânico entre revolução e restauração, deve se considerar quais valores subjetivos estão em jogo, ou seja, a consciência histórica dos grupos antagonistas e a capacidade que esses grupos possuem para intervir e determinar o fluxo da história. É necessário ver o que predomina — se é o elemento revolução ou o elemento restauração (KEBIR, 2003).

Nesse sentido, se compreendemos a questão das drogas como um objeto de ação política das classes dirigentes que controlam o

---

6. Devido à brevidade deste texto, não é possível destrinchar em profundidade outras subcategorias que derivam da concepção de Estado ampliado em Gramsci para entender a complexidade do tema em análise, como concepção de ideologia, intelectuais orgânicos, guerra de posição, entre outras. Para isso, ver: Leal (2017).

Estado, torna-se fundamental entender como se enfrentam as forças sociais presentes nesse espinhoso campo de disputa — os sujeitos envolvidos, os discursos produzidos, a capacidade de intervir alterando a realidade, as articulações existentes, entre tantos outros aspectos. Trata-se, portanto, de examinar as disputas pela hegemonia no campo das drogas. E, portanto, para estabelecer uma contra-hegemonia, os sujeitos políticos precisam planejar teleologicamente seus objetivos, tendo em conta as condições postas de maneira objetiva pela realidade histórica. Na correlação de forças, as visões de mundo se expressam, e é preciso identificar de que forma os indivíduos participam dessas elaborações e contribuem para modificar ou manter uma determinada concepção sobre o mundo. Promover novas maneiras de pensar numa sociedade capitalista que subalterniza intelectualmente as classes é desafio constante nesse processo de construção de nova hegemonia (LEAL, 2017).

No fenômeno analisado aqui, o proibicionismo exalta o "é proibido usar drogas", o "*just say no*".[7] O antiproibicionismo, na aparência, execra as situações proibitivas e contrapõe esse discurso com o "legalize já". Mas, no interior do "é proibido proibir", há nuances, facetas, divergências e interesses (LEAL, 2017) que carecem de análise. Nossa intenção, pois, foi a de considerar o que estamos entendendo como o campo da resistência à política de drogas hegemônica para ousarmos dizer a quantas anda esse movimento antiproibição no Brasil. A partir dos discursos dos grupos de resistência, desvelando as polarizações e os interesses presentes no interior desses discursos, identificamos que pelo recorte do debate sobre a regulação de drogas,[8] há polarizações entre a droga como mercadoria a ser regulada pelo mercado e a droga como uma mercadoria a ser regulada pelo Estado. E que, em ambas, a mercadoria droga é vista em si, sem pensá-la à luz da dinâmica

---

7. Slogan criado e difundido pela primeira-dama dos EUA, Nancy Reagan, durante a presidência de seu marido, Ronald Reagan (1981-1989), no contexto de War on Drugs. Essa frase foi proferida por ela pela primeira vez em uma. Disponível em: https://thesource.com/2016/03/12/the-heroin-epidemic-nancy-reagan-and-the-just-say-no-campaign/ Acesso em: maio de 2022.

8. Considerando ser esse o tema mais presente na luta antiproibicionista.

capitalista. Portanto, as demandas reparatórias (e em certa medida revolucionárias) conforme os interesses da classe trabalhadora estão ainda incipientes e desarticuladas, embora existentes. Como esperado pelo próprio movimento dessa dinâmica, os sujeitos sociais envolvidos na luta antiproibicionista trazem no interior de seus interesses posições que oscilam, com discursos e práticas atravessadas pela dinâmica do capital que mascara intencionalidades diversas.

O Movimento Antiproibicionista deve, portanto, ser capaz de ler a realidade sob uma perspectiva crítica que lhe permita apontar as estratégias para a manutenção das lutas nas ruas, no sentido figurado e no sentido da intervenção através dos ativismos existentes. E, assim, (re)pensar a sua organização que o leve à consolidação de novas formas de pensar e agir nas disputas históricas. Sigamos um pouco mais para entender esse Movimento.

Movimento Antiproibicionista: resistência urdida na luta

Em 1919, o periódico semanal italiano *L'Ordine Nuovo* [A Nova Ordem], em seu primeiro número, apresentou a palavra de ordem: "Instruí-vos, porque precisamos da vossa inteligência. Agitai-vos, porque precisamos do vosso entusiasmo. Organizai-vos, porque carecemos de toda a vossa força".[9] Com essa conclamação para uma organização coletiva, retomamos o caminho[10] para conhecer quem são os sujeitos que organizam o MA e como conformam suas lutas em relação à temática drogas.

---

9. Em 1919, Gramsci, juntamente a outros três militantes, criou a revista como uma resenha semanal de cultura socialista (GRAMSCI, 1999).

10. As sínteses apresentadas aqui partem da análise feita a partir de documentos e entrevistas com sujeitos atuantes no campo antiproibicionista, conforme mencionado na referência Leal (2017).

Essa militância representa uma longa viagem, difícil e atribulada, e em grande medida em direção aos horizontes da justiça e da liberdade. Ainda que esses conceitos talvez não sejam apreendidos por todos os sujeitos que se intitulam antiproibicionistas, podemos nos amparar em Gramsci quando nos diz sobre a liberdade como possibilidade (LEAL, 2017).

Assim, reafirmamos neste percurso que o MA é um movimento de resistência, com suas contradições, antagonismos e disputas. E que expressa (tanto no discurso quanto na ação) uma cisão entre sociedade política e sociedade civil, nas definições gramscianas (LEAL, 2017).

Assumir uma direção oposta à hegemônica, obviamente, não é tarefa simples. E produzir um discurso aliado a uma prática que seja "*anti*proibição" requer do conjunto dos sujeitos coletivos também apresentar um discurso que seja anticapitalista, à medida que se busca uma nova hegemonia. O uso do prefixo *anti* não cabe na ideia de uma política *anti*drogas, pois nitidamente a *guerra contra as drogas* que defende um mundo sem drogas é falida, do ponto de vista da resistência a esse paradigma. Mas o seu uso cabe no termo *anti*proibição. Para isso, o autor sardo nos faz retomar a importância e necessidade da filosofia da práxis como norteadora do pensamento e da ação, o que nos impõe algumas tarefas concomitantes: 1) ter uma vinculação profunda com as classes subalternas; 2) desmascarar as ideologias modernas e suas formas de conformismo a partir de uma crítica ideológica e batalha cultural, como momento decisivo para a formação de uma vontade coletiva nacional-popular e construção de uma nova hegemonia; 3) sujeitos se renovarem e se fortalecerem frente às novas interpelações da história (acrescentando aqui a complexidade da conjuntura pandêmica e pós-pandêmica); 4) estabelecer a relação entre o universal e o particular. Portanto, dialogar diretamente com os sujeitos-alvo da proibição é ter a possibilidade de fazer germinar a semente do que está por vir — que deveria suprimir tanto o sufixo (anti) como o radical (proibição), perspectivando algo novo, a ser inventado (LEAL, 2017).

Essa síntese considera a análise feita sobre os sujeitos históricos e suas trajetórias no Brasil, mediadas, sobretudo, pelos movimentos mundiais em torno das pautas antiproibicionistas. De forma geral, as estratégias e as táticas utilizadas ainda se encontram fragmentadas e focalizadas, seja a partir de concepções de mundo restritas, seja a partir da dificuldade de vislumbrar a unificação do Movimento ampliando o alcance das ações. Há um hiato na interlocução com parcelas das classes trabalhadoras, principalmente as que são as principais vítimas do proibicionismo (LEAL, 2017). Nesse sentido, os sujeitos políticos precisam dar eco às vozes para minar o silêncio que acompanha as injustiças grosseiras oriundas do proibicionismo (HUSAK, 2002).

No que se refere à pauta regulação das drogas, as linhas antiproibicionistas são diversas e as propostas são variadas. As alternativas propostas pelo conjunto desse movimento são amplas e apresentam estratégias e soluções alternativas de controle social que focam diminuir o impacto punitivo do sistema penal ou acabar com qualquer tipo de controle (RODRIGUES, 2006). Outro aspecto importante, segundo Silvestrin (2011), que marca esse tempo histórico é uma militância que tem uma interface com o mercado. Nessa pauta de regulação mais voltada para a maconha, há um movimento social de consumo, pelo qual se criam esferas e organizações de consumo (primeiramente de informação, depois de produtos) em torno da cultura canábica, o que mostra parte de interesses e pautas colocados no movimento e suas lutas.

Bastos (2015), ao analisar o que estava ocorrendo na correlação de forças em 2015 no plano internacional das disputas entre as nações sobre uma política de drogas mais progressista, evidenciou que a adoção de uma legislação e de uma política de drogas mais humana está longe de constituir um movimento que poderíamos denominar, de fato, global. Segundo ele, talvez fosse um movimento ocidental, e mesmo nesse contexto é restrito e tímido, considerando que, em curto prazo, alguns países ocidentais têm conseguido fazer como única reforma viável a regulamentação da *cannabis*. Na mesma esteira de análise, Goulão (2015) afirma que há um movimento de Reforma e não de Revolução. Entretanto, o fato de se provocar uma extensa reflexão em várias partes do mundo em torno dessas questões é uma oportunidade única para o debate de um tema de interesse universal.

Baseando-se nessas reflexões, qualquer proposta de regulação das drogas sob a perspectiva antiproibicionista deve vir conectada com a complexidade das relações Estado/sociedade. Portanto, a forma e as estratégias a serem empreendidas para projetar essa discussão na esfera pública (visando alterar a concepção de mundo sobre isso) devem considerar os seguintes aspectos: sem a perspectiva de classe e de uma compreensão do Estado qualquer saída fica limitada; uma organização coletiva que possibilite o surgimento de intelectuais orgânicos para fazer política, construir alianças e consensos em torno de projetos a favor de uma nova hegemonia. Caso contrário, o processo de mudança está fadado a ser restrito e pontual; e para que sejam consideradas as múltiplas dimensões do fenômeno, exige-se dos sujeitos um aporte teórico-prático (LEAL, 2017).

Voltando a dizer que na conjuntura atual, principalmente em um momento de um governo Bolsonaro com uma agenda reacionária, as formas coletivas de organização vão sendo erodidas, Simionatto (2003) chama atenção para o fato de que já vivíamos antes um esvaziamento e fragmentação das protoformas de lutas e dos referenciais políticos de classe. O trabalhador está despolitizado a ponto de destruir as possibilidades de construir uma vontade coletiva, um momento ético-político. Há um estilhaçamento dos nossos modos de representação (SIMIONATTO, 2003). E, obviamente, os impactos disso também são vistos *no* e *pelo* MA. Cabe enfatizar a urgente necessidade de a esquerda brasileira assumir o debate sobre a questão das drogas e suas repercussões. Historicamente, esse campo não assumiu nenhum debate inovador nesse sentido. Basta olharmos para os partidos e suas defesas no campo legislativo (LEAL, 2017).

Caberá não só identificarmos esses sujeitos coletivos, mas, sobretudo, nos mantermos na apreensão do movimento dinâmico dessa realidade. O que identificamos é que esses sujeitos que conformam o ativismo são variados e identificá-los até pode ser uma tarefa fácil do ponto de vista metodológico, mas de modo algum imediata. É possível dizer que estão dispersos no território brasileiro; estão associados ou não a alguma organização/instituição; captam recursos de organismos internacionais; se organizam em âmbito local e/ou nacional e internacional; possuem concepções díspares sobre as pautas e os assuntos sobre drogas; se articulam no âmbito político (como coletivo de ex-presidentes nacionais) e às vezes partidário; se organizam em associações religiosas (como as relacionadas com os usos culturais e religiosos das substâncias psicoativas); se organizam em associações de familiares e pacientes que usam a maconha, entre muitas outras características (LEAL, 2017). Sobre essa militância, Silvestrin (2011) analisou os militantes no início dos anos 2000 e os identificou como estudantes, jovens intelectuais de classe média alta (principalmente, mas não somente) das capitais fluminense e paulista. Foram motivados seja pela militância via organizações voltadas ao mercado, outros pela via legislativa, seja também como objeto de estudo acadêmico. Para essa geração, a informação e o acesso a ela marcam suas atuações, principalmente com o uso da internet como ferramenta de negócio, meio de sustento e plataforma comunicativa.

Essa sociedade civil sobre a qual estamos falando, portanto, não é necessariamente progressista, mas também não podemos falar de sua debilidade. Há, sim, um potencial transformador presente e uma reflexão, ainda que tímida, sobre a necessidade de uma busca de uma direção político-ideológica para o Movimento (LEAL, 2017).

Nessa perspectiva, um ponto importante que marca o MA é o recurso científico como fonte de informações e reprodução de conhecimento na área, de uma forma muito diferenciada do proibicionismo que tem forte apelo moral, reprodutor do senso comum e, mesmo quando se banha na ciência, se alia à concepção mais conservadora e tradicional, como mencionamos. Entretanto, também é importante dizer que há, devido aos diversos interesses dos sujeitos envolvidos, relações entre organismos, instituições, agentes (nos campos político, acadêmico, jornalístico, econômico, universitário etc.) para produzir determinados tipos de informações. O ativismo dos dias atuais, de uma forma geral, como aponta Warren (2006), utiliza-se das informações produzidas tanto por ONGs *think tanks*, como por organizações ativistas (ou cidadãs) e prestadoras de serviço (ou de caridade). Soma-se a esse conjunto de produções os saberes religiosos oriundos das entidades[11] que fazem o uso cultural de substâncias em seus rituais, o que tem suscitado um conjunto de argumentos aos campos da antropologia e da sociologia antiproibicionistas (LEAL, 2017). E o Brasil tem uma importância nesse cenário, conforme levantaram Labate, Rose e Santos (2008) sobre a produção científica que a partir dos anos 2000 tem um *boom* das pesquisas na área, juntamente ao crescimento da "literatura nativa", que são as publicações feitas pelos próprios grupos religiosos. Dessa forma, portanto, temos um caminho que vem sendo percorrido a partir das pesquisas científicas fecundas, o que, conforme Coutinho (2011), possibilita colocar-se a partir de um ponto de vista crítico.

Do ponto de vista dos enfrentamentos no campo da saúde, a vinculação dos militantes da Redução de Danos à luta antiproibicionista possibilitou a criação de grupos e coletivos com foco nesse debate. A defesa se baseia em argumentos a partir da constatação de que consumir psicoativos faz parte da cultura dos indivíduos, e posta a inevitabilidade do uso de drogas, a preocupação passa a ser no sentido de que esse consumo produza o menor dano possível ao indivíduo (MACRAE, 2002). Embora, como ressalta Rodrigues (2004), as estratégias da Redução de Danos não possibilitem uma mudança radical no campo antiproibicionista, já que ainda há desde concepções diferentes sobre o que seria reduzir danos até estratégias bastante diferenciadas para que isso aconteça, o que fica dessa proposta é

---

11. No século XX, surgiram, no Brasil, algumas religiões como o Santo Daime, a Barquinha e a União do Vegetal, por exemplo (MACRAE, 2009).

o foco no indivíduo que consome alguma substância psicoativa, a partir de uma visão diferenciada e não excludente. A mudança na relação dos profissionais de saúde com as pessoas que consomem substâncias possibilitaria alterar um dos argumentos principais da proibição, que é a erradicação das drogas e a alteração das relações de consumo focadas na abstinência como única possibilidade para os indivíduos (LEAL, 2017).

Ainda nesse campo da saúde, temos a principal pauta reivindicada pelo MA, que é a regulamentação do uso medicinal da *cannabis*, com estudos desde a década de 1950 no país. Esse movimento vem crescendo e se constituindo de uma forma mais organizada no Brasil pelas associações de pais e pacientes que militam pela regulação do acesso aos produtos, o que tem pressionado o âmbito legislativo e jurídico a discutir o tema. Em âmbito internacional, temos associações e coletivos de usuários e produtores, clubes canábicos e outras experiências de organização coletiva. Uma organização importante e, talvez a mais conhecida, ocorre no Brasil e no exterior, que é a Marcha Mundial da Maconha (Global Marijuana March). As marchas saem às ruas desde os anos 1990, e vemos uma média de 40 a 50 países marcharem todos os anos. A proibição das drogas é a causa que une esses ativistas, no sentido de apresentarem saídas a esse modelo. Esse movimento nos ensina que sempre é válida a manifestação pública que mobiliza sujeitos diversos e que, de alguma forma, pauta o tema para a opinião pública. Essa visibilidade em meio a uma sociedade conservadora é um grande feito. Ainda que o movimento seja diversificado, com interesses divergentes e sem uma direção que consiga debater e construir concepções mais uníssonas, é uma organização coletiva que se mantém nas ruas há mais de 20 anos (LEAL, 2017).

Mais um exemplo de organização política são as Conferências Latino-americanas sobre Políticas de Drogas e as Redes de Usuários de Drogas, entre outros espaços criados estrategicamente para reunir ativistas, líderes políticos, cientistas e interessados na temática (LEAL, 2017).

Outro aspecto a ser mencionado que caracteriza o MA é a perspectiva dos direitos humanos para tratar qualquer relação presente nesse campo. Por essa visão, tem se exigido a regulação, bem como o controle da produção, do comércio e do consumo de todas as drogas. No Brasil, destacam-se iniciativas que tentam revogar antigas resoluções ou impedir que novas de cunho proibicionista sejam aprovadas e proposições de conteúdo antiproibicionistas. Foram várias iniciativas encontradas nesse campo normativo-jurídico. E no exterior, em diversos países, essa regulamentação é realmente mais concreta, sob diferentes formas (LEAL, 2017).

Na área da segurança internacional, com rebatimentos para o território nacional, também identificamos Associações e Comissões que se articulam e fazem intervenções importantes, ainda que com interesses bem diversos e compreensões diferenciadas sobre a antiproibição. Nessa conjuntura internacional, identificamos que os ventos antiproibicionistas começam a soprar no final da década de 1960, de forma mais incisiva. E, desde então, vem se transformando em uma grande ventania a partir de infinitas iniciativas em diferentes áreas, sobretudo no campo cultural (LEAL, 2017).

Esse conjunto de iniciativas que engendram o que aqui entendemos como um MA tem muitos desafios, tendo destaque o debate normativo sobre o que seria uma *legalização* e *regulação*[12] das drogas na perspectiva antiproibicionista. Mas esse debate só faz sentido se vier acompanhado pelo debate conceitual, pois alterar um marco legal não garante a alteração da representação social desse campo. Como também é possível legalizar e regular na perspectiva proibicionista, é preciso ter nitidez discursiva sobre as nuances desses termos e o que advém deles. E aqui voltamos ao debate original de Estado que se faz importante. Na essência de qualquer perspectiva de legalização e regulação, há uma concepção de Estado, e por essa via se devem

---

12. A opção por esses termos como os que melhores conceituam e dão o sentido ao processo normativo legal antiproibicionista está discutida em Leal (2017).

discutir os argumentos de como precisam ocorrer esses processos, conforme cada particularidade do país. Se estão em jogo as drogas como mercadorias rentáveis, elas se inserem na dinâmica de reprodução do capital de diferentes formas. E, sem desvendar as determinações que incidem nessa realidade, não será possível localizar cada argumento defendido — se na perspectiva da classe trabalhadora ou na do capital. Um exemplo de armadilha é o argumento da defesa da saúde pública, sempre utilizado para justificar várias medidas. É preciso avisar que em ambas as perspectivas — proibicionista e antiproibicionista — é em nome dessa saúde pública que se organizam os discursos de defesa, tanto para proibir quanto para legalizar (LEAL, 2017).

Por fim, sem querer encerrar o debate aqui, é preciso reforçar que estamos tratando de um movimento de uma realidade complexa e caótica, e que, portanto, precisa ser constantemente organizada no sentido de projetada na consciência. Conhecer todos os fatos não significa conhecer a realidade, pois isso só é possível à medida que forem explicitadas as leis internas dos fenômenos e as articulações na estrutura do todo (NETTO, 2011a). O desafio de desvelar as determinações imediatas e as reflexivas do MA está mantido.

Assim, os sujeitos políticos têm a tarefa de se posicionarem como agentes conscientes da libertação das amarras que se concentram no Estado burguês. As relações demandam um caráter histórico e orgânico, possíveis de capilaridades sociais e não hierárquicas e distantes (LEAL, 2017). Para fazer a luta contra-hegemônica, Gramsci escreveu que há três grandes frentes a considerar: a econômica, a política e a ideológica, estabelecidas de forma dialética. Não é resultado de um esforço intelectual restrito ao campo da atuação política, como se este pudesse existir de forma completamente autônoma e desvinculada das relações sociais. Nesse ponto, é necessário o elemento "consciência", o elemento "ideológico", ou seja, a compreensão das condições em que se luta, das relações sociais em que se vive, das tendências fundamentais que operam no sistema dessas relações (COUTINHO, 2011).

Considerações finais

Gramsci nos traz até aqui com suas reflexões sobre os caminhos contra-hegemônicos a serem percorridos para a transformação de uma dada realidade. Para isso, realça a noção de uma *militância ética* (MONASTA, 2010). A atualidade do seu pensamento nos permite desvelar as complexas transformações que atravessam as sociedades contemporâneas. O momento presente continua bradando a aparente vitória do capitalismo, tentando nos impor uma ausência de sonhos e um "desencantamento utópico" (SIMIONATTO, 2003).

E se trazemos a temática drogas para esse cenário é porque elas continuam ocupando o lugar de bode expiatório para o sistema capitalista e a sua representação do Estado penal ao justificar suas violências e ratificar sua ideologia e hegemonia (LEAL, 2017). Entretanto, a disputa está presente, ativa e se reinventando em cada momento histórico. No que chamamos aqui de Movimento Antiproibicionista nos processos de disputa *na* e *da* Política sobre drogas hegemônica vigente, há prevalência de formas de hegemonia na perspectiva gramsciana. Mesmo com os inúmeros desafios postos internamente ao Movimento, mas, sobretudo, externamente pela conjuntura econômica, social, cultural e política, o *vir a ser* se configura mesmo que no campo simbólico como uma possibilidade. Pequenas e grandes vitórias têm ocorrido em vários países à custa de muitas lutas. Esse Movimento também se apropria e ressignifica suas concepções, aliados e bandeiras.

Assumimos os riscos que uma análise desse porte requer e procuramos reelaborar teoricamente algumas mediações que entendemos ser necessárias no campo antiproibicionista brasileiro no momento atual, sem a pretensão de fazer generalizações ou de esgotar a análise. Sem romantizar as contradições postas, ao ouvir as muitas vozes que ecoam resistentemente nessa trajetória do Movimento desde a década de 1990, as dimensões sobre *ética* e *liberdade* insistem em ressoar. A partir dos fundamentos ontológicos da práxis social, poderemos contribuir para a transformação da realidade, juntamente àqueles que também desejam utopicamente uma outra sociedade livre e igualitária (LEAL, 2017).

Para o Movimento Antiproibicionista, fica o aviso de que uma nova consciência manifestada e concretizada na prática política demandará dos sujeitos a permanente organização que envolva outros estratos sociais das classes trabalhadoras (alvo do controle da sociedade política) pelos interesses comuns nessa luta. Somente na identificação com os iguais será possível isso se concretizar. E, nesse sentido, os que estão no âmbito acadêmico precisam ou assumir suas intencionalidades na defesa do capital ou rever a sua função como produtora de conhecimento voltado para uma sociedade humanamente emancipada (LEAL, 2017).

> [...] A antiga militância política é um campo de batalha em que se contrapõem bilateralmente os "justos" aos "injustos": *a nova militância representa uma longa viagem, difícil e atribulada, em direção aos horizontes da justiça e da liberdade.* Gramsci, em seus últimos anos, extremamente lúcido (e não patologicamente confuso), considerava cada vez menos a verdade e o erro como posições nitidamente bipolarizadas: compreender e avaliar realisticamente a posição e as razões do adversário (e às vezes é adversário todo o pensamento passado) significa exatamente estar livre da prisão das ideologias (no mau sentido, como cego fanatismo ideológico), isto é, significa *posicionar-se num ponto de vista "crítico", único ponto fecundo na indagação científica.* [...] Gramsci reavaliava antigos companheiros e adversários com os quais passava a se relacionar sob nova perspectiva. *Não só reavaliava princípios e conceitos, mas também valores, sentimentos e, sobretudo, a militância que passava a ser para ele menos doutrinária e burocrática e mais investigativa, livre e sincera. [...] Buscava ele o caminho de volta à vida, aos sentimentos humanos de justiça, de liberdade e de verdade,* inclusive aos afetos familiares. [...] um justo e sincero homem comum, para finalmente repousar e amar, mas também *para descobrir a verdade, porque sem ela não há boa política,* como não há socialismo sem ética (MONASTA, 2010, p. 44, grifos nossos).

E mesmo em um tempo de pessimismo da razão, as nuvens pesadas do pessimismo que oprimem os militantes mais qualificados e responsáveis devem ser dissipadas. O otimismo da vontade precisa vingar, já que não se pode ser otimista somente nas condições favoráveis. É preciso prosseguir na busca de um terreno fértil onde se possam lançar as sementes (LESTER, 2003). Sigamos lançando as sementes por uma sociedade anticapitalista, antiproibicionista, antimanicomial e antirracista.

Referências

BARBOSA, R. H. S. A 'teoria da práxis': retomando o referencial marxista para o enfrentamento do capitalismo no campo da saúde. *Trabalho, Educação e Saúde*, Rio de Janeiro, v. 8, n. 1, p. 9-26, mar./jun. 2010.

BASTOS, F. I. Política de drogas na segunda década do novo milênio: reforma ou revolução. *Argumentum*, Vitória, v. 7, n. 1, p. 8-16, jan./jun. 2015.

BERGERON, H. *Sociologia da droga*. Tradução: Tiago José Risi Leme. Aparecida: Idéias & Letras, 2012.

BUCHER, R.; OLIVEIRA, S. R. M. O discurso do combate às drogas e suas ideologias. *Revista de Saúde Pública*, São Paulo, v. 28, n. 2, p. 137-145, 1994.

CARNEIRO, H. As necessidades humanas e o proibicionismo das drogas no século XX. *Outubro*, São Paulo: IES, v. 6, 2002.

COUTINHO, C. N. *Gramsci*: um estudo sobre seu pensamento político. Rio de Janeiro: Campus, 1989.

COUTINHO, C. N. Cidadania e modernidade. *Perspectivas*, São Paulo: Unesp, p. 41-59, 1999.

COUTINHO, C. N. *De Rousseau a Gramsci*: ensaios sobre a teoria política. São Paulo: Boitempo, 2011.

COUTINHO, C. N.; TEIXEIRA, A. P. (org.). *Ler Gramsci, entender a realidade*. Rio de Janeiro: Civilização Brasileira, 2003.

FERREIRA, A. B. H. *Novo dicionário Aurélio da língua portuguesa*. 5. ed. Curitiba: Positivo, 2003.

FIORE, M. O lugar do Estado na questão das drogas: o paradigma proibicionista e as alternativas. *Novos Estudos*, n. 92, p. 8-21, mar. 2012.

GOULÃO, J. C. B. A caminho da UNGASS 2016. Debate. *Argumentum*, Vitória, v. 7, n. 1, p. 21-25, jan./jun. 2015.

GRAMSCI, A. *Lettere dal carcere*. Edição: S. Caprioglio e F. Fubini. Turim: Einaudi, 1965.

GRAMSCI, A. *Os intelectuais e a organização da cultura*. Rio de Janeiro: Civilização Brasileira, 1968.

GRAMSCI, A. *Maquiavel, a política e o Estado moderno*. 7. ed. Tradução: Carlos Nelson Coutinho. Rio de Janeiro: Civilização Brasileira, 1987.

GRAMSCI, A. *A concepção dialética da história*. 7. ed. Tradução: Luiz M. Gazzaneo. Rio de Janeiro: Civilização Brasileira, 1989.

GRAMSCI, A. *Cadernos do Cárcere*. Introdução ao estudo da filosofia. A filosofia de Benedetto Croce Volume 1. Rio de Janeiro: Civilização Brasileira, 1999.

GRAMSCI, A. *Cadernos do cárcere*. Tradução: Carlos Nelson Coutinho com a colaboração de Luiz Sergio Henriques e Marco Aurélio Nogueira. Rio de Janeiro: Civilização Brasileira, 2000. v. 3.

GRAMSCI, A. *Cadernos do cárcere*: Maquiavel. Notas sobre o estado e a política. 2. ed. Rio de Janeiro: Civilização Brasileira, 2002.

GRUPPI, L. *O conceito de hegemonia em Gramsci*. Rio de Janeiro: Graal, 1978.

HUSAK, D. *Legalize this! The case for descriminalizing drugs*. Londres: Verso, 2002.

IANNI, O. A crise dos paradigmas na sociologia: problemas de explicação. *Revista Brasileira de Ciências Sociais*, São Paulo, v. 22, 1990. Disponível em: http://www.anpocs.org.br/portal/publicacoes/rbcs_00_13/rbcs13_05.htm. Acesso em: mar. 2021.

KARAM, M. L. Legislações proibicionistas em matéria de drogas e danos aos direitos fundamentais. *In*: SEIBEL, S. D. (org.). *Dependência de drogas*. 2. ed. São Paulo: Atheneu, 2010.

KEBIR, S. "Revolução-restauração" e "revolução passiva": conceitos de história universal. *In*: COUTINHO, C. N.; TEIXEIRA, A. P. (org.). *Ler Gramsci, entender a realidade.* Rio de Janeiro: Civilização Brasileira, 2003. p. 147-155.

LABATE, B. C.; ROSE, I. S.; SANTOS, R. G. *Religiões ayahuasqueiras*: um balanço bibliográfico. Campinas: Mercado de Letras, 2008.

LEAL, F. X. *Conselhos municipais antidrogas*: entre o sonho e a realidade. 2006. Dissertação (Mestrado) — Centro de Ciências Jurídicas e Econômicas, Universidade Federal do Espírito Santo, Vitória, 2006.

LEAL, F. X. *Movimento antiproibicionista no Brasil*: discursos de Resistência. 2017. Tese (Doutorado em Política Social) — Programa de Pós-graduação em Política Social, Universidade Federal do Espírito Santo, Vitória, 2017.

LESTER, J. Alinhando a inteligência com a vontade. *In*: COUTINHO, C. N.; TEIXEIRA, A. P. (org.). *Ler Gramsci, entender a realidade.* Rio de Janeiro: Civilização Brasileira, 2003. p. 157-171.

LIMA, R. C. C. *Uma história das drogas e do seu proibicionismo transnacional*: relações Brasil — Estados Unidos e os organismos internacionais. 2009. Tese (Doutorado) — Programa de Pós-graduação em Serviço Social, Universidade Federal do Rio de Janeiro, Rio de Janeiro, 2009.

LUKÁCS, G. *Para uma ontologia do ser social I.* São Paulo: Boitempo, 2013.

LUZA, E.; SIMIONATTO, I. Estado e sociedade civil em tempos de contrarreforma: lógica perversa para as políticas sociais. *Textos & Contextos*, Porto Alegre, v. 10, n. 2, p. 215-226, ago./dez. 2011.

MACRAE, E. Redução de danos para cannabis e alucinógenos. *In*: SEMINÁRIO NACIONAL DE REDUÇÃO DE DANOS, 2002, São Paulo. *Anais* [...]. São Paulo, nov. 2002. Apresentação.

MACRAE, E. O uso ritual de substâncias psicoativas na religião do Santo Daime como um exemplo de redução de danos. In: NERY FILHO, A., *et al.* (org.) *Toxicomanias*: incidências clínicas e socioantropológicas. Salvador: EDUFBA; Salvador: CETAD, 2009. p. 21-36.

MONASTA, A. *Antonio Gramsci.* Tradução: Paolo Nosella. Recife: Fundação Joaquim Nabuco; Massangana, 2010.

NETTO, J. P. *Introdução ao método de Marx.* São Paulo: Expressão Popular, 2011a.

NETTO, L. E. *O conservadorismo clássico*: elementos de caracterização e crítica. São Paulo: Cortez, 2011b.

NOGUEIRA, M. A. *Um Estado para a sociedade civil*: temas éticos e políticos da gestão democrática. São Paulo: Cortez, 2004.

OLIVEIRA, T. F. *A filosofia da práxis nos* Cadernos do cárcere. 2008. Tese (Doutorado) — Universidade Estadual de Campinas, Campinas, 2008.

RIBEIRO, A. M. M. Sociologia do narcotráfico na América Latina e a questão camponesa. *In*: RIBEIRO, A. M. M; IULIANELLI, J. A. S. (org.). *Narcotráfico e violência no campo*. Rio de Janeiro: DP&A, 2000.

RODRIGUES, L. B. F. *Controle penal sobre as drogas ilícitas*: o impacto do proibicionismo no sistema penal e na sociedade. Tese (Doutorado) — Programa de Pós-graduação em Direito, Faculdade de Direito, Universidade de São Paulo, São Paulo, 2006.

RODRIGUES, T. Drogas, proibição e a abolição das penas. *In*: PASSETTI, E. (org.). *Curso livre de abolicionismo penal*. Rio de Janeiro: Revan; Nu-Sol, 2004.

SILVESTRIN, M. L. "Maconheiro tem problema de memória": história do movimento pró-legalização da cannabbis no Brasil. In: SIMPÓSIO NACIONAL DE HISTÓRIA, 26., 2011, São Paulo. *Anais* [...]. São Paulo: Anpuh, jul. 2011.

SIMIONATTO, I. O social e o político no pensamento de Gramsci. *In*: AGGIO, A. (org.). *Gramsci, a vitalidade de um pensamento*. São Paulo: Fundação Editora Unesp, 1998. p. 37-64.

SIMIONATTO, I. A cultura do capitalismo globalizado: novos consensos e novas subalternidades. *In*: COUTINHO, C. N.; TEIXEIRA, A. P. (org.). *Ler Gramsci, entender a realidade*. Rio de Janeiro: Civilização Brasileira, 2003. p. 275-289.

SIMIONATTO, I. *Gramsci*: sua teoria, incidência no Brasil, influência no Serviço Social. 3. ed. São Paulo: Cortez, 2004.

SOUZA FILHO, R. Sociedade civil: Gramsci e o debate contemporâneo de inspiração habermasiana. *Praia Vermelha*: estudos de política e teoria social, Rio de Janeiro, v. 1, n. 1, p. 94-121, 1997.

VELHO, G. A dimensão cultural e política dos mundos das drogas. *In*: ZALUAR, A. (org.). *Drogas e cidadania*: repressão ou redução de riscos. São Paulo: Brasiliense, 1999.

WARREN, I. S. Das mobilizações às redes de movimentos sociais. *Sociedade e Estado*, Brasília, v. 21, n. 1, p. 109-130, jan./abr. 2006.

Os sentidos do trabalho invisibilizado dos catadores na realidade fluminense

Valeria Pereira Bastos

Introdução

A inspiração deste estudo foi ensejada pelo encerramento do Aterro Metropolitano de Jardim Gramacho, mais conhecido como Lixão[1] de Gramacho, identificado como o maior aterro da América Latina por ocupar uma área de 1,3 milhão de m², situada às margens da Baía de Guanabara no sub-bairro de Jardim Gramacho, no município de Duque de Caxias. Embora tenha sido implantado no ano de 1976 com a concepção de aterro sanitário,[2] pelo descaso público, se transformou em lixão.

---

1. Lixão é uma área de disposição final de resíduos sólidos sem nenhuma preparação anterior do solo. Disponível em: http://www.lixo.com.br/content/view/144/251/. Acesso em: 10 mar. 2016.

2. Os aterros sanitários são espaços preparados para a deposição final de resíduos sólidos gerados pela atividade humana. Esses locais são planejados para captar e tratar os gases e

No entanto, à medida que a sociedade foi tomando conhecimento da questão ambiental e de suas consequências, inúmeras denúncias foram realizadas em relação ao vazamento de resíduos a céu aberto, lixão, responsável pela contaminação pelo chorume[3] na Baía de Guanabara. Ações civis comandadas pelo Ministério Público foram promovidas na busca da correção do manuseio inadequado dos resíduos, aliadas aos compromissos assumidos pela gestão pública para resolver o problema socioambiental existente. Assim, após a realização da Conferência das Nações Unidas, denominada Rio-Eco 92, várias decisões foram tomadas e em menos de dois anos esse espaço fora transformado em aterro controlado,[4] mantendo ao longo dos seus 35 anos de funcionamento a efetiva presença de catadores e catadoras no garimpo do lixo a céu aberto.

Embora a atual realidade do mercado de recicláveis permita cogitar um horizonte sustentável e economicamente atraente para o empresário da área de reciclagem, de maneira contraditória, nega àquele que dá início à cadeia produtiva, o catador de material reciclável, o acesso a bens e serviços. Trata-se de uma atividade sem reconhecimento

---

líquidos resultantes do processo de decomposição, protegendo o solo, os lençóis freáticos e o ar. As células são impermeabilizadas com mantas de PVC e o chorume é drenado e depositado em um poço, para tratamento futuro. O biogás é drenado e pode ser queimado em flares ou aproveitado para eletricidade. Por ser coberto por terra diariamente, não há proliferação de pragas urbanas. Disponível em: http://www.rumosustentavel.com.br/ecod-basico-lixao-aterro-controlado-e-aterro-sanitario/. Acesso em: 10 mar. 2017.

3. Também conhecido como lixiviado ou líquido percolado, é um líquido escuro gerado pela decomposição da matéria orgânica em aterros sanitários e lixões ou em composteiras. Além de possuir um cheiro forte e desagradável, o chorume originado em aterros sanitários e lixões pode poluir o solo, águas subterrâneas e rios. O chorume de composteira, por sua vez, não é tóxico e pode ser utilizado como fertilizante de solo e pesticida natural.

4. Locais intermediários entre o lixão e o aterro sanitário. Trata-se geralmente de antigas células que foram remediadas e passaram a reduzir os impactos ambientais e a gerenciar o recebimento de novos resíduos. Esses locais recebem cobertura de argila e grama e fazem a captação dos gases e do chorume. O biogás é capturado e queimado e parte do chorume é recolhida para a superfície. Os aterros controlados são cobertos com terra ou saibro diariamente, fazendo com que o lixo não fique exposto e não atraia animais. Disponível em: http://www. rumosustentavel.com.br/ecod-basico-lixao-aterro-controlado-e-aterro-sanitario/. Acesso em: 10 mar. 2017.

profissional no mercado de trabalho formal, desvalorizada, insalubre, perigosa, penosa e sem respaldo de direitos do trabalho.

Desse modo, a forma como esses trabalhadores são vistos ou ignorados socialmente carrega uma grande carga de estigmatização e suas condições de vida revelam a efetiva necessidade da atuação de políticas públicas para atendimento das suas demandas para a sobrevivência. A contribuição social e ambiental ofertada por meio da atividade de coleta e separação de resíduos sólidos, efetuada pelos catadores, tem caráter útil incontestável, mas nem por isso o trabalho é valorizado, com condições adequadas para sua realização e tampouco promove melhoria na qualidade de vida desses trabalhadores, de maneira que possam, de fato, serem inseridos no processo produtivo com dignidade.

Esses fatores ganham sustentação e aderência em nossa reflexão, porque apresentam expressões agudas da "questão social" entendida como mecanismos sucessivos de exploração da força de trabalho nos diferentes períodos da sociedade capitalista que, apesar de estar em estágio maduro, ainda mantém segmentos populacionais completamente alijados do direito ao trabalho regulado. A atividade de catador possui importância para o meio ambiente, mas, além disso, consiste numa expressão de luta pela sobrevivência.

Antes do encerramento de suas atividades, em 3 de junho de 2012, o Lixão de Gramacho recebia diariamente cerca de nove mil toneladas de resíduos oriundos de cinco municípios da região metropolitana da cidade do Rio de Janeiro, a saber: Duque de Caxias, Nilópolis, São João de Meriti, Queimados e Belford Roxo. Segundo estudo gravimétrico realizado pela Companhia de Limpeza Urbana do Rio de Janeiro (COMLURB), a atividade de catação, separação e venda de resíduos chegou a recuperar cerca de 200 toneladas por dia de resíduos recicláveis e reaproveitáveis, movimentando, no sub-bairro de Jardim Gramacho, uma economia que sustentava mais de 15.000 pessoas inseridas nas atividades diretas de catação e nas decorrentes destas por meio de uma rede local de serviços e comércio, que atendia aos trabalhadores e à população residente.

Com o fim das atividades no local, a rotina dos catadores, outrora permeada pela garimpagem de lixo, expostos na área de vazamento, perdeu o sentido e necessitou do apoio do poder público através de políticas específicas, em especial da Assistência Social, tendo em vista a precarização já existente desde a época do lixão ativo. Mas além dessa questão, havia a habitacional, considerando que muitos residiam no entorno do lixão em barracos sem nenhuma condição de salubridade, entre outros aspectos que pudessem garantir a permanência no local para ser reinventada dentro de uma nova realidade socioeconômica. Passou a ser uma exigência para os catadores outra forma de sobrevivência que, além de extinguir as relações estabelecidas anteriormente, garantisse o seu reposicionamento laboral de modo a assegurar o sustento da família. Fato que não ocorreu, mas, ao contrário disso, as famílias agravaram suas condições sociais e o pauperismo foi agudizado.

Enfim, a sinalização feita por Henri Acselrad (2002) em sua reflexão a respeito de justiça ambiental e construção de riscos pode contribuir para nosso entendimento no que concerne à necessidade de maior apoio público aos catadores, tendo em vista tratar-se de um segmento de trabalhadores informais que, após anos de trabalho, expostos a toda sorte de adversidades advindas de insalubridade e periculosidade pela atividade desempenhada, continuam à mercê dos riscos, pois:

> [...] os sujeitos sociais que procuram evidenciar a importância de uma relação lógica entre injustiça social e degradação ambiental são aqueles que não confiam no mercado como instrumento de superação da desigualdade ambiental e da promoção dos princípios do que se entenderia por justiça ambiental. Estes atores consideram que há clara desigualdade social na exposição aos riscos ambientais, decorrente de uma lógica que extrapola a simples racionalidade abstrata das tecnologias. Para eles, o enfrentamento da degradação do meio ambiente é o momento da obtenção de ganhos de democratização e não apenas de ganhos de eficiência e ampliação de mercado. Isto

porque supõem existir uma ligação lógica entre o exercício da democracia e a capacidade da sociedade se defender da injustiça ambiental (ACSELRAD, 2002, p. 52).

Nesse sentido, para viabilizar a continuidade das atividades de catação, após o encerramento do Lixão de Gramacho e, assim, garantir trabalho e renda para todos os envolvidos no processo, o grupo de liderança dos catadores conquistou, por meio de árdua negociação com o poder público, a construção de um Polo de Reciclagem voltado para o tratamento dos resíduos sólidos urbanos, inaugurado em 22 de novembro de 2013, situado em um terreno de 4,20 hectares no próprio sub-bairro de Jardim Gramacho próximo à rodovia Washington Luiz, concedido pelo Instituto Nacional de Colonização e Reforma Agrária (Incra), consoante um termo de cessão de uso à Secretaria de Estado do Ambiente do Rio de Janeiro (SEA), que utilizou um Termo de Ajustamento de Conduta (TAC) para negociar com a Refinaria Duque de Caxias (Reduc) — afiliada da Petrobras — o investimento de cerca de 3,5 milhões de reais na construção e estruturação de galpões para acolher 500 catadores oriundos do antigo lixão que, ainda na época do encerramento, manifestaram o desejo de permanecer na atividade.

O Polo de Reciclagem fora estruturado inicialmente com dois galpões com o intuito de receber, triar, enfardar e estocar os resíduos para a comercialização daqueles potencialmente recicláveis. No primeiro momento, pretendia empregar 110 catadores, o que não tinha ocorrido até a época da pesquisa, pois, na realidade, somente 32 pessoas, catadores e catadoras, foram entrevistados no estudo, pois este era o quantitativo que constituía o universo dos trabalhadores na época da pesquisa.

Nesse sentido, intencionando conhecer a realidade atual e avaliar os impactos que o encerramento das atividades promoveu na vida desses trabalhadores, realizamos, entre os meses de março e julho de 2018, abordagem direta com os catadores de materiais recicláveis atuantes no Polo de Reciclagem de Jardim Gramacho, local, conforme já informado, destinado à continuidade da atividade de separação de materiais recicláveis, cedido pelo poder público na garantia da manutenção de trabalho e renda para aqueles que desejaram continuar o trabalho na área ambiental.

Para construir a base teórica do nosso estudo, realizamos pesquisa de cunho bibliográfico, com aporte teórico relacionado ao tema, em literatura produzida por diversos autores e na legislação pertinente, tendo como arcabouço jurídico balizador a Lei n. 12.305/2010, que institui a Política Nacional de Resíduos Sólidos (PNRS), além de acompanharmos notícias e debates sobre o tema veiculado na mídia eletrônica, em jornais de grande circulação, programas de televisão, seminários, entre outros eventos.

O sentido da catação como sobrevivência e a fragilidade das políticas públicas

Na intenção de ampliar os conhecimentos adquiridos através do processo participativo realizado na pesquisa, procuramos viabilizar outro canal de escuta com os sujeitos envolvidos diretamente neste estudo. Assim, utilizamos a entrevista a fim de conhecer qual o sentido dado por eles à atividade de catação e quais eram as ideias que cada um tinha a respeito do trabalho desenvolvido fora do lixão e suas expectativas para o futuro.

Para tanto, nos respaldamos na fala de Chizzotti (2000, p. 83), que aponta elementos importantes para o tipo de pesquisa a ser adotado por considerar que:

> Na pesquisa qualitativa, todas as pessoas que participam são reconhecidas como sujeitos que elaboram conhecimentos e produzem práticas adequadas para intervir nos problemas que identificam. Pressupõe-se, pois, que elas têm um conhecimento prático, de senso comum e

representações relativamente elaboradas que formam uma concepção de vida e orientam as suas ações individuais. Isto não significa que a vivência diária, a experiência cotidiana e os conhecimentos práticos reflitam um conhecimento crítico que relacione esses saberes particulares com a totalidade, as experiências individuais com o contexto geral da sociedade. Supõe-se que "os atores sociais não são imbecis", na expressão forte de Garfinkel, mas autores de um conhecimento que deve ser elevado pela reflexão coletiva ao conhecimento crítico.

No contexto da realidade dos catadores, foi possível conhecermos a rotina local e viver com eles o dia a dia do trabalho, no qual acompanhamos o recebimento do material que chegava até o galpão através da coleta solidária[5] efetuada por eles pela via de doações de empresas públicas e privadas, pois o lixo da coleta regular que sai da casa das pessoas não é permitido chegar ao Polo, em função da questão ambiental. Portanto, cabia ao grupo que permaneceu nesse espaço receber, separar por categoria, enfardar e promover a venda, agregando um valor maior aos materiais, contudo os catadores de materiais recicláveis não possuem recursos suficientes para a realização do seu trabalho. Não são donos de equipamentos, transportes, maquinários, passando a ficar sem os materiais que antes proviam o seu sustento e de suas famílias.

A maioria dos entrevistados se considera coletores de resíduos com valor de mercado, no entanto ainda permanecem alienados desse valor nas dimensões monetária, ambiental e social. Postura essa reforçada pela atual forma de dominação do mercado da reciclagem que, no lugar de privilegiar a potencialidade desses trabalhadores na garantia da preservação da vida deles e do planeta, os despreza e os desvaloriza, como se pudesse sobreviver sem o suporte fornecido por essa mão de obra barata, que muito contribui para o enriquecimento dos líderes desse segmento.

---

5. Decreto n. 5.940/2006 — coleta seletiva solidária do governo federal.

O catador trabalha no início da cadeia produtiva, mas não chega à indústria para negociar, existe um conjunto de intermediários que deprecia o valor do material coletado e do trabalho do catador, e supervaloriza o produto na negociação direta com a indústria. Funciona como uma espécie de terceirização/quarteirização da informalidade numa relação direta com a formalidade. Com isso, ocorre uma superexploração de quem realiza a atividade, pois esses trabalhadores passam a sobreviver em condições abaixo do mínimo necessário à manutenção de suas vidas, ou seja, não possuem renda suficiente para acessar os serviços via mercado.

Constatamos, através das falas, que embora sejam sabedores do seu potencial e da relevância do seu trabalho no contexto socioambiental, os catadores que há mais de três décadas exerceram suas atividades na superfície do lixão, catando lixo e repassando para o sucateiro materiais com valor no mercado melhor que atualmente, seguem excluídos do mercado de trabalho formal e informal via catação de resíduos. Portanto, se encontram com o desafio de reinventarem sua forma de sustento, tendo em vista que, por definição jurídica e legal, aterros sanitários não possuem espaço em sua configuração para o trabalho do catador de material reciclável.

Telles (2001) confirma esse panorama social afirmando que, nas últimas décadas, a pobreza deixou a periferia e passou a fazer parte do coração dos centros urbanos brasileiros, sendo transformada em paisagem.

Dando continuidade à análise da efetivação do processo no que diz respeito ao potencial da gestão pública, que não se restringe ao contexto municipal, mas a vários segmentos públicos, tendo em vista as inúmeras leis e decretos que determinam o adequado cumprimento da destinação de resíduos e apoio às cooperativas, verificamos que isso também não acontece. Até porque as instituições estaduais e federais alegam, umas em certa medida e outras não, a inexistência de licença de operação e/ou ambiental das cooperativas para recebimentos de determinados resíduos, tais como: tinta, bateria e lâmpadas, o que já provoca um grande déficit, porém outros resíduos, como a sucata e o cobre, apesar de não precisarem de licença específica, não são direcionados, sendo via de regra leiloados, restando às cooperativas os resíduos pouco lucrativos, mantendo mais uma vez as cooperativas em grande parte da escala excluídas da cadeia produtiva dos materiais recicláveis.

Assim, embora sejam essenciais na reconfiguração do direcionamento e na finalização do ciclo de vida dos resíduos produzidos pela sociedade, os catadores de materiais recicláveis ainda são tratados como párias do mercado de trabalho e dessa própria sociedade, possuindo suas atividades atreladas às iniciativas de um governo que, apesar de legislar em favor dos catadores, peca na instrumentalização deles, pois não promove medidas eficazes para a inclusão social efetiva que garanta o reposicionamento laboral desses trabalhadores. Essa questão não se dá por acaso, mas pela incompatibilidade entre justiça social e igualdade no modo de produção capitalista.

De acordo com Marx, em sua obra principal *O capital*, no capítulo XXIII do volume I, desde o surgimento do capitalismo, segmentos da sociedade não fazem parte do mercado de trabalho devido à própria dinâmica societária instalada em seu modo de produção e de reprodução social. À medida que a composição orgânica do capital é alterada, trabalhadores são expulsos dos seus empregos e outros nem mesmo chegam a acessar a possibilidade de serem explorados. Esse traço social do modo de produção capitalista pode se modificar a depender da conjuntura política e econômica, mas jamais será superado. Fato que observamos na situação de extremo pauperismo dos trabalhadores catadores no Brasil, país capitalista com inserção subordinada ao capitalismo central e sem o estabelecimento sólido de políticas públicas de caráter universal.

Contudo, apesar de nessa sociedade não ser possível erradicar a miséria, tampouco a pobreza, é necessário buscar meios de melhorias para o avanço de conquistas minimamente civilizatórias. Mas isso não tem ocorrido no caso brasileiro, e o objeto desta pesquisa revela uma expressão aguda do pauperismo e do descaso do poder público e dos segmentos privados envolvidos.

Conforme as observações e as entrevistas realizadas, identificamos que os trabalhadores que vivem da atividade de catação de resíduos sólidos passaram a ter piores condições de vida após o encerramento do lixão, o que expressa uma condição sub-humana desses sujeitos e dos seus familiares, tendo acesso somente a políticas minimalistas de proteção social, configurando o que Netto (2012) considera ser uma manifestação da barbárie no momento atual.

Para melhor entendimento do leitor, traçamos a seguir um panorama que pudesse demonstrar quais foram os impactos, positivos ou negativos, que esta nova forma de trabalhar salubre, organizada, viabilizou para todos.

O Polo de Reciclagem, mencionado anteriormente, é composto pela Associação de Catadores do Aterro Metropolitano de Jardim Gramacho (ACAMJG) e por quatro cooperativas, a saber: COOPERCAXIAS, que representa 19% do contingente do Polo e na qual os catadores recebem quinzenalmente entre R$ 200,00 e R$ 550,00, tendo em vista que o rateio não é por produção cooperativista, mas por produção individual — homem-dia. Já na COOPERCAMJG, representando 13% do contingente, recebem quinzenalmente entre R$ 100,00 e R$ 800,00 e utilizam também a lógica para pagamento de homem-dia trabalhado e não produção cooperativista, cujo valor é igual para todos; na COOPER NOVA ERA, representando 17%, recebem mensalmente de R$ 150,00 a R$ 250,00; com a mesma lógica anterior; a COOPER MAIS VERDE, representando 51% do universo do Polo de Reciclagem, utiliza duas formas de pagamento e o rateio também não é cooperativista, e sim homem-dia, portanto 31% deles recebem mensalmente entre R$ 880,00 e R$ 2.050,00 e 69% recebem quinzenalmente entre R$ 150,00 e R$ 880,00.

De acordo com os dados apresentados, verificamos que não há equilíbrio entre os ganhos das cooperativas, embora em tese estejam trabalhando com a perspectiva de REDE, mas cada uma age de forma isolada, sem exercitar o contexto coletivo da venda compartilhada, fator que, a nosso ver, aumentaria os ganhos para todos.

Diante da não uniformidade de rendimentos e das diferenças de cada grupo, buscamos saber se os ganhos apontados, de certa forma, supriam suas necessidades básicas e 85% dos entrevistados informaram que não têm conseguido suprir suas necessidades; já 15% relatam que têm conseguido, porém com dificuldades.

Esse quadro de insuficiência financeira da maioria dos trabalhadores cooperativados cria uma demanda por políticas sociais públicas de um modo geral, mas especialmente pela política de assistência. Contudo, os seus serviços têm sido insuficientes para atender às demandas dessa população, tendo em vista que não vêm cumprindo, de forma efetiva, as mínimas necessidades na área social para mitigar as inúmeras questões que impossibilitam melhores condições de vida para esses trabalhadores. A maioria é usuária do programa Bolsa Família[6] — que foi substituído pelo Auxílio Brasil, programa regulamentado através do Decreto n. 10.852, de 8 de novembro de 2021, instituído pela Medida Provisória n. 1.061, de 9 de agosto de 2021 —, mas não acessa outros benefícios sociais. Essa realidade inviabilizou a inserção daqueles que não desejavam continuar na atividade de catação no Polo em outras áreas de serviço por falta de alternativa, tornando-os dependentes da atividade laboral restrita.

Tem sido um traço brasileiro a fragilidade das políticas públicas e o município de Duque de Caxias é apenas um dos exemplos dessa escassez, sendo visível na paisagem local a falta de política de habitação e de saneamento básico, bem como o transporte público deficiente e a parca política de saúde. No caso do trabalho informal, apesar de não ser visível, a exclusão da política previdenciária, por ser contributiva, também é um fato importante.

---

6. Programa de transferência de renda do governo federal brasileiro, regulamentado pelo Decreto n. 5.209, de 17 de setembro de 2004, sendo revogado a partir do Decreto 10852/novembro de 2021 ter sido sancionado.

A maioria dos entrevistados alega residir em barracos próprios e alguns em casas de alvenaria, obtidas por posse; com instalações precárias; sem condições básicas de sobrevivência; carentes de mobilidade urbana — com apenas uma linha de ônibus circulando com poucos veículos; sem coleta de lixo regular; sem pavimentação; com precário abastecimento de luz, de água encanada e de rede de esgoto; também sem o atendimento via o Programa Minha Casa Minha Vida que, na época, era o responsável pela política habitacional, com a finalidade de atender à parte da população carente com residências, mas o histórico déficit habitacional brasileiro não foi superado por esse programa. No entanto, cabe ressaltar que este Programa foi substituído pelo Programa "Casa Verde e Amarela", cujas regras e procedimentos são regulados pelo Decreto n. 10.600, de 14 de janeiro de 2021.

Esperava-se, com a promulgação da Constituição Federal de 1988, que a Seguridade Social e seus três eixos essenciais, saúde, previdência e assistência, fossem desenvolvidos com qualidade, mas o que ocorreu, de fato, foi a retração do investimento do Estado na área social atendendo às exigências de orientação neoliberal, restringindo as políticas sociais a ações minimalistas focalizadas na extrema pobreza. Com isso, apesar do avanço da política de assistência social no Brasil e de sua importância, ela é institucionalizada de modo residual num contexto em que o quadro de miséria encontrado obriga seus agentes institucionais a priorizarem as necessidades da parte da população com condições de vida degradadas. Nesse caso, não se configura como um direito universal, mas como um mecanismo de alívio imediato à extrema miséria, que necessita ser comprovada, e mais, os usuários dos serviços precisam demonstrar interesse em sair dessa condição, atendendo a um conjunto de condicionalidades impostas pelo Estado. Segundo Iamamoto (2013), esse controle do social e não pelo social amplia práticas conservadoras por parte dos agentes institucionais gestores e executores das políticas públicas e reduz a concepção de direitos.

O acesso precário dos trabalhadores às políticas públicas não é exclusividade dos catadores, mas de todos os trabalhadores brasileiros.

Contudo, quando se trata de um modo de sobrevivência de um segmento populacional excluído até mesmo da atividade de catador, a realidade torna-se ainda mais grave. As suas condições gerais de vida tornam-se, sem exagero do termo, desumanas. O discurso da melhoria presente em documentos e legislações não se converteu em realidade para o principal sujeito da atividade, o catador. Longe de considerar o lixão um bom local de trabalho, sabe que sem ele as suas condições de vida são piores. Então, qual é o sentido da catação como sobrevivência e das frágeis políticas públicas? Manter determinados segmentos populacionais na condição de sub-humanos? Nada há para ser feito? É necessário encontrar outro sentido e condições melhores de vida para esses trabalhadores que têm seus direitos básicos expropriados por diversos setores da sociedade.

Os impactos da pandemia no trabalho dos catadores na realidade fluminense

E para o atual cenário de pandemia de covid-19, o processo tornou-se cada vez mais agudizado, evidenciando as manifestações da questão social expressas por milhões de trabalhadores e trabalhadoras informais no Brasil, o que não foi diferente no sub-bairro de Jardim Gramacho, visto que são sujeitos desprovidos de direitos trabalhistas, cuja situação vem sendo agravada sistematicamente pelas sucessivas perdas no acesso aos direitos sociais, com isso precarizando cada vez mais as atividades desenvolvidas nos diversos setores informais, principalmente no contexto socioambiental, em especial no trabalho relativo a catadores e catadoras de materiais recicláveis, na atividade de coleta seletiva dos resíduos sólidos urbanos.

Nesse sentido, buscou-se verificar quais ações têm sido realizadas pelo poder público no sentido de suprir as necessidades básicas de catadores e catadoras remanescentes do lixão que ainda permanecem no sub-bairro de Jardim Gramacho ligados às cooperativas, considerando que a atividade de coleta e triagem de resíduos sólidos, segundo pesquisas das Universidades da California — Los Angeles (EUA) — e de Medicina de Greifswald (Alemanha),[7] aliadas às informações dos órgãos ambientais públicos e privados, indicam que a manipulação dos materiais se constitui como um dos riscos de contágio da doença aos trabalhadores que participam da seleção de materiais potencialmente recicláveis, sobretudo na atividade de triagem, pelo fato de a contaminação não ocorrer somente pelo contato físico com as pessoas, mas também por manuseio de objetos e, principalmente, de resíduos sólidos urbanos, exigindo, dessa forma, novas alternativas de tratamento dos materiais para prevenção e cuidados necessários à saúde.

O que pudemos apurar através da abordagem realizada com as lideranças locais foi que, das 15 cooperativas existentes, dez ficaram totalmente fechadas e cinco atuando com muita dificuldade, ou seja, o comprometimento em termos de ganhos para a sobrevivência foi atingido quase na sua totalidade, e apesar da existência de auxílio emergencial disponibilizado pelo governo no valor de R$ 600,00, nem todos os catadores e catadoras foram contemplados, uns pelo comprometimento nos documentos, outros pela dificuldade de acesso à rede de internet para o cadastramento, dentre outras dificuldades, inclusive de ausência de documentos de identificação.

Mas a mobilização social foi preponderante, ocupando um lugar de destaque, sobretudo nas regiões menos assistidas pelo poder público, já que através da doação de cestas básicas e material de higiene pessoal buscou atender, de forma emergencial, às cooperativas existentes e à população residente no sub-bairro de Jardim Gramacho.

Cabe ressaltar a relevância do nível de resistência dessa população, demonstrado a partir dos movimentos populares e sociais pelo viés da solidariedade ativa, que vem promovendo inúmeras ações de

---

7. Mais informações disponíveis em: http://coepbrasil.org.br/covid-quanto-tempo-o-coronavirus-sobrevive-nas-superficies/.

socorro, embora saibamos que não substituem a política pública, mas suprem em parte a necessidade daqueles que, por questões alheias a suas vontades, não se encontram em condições de supri-las a partir do trabalho.

Ressalta-se especialmente o processo de mobilização que vem sendo realizado para atender às demandas da população do sub--bairro de Jardim Gramacho, território estigmatizado por ter abrigado por mais de 30 anos o maior lixão da América Latina e, até os dias atuais, permanece como uma zona de sacrifício (ACSELRAD, 2004) ou expressivo bolsão de miséria, uma vez que a rede de solidariedade ativa vem ganhando dimensão expressiva e atendendo, quase em sua totalidade, às demandas locais através de inúmeras campanhas. Ao mesmo tempo, cabe registrar que se há uma efetiva manifestação advinda da sociedade civil, o poder público segue alheio ao atendimento da população, pois a cada dia vem precarizando o acesso aos direitos oriundos tanto da assistência social como das diversas outras políticas públicas.

Considerações finais

A promulgação da Lei n. 12.305/2010 reacendeu as ações públicas de combate ao destino inadequado dos rejeitos, trazendo à tona a obrigação do encerramento dos lixões, de modo que a sua existência já era considerada prática irregular desde a Lei de Política Nacional de Meio Ambiente, de 1981, e crime ambiental, desde 1998.

Neste sentido, os catadores de materiais recicláveis vivem um paradigma que os distingue dos demais grupos de trabalhadores pelo tipo de atividade realizada, regida pela insalubridade e pela insegurança que, não raramente, conduzem ao óbito; é economicamente condenada à insignificância e socialmente desvalorizada com todos os direitos garantidores de cidadania procrastinados, contradizendo sua representatividade significativa na cadeia econômica dos resíduos sólidos.

É sabido também que o encerramento dos lixões afetaria diretamente o universo dos catadores, ladeado por redes de influências perversas que afetam sobremaneira a condição de sobrevivência, bem como o seu acesso a bens e serviços, como qualquer trabalhador brasileiro. Por outro lado, eles se veem submetidos ao poder exercido pelo tráfico de drogas e explorados pelo oportunismo político eleitoreiro, cuja intenção é fomentar a subserviência de uma classe que construiu sua história partindo da condição de anonimato e da competição com aves de rapina pela sobrevivência.

Assim, com a finalização do lixão e a implementação do Polo de Reciclagem, previa-se a continuidade da atividade de separação de resíduos de forma salubre, seletiva e ordenada, na garantia da manutenção de trabalho e renda para aqueles que seriam furtados do local provedor de seu sustento e mal conheciam a vida fora desse espaço. No entanto, a situação desses catadores segue distante de ser a ideal, uma vez que continuam carentes de todas as possibilidades de acesso a outros serviços comuns à categoria, tendo que transpor os desafios do trabalho cooperativado, cujo gargalo mais representativo na atual conjuntura é o enfrentamento da aquisição de material para trabalharem, o que reflete na remuneração e alimenta o círculo vicioso excludente da invisibilidade.

Outros desafios são impostos ao grupo cooperativado, uma vez que os esforços a serem envidados extrapolam o físico, quase subumano, depreendido na época que catavam no lixão. Agora, os catadores têm de se rearranjar em coletividades para lutar pela sobrevivência, transpor obstáculos impostos pelo próprio sistema que, contradizendo suas atribuições, em vez de impulsionar a mobilidade e o desenvolvimento da classe de catadores, deixa um legado de alto índice de desemprego, piorando o que seria inimaginável piorar, contribuindo para o aumento de um cenário global de pobreza a um grau tal que os catadores sequer possuem condições básicas de sobrevivência.

Imperativa é a existência de políticas públicas que ofertem aos trabalhadores de modo geral, e não somente a uma parca parcela, condições dignas de vida e labor, sendo essa a única via de alçá-los ao reconhecimento social como cidadãos, tornando visível a relevância socioambiental da atividade profissional de catador de material reciclável. As ferramentas inovadoras disponíveis na PNRS, bem como as determinações do Decreto n. 5.940/2006, que regulamentam a formalização e a inclusão do catador de material reciclável no mercado de trabalho, são simplesmente ignoradas pelo poder público ao associar a finalização de lixões e aterros controlados à questão do desemprego e do desamparo crescentes da população de catadores.

A participação do poder público municipal é inexpressiva, pois o descaso com os catadores do lixão é latente, a ponto de não existir qualquer acompanhamento das condições atuais de vida dos catadores, os quais dependem daquilo que ainda é usualmente conceituado como lixo e não estão inseridos nas atividades do Polo de Reciclagem.

O CRAS da região não tem robustez necessária de infraestrutura nem equipe técnica em número efetivo para acompanhar sistematicamente as demandas locais que, de maneira efetiva, se avolumaram pós-encerramento do lixão, culminando na ausência de indicadores, bem como de programas específicos para o acompanhamento dessa população, o que em muito contribui para o estado de coisas instado no local.

Enfim, podemos afirmar que o encerramento do Lixão de Gramacho, em vez de cumprir sua função de favorecer o meio ambiente e a população, trouxe inúmeras desvantagens para essa comunidade, causando um caos social em uma população que perdeu seu espaço de trabalho e segue sem realocação no mercado formal; foi negligenciada pelo poder público, tornando-se excluída de seus direitos fundamentais, de cidadania e relegada à marginalidade refletida pela sua invisibilidade por parte dos demais ocupantes do espaço urbano público. No entanto, apesar do descaso político e social, os catadores ainda demonstram a esperança de se tornarem agentes do seu próprio negócio, pois já perceberam que os resíduos sólidos recicláveis, a cada dia, se tornam um negócio lucrativo, e que para além de prover a sobrevivência, poderá promover o acesso a bens e serviços como qualquer outra atividade econômica considerada laboral.

Por meio do caso do sub-bairro de Jardim Gramacho, durante o quadro instalado da pandemia aqui retratado, foi possível identificar que a situação que ocorria durante o funcionamento do lixão, a qual era permeada por expressões da questão social, dentre elas a exploração da mão de obra em todos os sentidos, tornou-se agravada pela necessidade de isolamento e paralisação quase total das atividades, pela natureza do processo de contaminação e pela ausência de infraestutura para tratar os resíduos, conforme se sinalizou.

Nesse sentido, o papel da gestão pública seria de fundamental relevância para prestar o apoio necessário na perspectiva de garantir a sobrevivência desse contingente de trabalhadores que, em nome da manutenção da saúde, não teve como manipular os materiais potencialmente recicláveis através de práticas sanitárias e ambientalmente adequadas no tratamento dos resíduos sólidos. Também não foi apoiada em sua totalidade pelo pagamento de auxílio emergencial de R$ 600,00, conforme sinalizado, ficando à mercê da rede ativa de solidariedade, que não substitui o papel das políticas públicas.

Assim, consideramos que seja necessário para a retomada das atividades envidar esforços públicos e privados na busca de garantir que as ações socioambientais corretas e seguras sejam estruturadas, com a finalidade de manter o trabalho de coleta e separação que vinha sendo promovido pelas organizações de catadores no sub-bairro, desconstruindo, nesse sentido, não somente o conceito de zona de sacrifício e/ou paraíso de poluição existente, mas também rompendo com o racismo e a injustiça ambiental na perspectiva da equidade, com isso tratando de reposicionar esses segmentos de trabalhadores para a construção de desafios que permitam que concorram no mesmo padrão de igualdade como todos os trabalhadores do país.

Referências

ABES. O impacto da pandemia pela covid-19 na gestão dos resíduos sólidos urbanos: situação das capitais brasileiras. *Pesquisa 2.2*: mar. a maio 2020. Brasília, ago. 2020. Disponível em: http://abes-dn.org.br/?p=37504. Acesso em: 15 jun. 2020.

ACSELRAD, H. Justiça ambiental e construção social do risco. *Desenvolvimento e Meio Ambiente*, Curitiba: UFPR, n. 5, p. 49-60, jan./jun. 2002.

BASTOS. V. P. *Profissão: catador*: um estudo do processo de construção de identidade. Rio de Janeiro: Letra Capital, 2014. 177p.

BRASIL. *Constituição da República Federativa do Brasil*. Brasília: Senado Federal, 1988. Disponível em: http://www.planalto.gov.br/ccivil_03/Constituicao/Constituicao.htm. Acesso em: 22 maio 2015.

BRASIL. *Decreto n. 5.940, de 25 de outubro de 2006*. Decreto federal de apoio à coleta seletiva. Brasília, 2006. Disponível em: http://www.planalto.gov.br/ccivil_03/_Ato2004-2006/2006/Decreto/D5940.htm. Acesso em: 22 maio 2015.

BRASIL. *Lei n. 12.305, de 2 de agosto de 2010*. Institui a Política Nacional de Resíduos Sólidos. Brasília, 2010. Disponível em: http://www.planalto.gov.br/ccivil_03/_ato2007-2010/2010/lei/l12305.htm. Acesso em: 12 jan. 2015.

BRASIL. Decreto n. 10.600, de 14 de janeiro de 2021. Regulamenta a Lei nº 14.118, de 12 de janeiro de 2021, que institui o Programa Casa Verde e Amarela. Disponível em: https://www.in.gov.br/web/dou/-/decreto-n-10.600-de-14-de-janeiro-de-2021-299074435 Acesso em: 6 maio 2022.

BRASIL. Decreto n. 10.852 e 8 de novembro de 2021. Regulamenta o Programa Auxílio Brasil, instituído pela Medida Provisória nº 1.061, de 9 de agosto de 2021. Disponível em: https://www.in.gov.br/en/web/dou/-/decreto-n-10.852-de-8-de-novembro-de-2021-357706502. Acesso em: 6 maio 2022.

CHIZZOTTI, A. *Pesquisa em ciências humanas e sociais*. 5. ed. São Paulo: Cortez, 2000.

COMPROMISSO Empresarial para Reciclagem. Comunicado sobre o funcionamento da coleta seletiva no período de isolamento social — covid-19. 2020. Disponível em: http://cempre.org.br/cempre-informa/id/119/

comunicado---funcionamento-da-coleta-seletiva-no-periodo-de-isolamento. Acesso em: 14 maio 2020.

IAMAMOTO, M. V. O Brasil das desigualdades. *Ser Social*, Brasília, v. 15, p. 261-384, jul./dez. 2013.

MARX, K. *Crítica da economia política*. Rio de Janeiro: Civilização Brasileira, 2016.

NETTO, J. P. Crise do capital e consequências societárias. *Serviço Social & Sociedade*, São Paulo: Cortez, v. 111, p. 413-429, jul./set. 2012.

NOGUEIRA, V. M. R. Avaliação e monitoramento de políticas e programas sociais: revendo conceitos básicos. *Katálysis*, Florianópolis, v. 5, n. 2, p. 141-152, jul./dez. 2002.

RAICHELIS, R. *Esfera pública e conselhos de assistência social*. São Paulo: Cortez, 1998.

RIBEIRO, R. L.; CARMO, M. S. O impacto do encerramento do aterro metropolitano de Jardim Gramacho para os comerciantes do setor informal de alimentos da região. *Gestão e Sociedade*, Belo Horizonte, v. 7, n. 17, p. 220-248, maio/ago. 2013. Disponível em: http://www.gestaoesociedade.org/gestaoesociedade/article/viewFile/1779/1045. Acesso em: 26 jan. 2015.

SCHONS, S. M. A questão ambiental e a condição de pobreza. *Katálysis*, Florianópolis, v. 15, n. 1, p. 70-78, jan./jun. 2012.

TELLES, V. S. *Pobreza e cidadania*. São Paulo: Edusp, 2001.

Desafios à política de saúde do trabalhador e da trabalhadora na Região Metropolitana I do estado do Rio de Janeiro

Debora Lopes de Oliveira

Introdução

O debate proposto considera que o campo da saúde do trabalhador revela-se como parte das políticas de proteção social no âmbito da saúde, erguendo-se no campo da luta dos trabalhadores, fruto do reconhecimento dos riscos do trabalho assalariado que se manifestam na relação saúde-trabalho-doença. Nesse sentido, pautamos entendê-la no seu contexto histórico, resultante das lutas de classe, como refere Mota (2009, p. 40):

> As políticas de proteção social nas quais se incluem a saúde, a previdência e a assistência social são consideradas produto histórico das lutas do trabalho, na medida em que respondem pelo atendimento de necessidades inspiradas em princípios e valores socializados pelos

trabalhadores e reconhecidos pelo Estado e pelo patronato. [...] o escopo da seguridade depende tanto do nível de socialização da política conquistado pelas classes trabalhadoras, como de estratégias do capital na incorporação das necessidades do trabalho.

Nessa perspectiva, entendemos que o campo da Saúde do Trabalhador se constitui como uma política social que se define como um produto do processo histórico, resultante da correlação de forças entre capital e trabalho. Isso significa que tanto a formulação quanto a implementação de uma política social não são resultados de um consenso, pelo contrário, resultam de processos complexos de busca de legitimidade política articulada à acumulação do capital no seu conjunto (FALEIROS, 2010, p. 13).

No marco histórico da Saúde do Trabalhador no Brasil, a gênese das ações é encontrada na década de 1970, quando o movimento dos trabalhadores assume a saúde como bandeira de luta associado à preocupação de pesquisadores e técnicos com a questão da relação entre *saúde-trabalho-doença*. Como um campo de intervenção e de práticas no âmbito da saúde pública, tem por fundamentos os princípios doutrinários e organizativos do Sistema Único de Saúde (SUS), que defendem o acesso universal, a integralidade da atenção, a ênfase nas ações de prevenção e de promoção, a descentralização e a participação social. Compreende práticas interdisciplinares e interinstitucionais, entende que o processo saúde-doença dos trabalhadores tem relação direta com o seu trabalho, e não deve ser reduzido a uma relação monocausal entre doença e um agente específico; ou multicausal, entre a doença e um grupo de fatores de riscos (físicos, químicos, biológicos, mecânicos), presentes no ambiente de trabalho. Saúde e doença estão condicionadas e determinadas pelas condições de vida das pessoas, e são expressas entre os trabalhadores também pelo modo como vivenciam as condições, os processos e os ambientes em que trabalham (MINAYO-GOMEZ, 2011).

Entendemos que as transformações do capitalismo do final do século XX inferem uma mudança radical em processos de trabalho, hábitos de consumo, configurações geográficas e geopolíticas, poderes e práticas do Estado. Tais transformações tiveram como propósito recuperar os níveis de acumulação e reprodução do capital, bem como repor a hegemonia dele. As repercussões desse processo podem ser vislumbradas através do exaurimento da força de trabalho, combinado com mutações sociotécnicas no processo produtivo e na organização do controle social do trabalho, somado à flexibilização e à desregulamentação dos direitos sociais, bem como a terceirizações e novas formas de gestão da força de trabalho implantadas no espaço produtivo; aumento da fragmentação no interior da classe trabalhadora; precarização e terceirização da força humana que trabalha; destruição do sindicalismo de classe e sua conversão num sindicalismo dócil, de parceria, ou mesmo em um "sindicalismo de empresa" (ANTUNES, 2002; 2009).

Para Antunes (2009), a classe trabalhadora, nessa nova fase do capital, é afetada por um conjunto de metamorfoses, configurando uma *nova morfologia do trabalho* que se caracteriza pela redução do proletariado fabril, tradicional, manual, estável e especializado; pelo aumento do novo proletariado fabril e de serviços em escala mundial nas diversas modalidades do trabalho precarizado; pelo aumento significativo do trabalho feminino; pela expansão dos assalariados médios; pela crescente exclusão dos jovens; pela exclusão dos trabalhadores considerados idosos pelo capital; pela inclusão precoce e criminosa de crianças no mercado de trabalho; pela expansão do trabalho no terceiro setor; pela expansão do trabalho em domicílio.

É nesse contexto de crescente desemprego e de aumento das formas de precarização do trabalho que há um agravamento de doenças e acidentes relacionados ao trabalho, configurando o que Antunes e Praun (2015) chamam *de novo mapa de acidentes e doenças profissionais*, caracterizado pela alta incidência de acidentes de trabalho graves e fatais entre trabalhadores terceirizados, bem como pelo aumento significativo das lesões osteomusculares e dos transtornos mentais ligados ao trabalho. Corroborando esta análise, o relatório da Organização Internacional do Trabalho (ILO, 2019) indica que ocorrem 2,8 milhões de mortes por ano no mundo associadas a estresses, longas jornadas de trabalho e doenças profissionais. No que concerne às jornadas de trabalho, indica, ainda, que 36% dos trabalhadores estão em jornadas excessivamente longas; já quanto às mortes relacionadas ao trabalho, o relatório mostra que 86% ocorrem por doenças ocupacionais. Os números são alarmantes; estima-se que diariamente ocorram 6.500 mortes por doenças ocupacionais e 1.000 mortes por acidentes de trabalho em todo o mundo.

Em relação ao Brasil, dados do Observatório Digital de Saúde e Segurança do Trabalho[1] indicam que entre 2012 e 2020 foram registradas pelo INSS (Instituto Nacional do Seguro Social) *20.467* mortes relacionadas ao trabalho, além de *5.589.837* acidentes de trabalho. A estimativa aponta para uma morte em acidente a cada 3 horas, 51 minutos e 28 segundos; nesta, estima-se que ocorra um acidente a cada 50 segundos. Cabe destacar que as informações fornecidas retratam uma realidade parcial, pois os dados dizem respeito aos trabalhadores vinculados à Previdência Social, deixando de fora os trabalhadores informais, que representam cerca de 60% da população ocupada no país, servidores públicos federais, estaduais e municipais, bem como militares. Isso significa que as dimensões de adoecimentos e mortes associados ao trabalho no Brasil são muito maiores.

As informações expostas elucidam o quadro apontado por Antunes e Praun (2015) sobre o *novo mapa de acidentes e doenças profissionais* no Brasil. Lacaz (2015) alerta para a gravidade do problema, ao afirmar que os trabalhadores brasileiros continuam adoecendo e morrendo em taxas cada vez maiores. Sinaliza que nos anos de 1980 a taxa de letalidade média dos acidentes de trabalho era de 42 por 10 mil, nos anos 1990 chega a 85 por mil e, nos anos 2000, atinge 59 por 10 mil, demonstrando, assim, a necessidade de estudos que possam apresentar e discutir as reais condições de trabalho e saúde da

---

1. Dados disponíveis em: https://smartlabbr.org/. Acesso em: 27 abr. 2021.

população trabalhadora, em especial no estado do Rio de Janeiro. O quadro referido, associado às contrarreformas em andamento na atual conjuntura, acirra a gravidade da situação, indicando uma barbárie anunciada e evitável em relação a adoecimentos e mortes associados ao trabalho.

A Política Nacional de Saúde do Trabalhador e da Trabalhadora[2] (PNSTT) tem como finalidade definir os princípios, as diretrizes e as estratégias a serem observados pelas três esferas de gestão do Sistema Único de Saúde (SUS) para o desenvolvimento da atenção integral à saúde do trabalhador, com ênfase na vigilância, visando à promoção e à proteção da saúde dos trabalhadores e à redução da morbimortalidade decorrente dos modelos de desenvolvimento e dos processos produtivos.

As questões elucidadas até aqui ganham um contorno ainda maior com o advento da pandemia de covid-19 declarada pela Organização Mundial da Saúde (OMS)[3] em 11 de março de 2020 como um problema de saúde pública global, que impactou severamente a vida da classe trabalhadora, com consequências profundas e gerando altos índices de mortalidade, além de ampliar o empobrecimento e a miserabilidade daqueles que dependem do trabalho para sobreviver.

Como observa Antunes (2020, p. 17), "é no solo da crise estrutural do capital que a pandemia vem se proliferando intensamente, em poucos meses, já levou à morte de milhares de pessoas em todo o mundo, além de desempregar milhões de trabalhadores e trabalhadoras". Cabe dizer que a afirmação do autor foi se consolidando ao longo da pandemia, e hoje os números de morte chegam a casa dos 6 milhões em todo o mundo e os contaminados ultrapassam os

---

2. Portaria n. 1.823, de 23 de agosto de 2012. Institui a Política Nacional de Saúde do Trabalhador e da Trabalhadora.

3. Disponível em: https://www.paho.org/bra/index.php?option=com_content&view=article&id=6120:oms-afirma-que-covid-19-e-agora-caracterizada-como-pandemia&Itemid=812. Acesso em: 28 abr. 2021.

516 milhões. No Brasil, as mortes registradas passam de 663 mil, e a contaminação ultrapassou a marca dos 30 milhões de casos levando o país a ocupar o segundo lugar no *ranking* mundial.

Dados apresentados pela OIT[4] sobre o impacto da covid-19 no mercado de trabalho apontam para uma diminuição massiva na renda do trabalho para os trabalhadores em todo o mundo. Nos primeiros três trimestres de 2020, estima-se que a renda global do trabalho teve uma queda de 10,7%, situação agudizada nos países mais pobres, onde as perdas atingiram cerca de 15,1%. As projeções apontam para uma piora significativa da situação com o avanço da pandemia afetando, principalmente, os trabalhadores da economia informal.

De acordo Krein, Biavaschi e Teixeira (2020, p. 1):

> No Brasil, dadas as características históricas de nossa formação social e econômica, apesar da existência de amplo sistema de regulação social do trabalho, parcela expressiva da massa trabalhadora sempre esteve privada desse conjunto de direitos e proteções sociais, realidade que a "reforma" trabalhista aprofundou a partir de sua vigência, em novembro de 2017. Assim, a crise do coronavírus encontrou um mercado de trabalho pouco estruturado, heterogêneo, com alta informalidade e rotatividade, baixos salários e marcado pela desigual distribuição dos rendimentos do trabalho.

Estamos diante de uma pandemia que exibe as desigualdades de classe, gênero e raça. É necessário romper com a retórica de que as pandemias não reconhecem classe social ou outras barreiras sociais, pois os mais expostos são os trabalhadores, seja em relação ao risco de contrair o vírus, seja pelo risco de perda do emprego.

> Existe um mito conveniente de que as doenças infecciosas não reconhecem classe social ou outras barreiras e fronteiras sociais. Como

---

4. Disponível em: https://www.ilo.org/brasilia/noticias/WCMS_756027/lang--pt/index. htm. Acesso em: 27 abr. 2021.

muitos dizem, há uma certa verdade nisso. Nas epidemias de cólera do século XIX, a transcendência das barreiras de classe foi suficientemente dramática para gerar o nascimento de um movimento público de saneamento e saúde que se profissionalizou e perdurou até os dias de hoje. Se esse movimento foi projetado para proteger todos ou apenas as classes altas nem sempre foi uma história clara. Hoje, porém, o diferencial de classe e os efeitos e impactos sociais contam uma história diferente. Os impactos econômicos e sociais são filtrados através de discriminações "costumeiras" que estão em toda parte em evidência. Para começar, a força de trabalho que deve cuidar do número crescente de doentes é altamente seccionada por gênero, raça e etnia na maior parte do mundo. Nisso reflete as forças de trabalho baseadas em classe encontradas em, por exemplo, aeroportos e outros setores logísticos (HARVEY, 2020, p. 6).

Ao retratarem essa situação, Krein, Biavaschi e Teixeira (2020) indicam que as consequências da pandemia na realidade brasileira e seus impactos devem ser analisados à luz da trajetória histórica e do contexto de desamparo e desproteção social que assola o país, em face da crescente marcha de destruição dos direitos sociais empreendida nos anos mais recentes, em especial no governo Bolsonaro.

Destacam, ainda, que diversas categorias profissionais, essenciais para a preservação da vida, como as de saúde, limpeza, alimentação, logística, energia, transporte, manutenção, entre outras, foram desde o início convocadas para trabalhar no contexto da pandemia. Fica latente que estes trabalhadores foram submetidos a novos riscos em condições de trabalho piores, com jornadas ampliadas, sem garantia de meio ambiente saudável de trabalho, com insuficiência ou ausência de EPIs (equipamentos de proteção individual), precária logística de transporte, alimentação e de infraestrutura pública (tais como creches, entre outras).

O resultado direto da exposição aos riscos e da precarização das condições de trabalho com o avanço da pandemia é o aumento do número de afastamentos dos trabalhadores por doenças ou acidentes de trabalho. Informações disponibilizadas pelo Observatório de

Segurança e Saúde no Trabalho[5] mostram que mais de 21 mil óbitos acidentários foram registrados desde 2012. Em 2020, ano de início da pandemia da covid-19, os acidentes de trabalho graves, notificados ao Ministério da Saúde, subiram 40%, auxílios-doença por depressão, ansiedade, estresse e outros transtornos mentais e comportamentais cresceram 30%.

O enfrentamento à pandemia demanda ações que visem à garantia de condições de trabalho, proteção social e suporte material e psicológico aos trabalhadores, em especial aos que estão na linha de frente, assegurando proteção pessoal e social. Medidas e políticas governamentais nessa direção são fundamentais diante do abismo social adensado no país.

Nesse cenário, a pertinência do debate sobre a Política de Saúde do Trabalhador e da Trabalhadora, em especial os desafios para a Região Metropolitana I do Rio de Janeiro, se justifica pelo arcabouço jurídico legal que a área logrou nos últimos anos, bem como pela estruturação da Rede Nacional de Atenção Integral à Saúde do Trabalhador (Renast), mas primordialmente pelo agravamento das condições de vida e trabalho da classe trabalhadora, que gera aumento de adoecimentos e mortes relacionados ao trabalho, conforme as informações apresentadas. Nesse sentido, discutiremos o panorama da situação de trabalho e saúde na Região Metropolitana I do estado do Rio de Janeiro.

Breve panorama da situação de saúde e trabalho na Região Metropolitana I do estado do Rio de Janeiro

De acordo com o Plano Diretor de Regionalização da Saúde (PDR), o estado do Rio de janeiro é dividido em nove regiões de

---

5. Dados disponíveis em: https://smartlabbr.org/. Acesso em: 27 abr. 2021.

saúde:[6] Região Metropolitana I, Região Metropolitana II, Região Baía da Ilha Grande, Região Médio Paraíba, Região Centro-Sul, Região Serrana, Região Baixada Litorânea, Região Norte e Região Noroeste.

A Região Metropolitana I[7] é formada pelos 11 municípios da Baixada Fluminense, a saber: Belford Roxo, Duque de Caxias, Itaguaí, Japeri, Magé, Mesquita, Nilópolis, Nova Iguaçu, Queimados, São João de Meriti, Seropédica, e pela capital cidade do Rio de Janeiro.

Considerando os dados do censo demográfico 2010,[8] a população residente na Região Metropolitana 1 totaliza **9.873.610** habitantes, desses **4.217.000** correspondem ao quantitativo da população ocupada, ou seja, população referente ao grupo de pessoas entre 18 e 64 anos que exercem alguma atividade remunerada devidamente comprovada. Esse dado é importante para a identificação dos trabalhadores no âmbito dessa região de saúde, conforme previsto na PNSTT. Observamos que esse contingente populacional de trabalhadores corresponde a 43%

---

6. De acordo com Santos (2017), o Decreto n. 7.508, de 2011, regulamenta a região de saúde como um recorte territorial, administrativo-sanitário, o qual permite integrar o que a descentralização supostamente teria fracionado, definindo para a população um espaço sanitário de serviços, constituído pelas redes de atenção à saúde, dotadas de inteligência sanitária que permita à pessoa o acesso ao itinerário terapêutico adequado à sua necessidade. A região de saúde é pré-requisito para a ordenação sanitária, com o fim específico de garantir o acesso a ações e serviços de saúde dentro de um território delimitado e disciplinado, podendo ser inter-regional, conforme forem as necessidades de saúde. É na região que o SUS deve garantir às pessoas suas necessidades de saúde segundo as referências interfederativas e a gestão compartilhada, definidas em acordos e consagradas no contrato.

7. A Região Metropolitana I está localizada entre as regiões do Médio Paraíba, Centro-Sul Fluminense e Serrana, sendo formada por 12 municípios: Belford Roxo, Duque de Caxias, Itaguaí, Japeri, Magé, Mesquita, Nilópolis, Nova Iguaçu, Queimados, São João do Meriti, Seropédica e Rio de Janeiro. Corresponde a 5,16% da área total do estado do Rio de Janeiro e abriga cerca de 61,50% de sua população, com altas densidades demográficas, constituindo-se em espaço de pressão social em virtude de um crescimento econômico nem sempre acompanhado pelo atendimento das necessidades básicas da população. Destaca-se nessa região a capital do estado.

8. IBGE — Instituto Brasileiro de Geografia e Estatística. Cidades. 2012. Disponível em: http://cidades.ibge.gov.br. Acesso em: 19 fev. 2018.

da população dessa região. No entanto, destacamos que para as ações de saúde do trabalhador esse percentual ainda é maior, pois, conforme já exposto, tais ações devem contemplar todos os trabalhadores, priorizando pessoas e grupos em situação de maior vulnerabilidade, como aqueles inseridos em atividades ou em relações informais e precárias de trabalho, em atividades de maior risco para a saúde, submetidos a formas nocivas de discriminação ou ao trabalho infantil, na perspectiva de superar desigualdades sociais e de saúde e de buscar equidade na atenção.

Atualmente, a taxa da População Economicamente Ativa (PEA)[9] no Brasil gira em torno de 50% da população total, e no estado do Rio de Janeiro esse índice tem correspondido a 56,6%. Esses dados corroboram a relevância da implementação das ações de saúde do trabalhador nessa região.

Quanto à inserção dos trabalhadores da região no mercado de trabalho, de acordo com a RAIS 2019 (Relação Anual de Informações Sociais), existem na região 340.917 estabelecimentos de trabalho e 2.235.461 empregos formais distribuídos por três grandes setores: agrícola, serviços e indústria, como mostram os Gráficos 1 e 2.

---

9. Segundo o Instituto de Pesquisa Econômica Aplicada (Ipea), a **População Economicamente Ativa (PEA)** é a porção da população que está com idade e em condições de trabalho, estando empregada ou, de alguma forma, procurando por emprego. A PEA corresponde, dessa forma, à faixa populacional responsável pela produção de riquezas a partir do trabalho, com remuneração especificamente voltada para o cumprimento de suas atividades. O Instituto Brasileiro de Geografia e Estatística (IBGE) divide a PEA em dois tipos: a **população ocupada** e a **população não ocupada**. A população ocupada corresponde ao grupo de pessoas que exerce alguma atividade remunerada, devidamente comprovada. Já a população não ocupada equivale às pessoas que não trabalham e que procuram por emprego. Segundo dados do IBGE, a população economicamente ativa do Brasil é de 51%.

Gráfico 1 – **Número de empregos formais na Região Metropolitana I (RJ).**

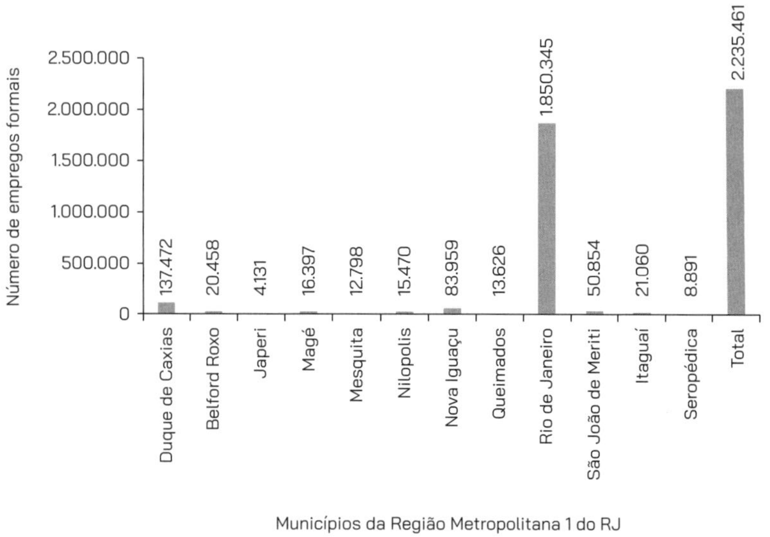

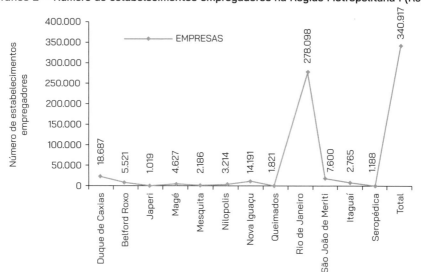

Fonte: Cadastro Geral de Empregados e Desempregados (Caged) – 2019.

Gráfico 2 – **Número de estabelecimentos empregadores na Região Metropolitana I (RJ).**

Fonte: Cadastro Geral de Empregados e Desempregados (Caged) – 2019.

Uma análise preliminar permite tecer algumas considerações: a primeira diz respeito à relação entre os empregos formais e a taxa de população ocupada na região; os dados demonstram um número expressivo de postos de trabalho informais na região; a outra se refere à distribuição dos trabalhadores pelos grandes setores, em que observamos a predominância do setor de serviços. Tais considerações reforçam a necessidade de conhecermos a realidade local dessa região, a fim de que possamos nos instrumentalizar para uma intervenção que colabore para a melhoria das condições de trabalho e saúde dessa população, bem como para a proposição de ações concretas, na direção de medidas e de políticas públicas de proteção pessoal e social dos trabalhadores e de suas famílias.

Corroborando essa análise, buscamos informações a respeito da saúde dessa população trabalhadora; para tanto, elegemos como fonte: número de afastamentos do trabalho por agravos relacionados ao trabalho; mortes associadas com o trabalho; e número de notificações de agravos relacionados ao trabalho registrados no Sistema de Informação de Agravos de Notificação (Sinan).

No que tange à situação de saúde dos trabalhadores na região, salientamos a inexistência de estudos científicos e de informações consistentes que envolvam toda a população trabalhadora, fato associado, de um lado, à pulverização das informações nos sistemas disponíveis para consulta, como: anuário do Instituto Nacional do Seguro Social (INSS), Relação Anual de informações Sociais (RAIS), Sinan e Sistema de Informação sobre Mortalidade (SIM); e, de outro, à subnotificação dos registros nos sistemas de informação, seja pelos dados fornecidos pelas empresas ao INSS, seja pelas informações notificadas pelos serviços de saúde no Sinan e no SIM. Apesar disso, tais informações apontam para a magnitude dos agravos e doenças relacionados ao trabalho na região, bem como reafirmam a necessidade de integração dos sistemas de informação, de estabelecimento de estratégias que qualifiquem os dados e reduzam a subnotificação.

Apresentamos, a seguir, os Gráficos 3, 4 e 5 que evidenciam, mesmo que de forma parcial, a situação de adoecimento e morte da população trabalhadora na Região Metropolitana I do Rio de Janeiro. O Gráfico 3 apresenta o número acumulado de notificações de acidente de trabalho em que houve o registro da Comunicação de Acidente de Trabalho (CAT) junto ao INSS no período compreendido entre os anos de 2000 e 2020. No Gráfico 4, encontra-se o número acumulado de acidentes de trabalho com óbito com registro de CAT na região também entre os anos de 2000 e 2020. Importa destacar que as informações constantes nesses dois gráficos são referentes aos trabalhadores com vínculo formal, deixando ao largo os trabalhadores com vínculo informal, sobre os quais ainda pouco se conhece em relação a suas condições de vida, trabalho e adoecimento.

Gráfico 3 – Número acumulado de notificações de acidente de trabalho com CAT na Região Metropopolitana I (RJ) (2002-2020).

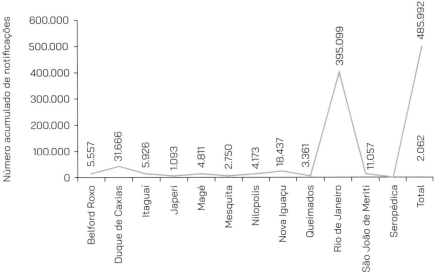

Fonte: Observatório Digital de Saúde e Segurança no Trabalho/2021.

Gráfico 4 — Número acumulado de acidentes de trabalho com óbito na Região Metropolitana I (RJ) (2000-2020).

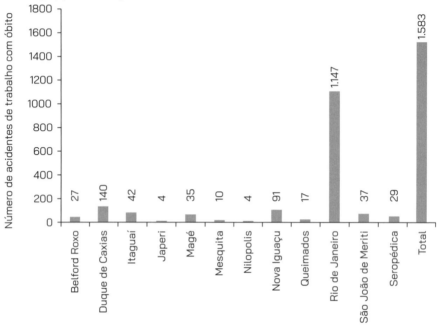

Fonte: Observatório Digital de Saúde e Segurança no Trabalho/2021.

Segundo os dados disponibilizados pelo Observatório Digital de Saúde e Segurança no Trabalho,[10] no período de 2000 a 2020 foram registradas 485.992 notificações de acidentes de trabalho com registro em CAT e *1.583* acidentes com morte envolvendo os trabalhadores nessa região de saúde, como pode ser observado nos Gráficos 3 e 4. Cabe destacar que tais informações referem-se, apenas, aos trabalhadores formais, ficando de fora um grande percentual de trabalhadores que, embora estejam ocupados, estão inseridos informalmente no mercado de trabalho, bem como servidores públicos das esferas federal, estadual e municipal.

---

10. Dados disponíveis em: https://smartlabbr.org/. Acesso em: 27 abr. 2021.

No que concerne à concessão de benefícios previdenciários acidentários (B91), observa-se que nesse período foram notificados ao INSS através da CAT 485.992 acidentes de trabalho; desses apenas 31% geraram benefícios previdenciários acidentários, os outros 69% ou não foram reconhecidos como relacionados ao trabalho e foram concedidos como auxílio por incapacidade temporária, ou a concessão do benefício foi negada.

O Gráfico 5 apresenta o número acumulado de notificações de doenças e agravos relacionados ao trabalho no Sinan no período compreendido entre os anos de 2007 e 2020. As notificações de doenças e agravos associadas ao trabalho só foram incorporadas ao Sinan como de notificação compulsória a partir de 2007, embora a Lista de Doenças Relacionadas ao Trabalho[11] seja de 1999.

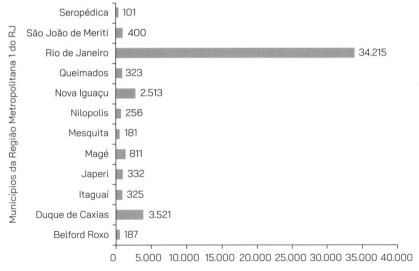

Gráfico 5 — Número acumulado de notificações de doenças e agravos relacionados ao trabalho no Sinan (2007-2020)

Fonte: Observatório Digital de Saúde e Segurança no Trabalho/2021.

---

11. Portaria n. 1.339/GM, de 18 de novembro de 1999.

Um dos nós críticos desse sistema, em relação à Saúde do Trabalhador, concerne ao acesso aos dados produzidos pela área na esfera federal, estadual e municipal. Verificamos que no período de 2007 a 2020 foram notificados *43.165* casos de agravos e doenças relacionados ao trabalho nessa região de saúde. Embora a base do Sinan tenha uma abrangência maior, pois considera um universo de trabalhadores mais amplo do que o da base do sistema do INSS, constatamos que há uma grande discrepância entre os dados apresentados nos gráficos com os dados extraídos junto às bases de dados do INSS e à base de dados do Ministério da Saúde. Ainda que os períodos expostos nos gráficos sejam descoincidentes, notamos uma discrepância entre as informações disponibilizadas. Embora o Sinan seja um sistema ligado ao SUS com maior capilaridade do que o INSS, e o registro das notificações não esteja atrelado ao vínculo empregatício formal do trabalhador, observamos que o número de notificações no Sinan é muito inferior ao do registro no INSS. O reconhecimento da relação entre o trabalho e o adoecimento da população é uma questão a ser enfrentada no âmbito do SUS. Tal situação se evidencia no atual momento pandêmico pela exposição dos trabalhadores ao risco de contaminação e adoecimento. No entanto, enfrentamos muitas dificuldades para que a covid-19 seja reconhecida como uma doença relacionada ao trabalho.

Tomando por referência os dados expostos até aqui, é possível identificar a relevância da implementação das ações de saúde do trabalhador nessa região de saúde, bem como a urgência na construção de Política de Saúde do Trabalhador que considere a realidade local e regional.

Considerações finais

A estruturação da PNSTT requer a incorporação de ações e práticas do SUS que considerem a relação entre saúde e trabalho, alicerçada numa perspectiva ampliada de saúde. Tambellini (1988, p. 8) afirma que: "Uma Política Nacional de Saúde que quer ser eficiente e eficaz deve partir de uma concepção ampla da questão saúde que permita o redimensionamento das políticas e ações específicas nos diferentes âmbitos do poder em que se fizer necessário". Uma política que incorpore os interesses dos trabalhadores, suas demandas e necessidades, comprometida com a promoção, a prevenção e a recuperação, para tanto, precisa ser pensada e conduzida com e para os trabalhadores.

No que tange à situação de saúde dos trabalhadores na região, este texto aponta para a ausência de informações consistentes que envolvam toda a população trabalhadora, fato associado, de um lado, à pulverização das informações nos sistemas oficiais disponíveis para consulta; e, de outro, à subnotificação dos registros nos referidos sistemas de informação. Apesar disso, constata-se que tais informações revelam a magnitude de agravos e doenças relacionados ao trabalho na região, bem como reafirmam a necessidade de integração dos sistemas de informação, de estabelecimento de estratégias que qualifiquem os dados e reduzam a subnotificação.

Outro aspecto que requer alusão diz respeito aos impactos epidemiológicos, sociais e políticos da pandemia na região de saúde. A questão da subnotificação dos casos de infecção pelo vírus é um problema que não é novo para o SUS, dificuldade que impacta na formulação de políticas de enfrentamento das questões de saúde pública. Em contrapartida, há uma tendência à não transparência das informações de saúde sobre a covid-19, o que pode ser observado no que concerne à notificação compulsória de covid-19, a qual não incluiu o quesito raça e cor, nem a ocupação nos primeiros formulários criados para o registro das notificações, situação que só foi modificada a partir do questionamento da sociedade civil, de movimentos sociais, instituições acadêmicas e de pesquisas, dentre outros.

Informações disponibilizadas pela Secretaria Especial de Previdência e Trabalho ao Portal R7 (2021)[12] corroboram a análise deste

---

12. "Covid-19 vira principal causa de afastamento do trabalho no INSS." Reportagem pública no Portal R7 em 24 de abril de 2021. Disponível em: https://noticias.r7.com/economia/

capítulo, informando que a covid-19 se tornou a principal causa de afastamento do trabalho no INSS. Entre os meses de janeiro e março de 2021, foram concedidos *13.259* auxílios-doença por causa de infecção por coronavírus, em comparação com o levantamento realizado em 2020. Também pela mesma secretaria, a doença havia sido a terceira causa de afastamentos, considerados aqueles que ultrapassam os 15 dias e geram o benefício social, perdendo apenas para problemas como dores nas costas e nos ombros. Esse cenário demonstra que o avanço da pandemia repercute na reprodução da força de trabalho, nas suas condições de vida e trabalho.

Em relação aos casos confirmados de covid-19 na Região Metropolitana I, de acordo com os dados organizados pelo Centro de Informações Estratégicas e Resposta de Vigilância em Saúde (CIEVS-RJ) da Secretaria de Saúde do estado do Rio de Janeiro,[13] foram notificados desde o início da pandemia até 27 de abril de 2021 *343.189 casos*. A distribuição por sexo aponta que 54% dos casos são do sexo feminino e 44% do sexo masculino; em relação ao quesito raça e cor, destaca-se que pretos e pardos são 37% da população contaminada. Quanto à faixa etária, dado significativo evidenciado é que 68% da população refere-se a adultos economicamente ativos entre 20 e 59 anos, confirmando o impacto da pandemia na classe trabalhadora e a relação do nexo causal com o trabalho.

Já os óbitos confirmados, no mesmo período, chegaram a *29.013* casos, cujo perfil é formado por 54% de homens e 46% de mulheres, pretos e pardos correspondem a 40% dos óbitos, 75% são idosos a partir de 60 anos. Uma questão relevante é que embora as mulheres sejam as mais contaminadas pelo vírus, a mortalidade é maior entre os homens. A taxa de letalidade[14] é de 8,94%, a maior entre as regiões

---

covid-19-vira-principal-causa-de-afastamento-do-trabalho-no-inss-24042021. Acesso em: 27 abr. 2021.

13. Disponível em: http://sistemas.saude.rj.gov.br/tabnetbd/dhx.exe?covid19/esus_sivep. def. Acesso em: 29 abr. 2021.

14. A taxa de letalidade avalia o número de mortes no que diz respeito às pessoas que apresentam a doença ativa, e não em relação à população toda, ou seja, mede a porcentagem

de saúde do estado, indicando a situação crítica da região em relação ao enfrentamento da pandemia.

Este é um panorama da grave situação a que estão submetidos os trabalhadores na Região Metropolitana I do Rio de Janeiro: o aviltamento das condições de trabalho, a supressão de direitos, a invisibilidade social, a desproteção social, a discriminação e a exposição a riscos ocupacionais. Pouco se sabe sobre esses trabalhadores, as informações são escassas, porém indicam a necessidade de ações efetivas por parte dos governos federal, estadual e municipais.

Embora os dados apresentados no que concerne à covid-19 na região demonstrem que a contaminação atingiu 68% da população economicamente ativa, não há registros sobre a ocupação nos sistemas do Ministério da Saúde, o que se apresenta como uma estratégia para mascarar e negar a relação da doença com o trabalho. As ações empreendidas pelo governo federal vão na direção do negacionismo e da mitigação dos impactos da pandemia. O debate sobre a caracterização da covid-19 como uma doença relacionada ao trabalho gerou impasses dentro do próprio Ministério da Saúde e resultou na revogação da nova Lista de Doenças Relacionadas ao Trabalho,[15] que incluía a covid-19 no rol das doenças associadas ao trabalho.

É crucial que os gestores locais, o controle social, os profissionais de saúde e demais sujeitos envolvidos com a questão assumam a saúde do trabalhador como uma área de ação e intervenção dentro do Sistema Único de Saúde. Para isso, destacamos como ações prioritárias para a região: (1) criar e formalizar as referências técnicas em saúde do trabalhador, nas áreas de Vigilância em Saúde nos municípios que compõem a Região Metropolitana I do estado do Rio de Janeiro; (2) mapear os serviços de saúde do trabalhador existentes na região; (3)

---

de pessoas infectadas que evoluem para óbito. O cálculo é obtido através da razão entre o número de óbitos de uma determinada doença e o total de casos da doença multiplicado por 100.

15. A Portaria n. 2.309, de 28 de agosto de 2020, que altera a Portaria de Consolidação n. 5/GM/MS, de 28 de setembro de 2017, e atualiza a Lista de Doenças Relacionadas ao Trabalho (LDRT), foi revogada pelo ministro da Saúde dois dias após a sua publicação.

identificar o perfil epidemiológico de morbimortalidade e indicadores diversos de saúde-doença com vista a um diagnóstico sanitário; (4) mapear a rede de saúde na região abrangida, compreendendo equipes de vigilância sanitária, epidemiológica, ambiental, saúde da família e agentes comunitários de saúde, urgência, emergência, rede sentinela, especialidades, números de profissionais; (5) identificar potenciais parceiros na região para ações de Vigilância em Saúde do Trabalhador (Visat); (6) elaborar perfil econômico-produtivo da região, identificando a diversidade e os grandes empreendimentos potencialmente impactantes para a saúde do trabalhador; (7) estabelecer o perfil de representação sindical, identificando as representações potencialmente capazes de atuar nas ações de Vigilância em Saúde do Trabalhador.

As ações propostas contribuem para a construção de um diagnóstico situacional e estrutural das condições de saúde dos trabalhadores na região, possibilitando a identificação de prioridades no que tange às ações de saúde do trabalhador. Uma ação efetiva no campo da saúde do trabalhador exige o conhecimento da realidade e a apropriação do trabalhador como sujeito de todo o processo e não como mero objeto.

No âmbito do SUS, é preciso romper com a marginalidade da saúde do trabalhador, Vasconcellos e Machado (2011, p. 37) advertem: "O campo da saúde do trabalhador foi acolhido parcialmente pela saúde pública e vive o permanente desafio para o seu desenvolvimento técnico-operacional por dentro das práticas de saúde em geral". Torna-se primordial ocupar espaços decisórios e de gestão com a pauta da saúde do trabalhador, dar visibilidade à sua capilaridade, transversalidade, intersetorialidade e pluralidade. Assim, a criação de mecanismos de controle social, bem como da estruturação das áreas técnicas de saúde do trabalhador nos municípios e na região, é uma estratégia de fortalecimento da área no quadro atual de desmonte dos direitos sociais, agravado pelas contrarreformas trabalhistas, da saúde e da Previdência Social.

Por fim, ao debater os desafios postos à efetivação de uma política de saúde do trabalhador na contemporaneidade comprometida com os interesses da classe trabalhadora, apresentou-se uma reflexão acerca da situação de saúde dos trabalhadores na Região Metropolitana I do estado do Rio de Janeiro, discorrendo sobre a necessidade premente de fortalecer através de ações efetivas essa política no SUS.

Referências

ANTUNES, R. O toyotismo: as novas formas de acumulação de capital e as formas contemporâneas do estranhamento (alienação). *Caderno CRH*, Salvador, n. 37, p. 23-45, jul./dez. 2002.

ANTUNES, R. *Os sentidos do trabalho*: ensaio sobre a afirmação e a negação do trabalho. São Paulo: Boitempo, 2009.

ANTUNES, R. *Coronavirus*: o trabalho sob fogo cruzado (recurso eletrônico). São Paulo: Bointempo, 2020. (Pandemia do capital).

ANTUNES, R.; PRAUN, L. A sociedade dos adoecimentos no trabalho. *Serviço Social & Sociedade*, São Paulo, n. 123, p. 407-427, set. 2015.

FALEIROS, V. P. *O trabalho da política*: saúde e segurança dos trabalhadores. São Paulo: Cortez, 2010.

HARVEY, D. Política anticapitalista em tempos de coronavírus. 24 mar. 2020. Disponível em: https://blogdaboitempo.com.br/2020/03/24/david-harvey--politica-anticapitalista-em-tempos-de-coronavirus/. Acesso em: 27 abr. 2021.

INSTITUTO BRASILEIRO DE GEOGRAFIA E ESTATÍSTICA (IBGE). Cidades. 2015. Disponível em: http://cidades.ibge.gov.br. Acesso em: 19 fev. 2018.

INTERNATIONAL LABOUR OFFICE (ILO). Report: Safety and health at the heart of the future of work: building on 100 years of experience. Geneva, 2019. Disponível em: https://www.ilo.org/wcmsp5/groups/public/dgreports/dcomm/documents/publication/wcms_686645.pdf. Acesso em: maio 2022.

KREIN, J. D.; BIAVASCHI, M.; TEIXEIRA, M. Emprego, trabalho e renda para garantir o direito à vida. *Nexo*, 17 abr. 2020. Disponível em: https://www.nexojornal.com.br/ensaio/debate/2020/Emprego-trabalho-e-renda-para-garantir-o--direito-%C3%A0-vida. Acesso em: 27 abr. 2021.

LACAZ, F. A. C. Continuam a adoecer e morrer os trabalhadores: as relações, entraves e desafios para o campo Saúde do Trabalhador. *Revista Brasileira de Saúde Ocupacional*, São Paulo, v. 41, e 13, 2016.

MINAYO-GOMEZ, C. Campo da saúde do trabalhador: trajetória, configuração e transformações. *In*: MINAYO-GOMEZ, C.; MACHADO, J. M. H.; PENA, P. G. L. *Saúde do trabalhador na sociedade brasileira contemporânea*. Rio de Janeiro: Fiocruz, 2011.

MINAYO-GOMEZ, C.; THENDIM-COSTA, S. M. A construção do campo da saúde do trabalhador: percursos e dilemas. *Cadernos de Saúde Pública*, Rio de Janeiro, n. 13 (supl. 2), p. 21-32, 1997.

MOTA, A. E. *Cultura da crise e seguridade social*: um estudo sobre as tendências da previdência e da assistência social brasileira nos anos 80 e 90. São Paulo: Cortez, 2009.

OBSERVATÓRIO DIGITAL DE SAÚDE E SEGURANÇA NO TRABALHO (MPT-OIT). 2018. Disponível em: http://observatoriosst.mpt.mp.br. Acesso em: 27 abr. 2021.

SANTOS, L. Região de saúde e suas redes de atenção: modelo organizativo-sistêmico do SUS. Ciência & Saúde Coletiva [online], v. 22, n. 4, p. 1281-1289, 2017. Disponível em: https://doi.org/10.1590/1413-81232017224.26392016. Acesso em: maio 2022.

VASCONCELLOS, L. C. F.; MACHADO, J. M. H. Política Nacional de Saúde do Trabalhador: ampliação do objeto em busca de uma política de Estado. *In*: MINAYO-GOMEZ, C.; MACHADO, J. M. H.; PENA, P. G. L. *Saúde do trabalhador na sociedade brasileira contemporânea*. Rio de Janeiro: Editora Fiocruz, 2011.

TAMBELLINI, A. T. Política Nacional de Saúde do Trabalhador: análises e perspectivas. Rio de Janeiro: Abrasco/Fiocruz, 1986.

TAMBELLINI, A. T.; CAMARA, V. M. A temática saúde e ambiente no processo de desenvolvimento do campo da saúde coletiva: aspectos históricos, conceituais e metodológicos. *Ciência & Saúde Coletiva*, Rio de Janeiro, v. 3, n. 2, p. 47-59, 1998.

Trabalho e meio ambiente:
implicações socioeconômicas aos trabalhadores atingidos por barragem no contexto do capitalismo dependente brasileiro

Soraya Gama de Ataide Prescholdt
Renata Silva Souza
Nayane Viale Vargas
Marineia Viale Quinelato

Introdução

A crise capitalista que caracteriza a contemporaneidade qualifica-se por um grau de intensidade maior que em períodos anteriores, principalmente na área ambiental, em escala local e global, em virtude da depredação do meio ambiente em escala crescente provocada pelo modo de produção capitalista dominante.

No Brasil, o rompimento da barragem de rejeito de Fundão e seus impactos demandam uma reflexão no que concerne à disposição de rejeitos da mineração,[1] e como a mineração vem por anos se mostrando uma atividade extrativista-predatória perante o modelo de sociedade capitalista de caráter dependente, configurado na América Latina, e sua perspectiva de desenvolvimento subordinada aos interesses do capital internacional.

Em vista disso, este capítulo tem por objetivo abordar as implicações socioeconômicas sobre os trabalhadores atingidos pelo rompimento da Barragem de Fundão (MG) controlada pela empresa Samarco Mineração S.A. no contexto do capitalismo dependente periférico brasileiro, no sentido de articular como a condição de dependência engendrada historicamente nos países latino-americanos, e em específico no Brasil, pode ser relacionada à apropriação destrutiva do meio ambiente, que se reflete nas condições de trabalho e vida daqueles que vivem no município de Fundão (MG).

Como metodologia, para a elaboração deste esboço, foi realizado um estudo documental com a intenção de identificar as ações previstas no Termo de Transação e de Ajustamento de Conduta (TTAC), com o propósito de verificar como estão sendo implementadas as medidas de *reparação* pela Fundação Renova, além do estudo de relatórios anuais do período de setembro de 2016 a junho de 2019, que trazem informações qualitativas sobre o andamento dos programas na área socioeconômica destinados aos atingidos pela barragem. Realizou-se também uma pesquisa bibliográfica com aporte na teoria social crítica para a compreensão da realidade desses trabalhadores atingidos. Parte-se do pressuposto de que o modo como se desenvolveu o capitalismo no Brasil, com ênfase no processo de industrialização tardio com investimentos estrangeiros, trouxe um significativo agravamento da destrutividade socioambiental por parte do capital com implicações

---

1. Sabe-se que os países do capitalismo central não autorizam a construção de mineradoras e siderúrgicas em embocaduras de rios ou próximas a lagos ou em áreas próximas do mar. Isso porque essas indústrias produzem resíduos que contaminam o meio ambiente, tais como escórias, lamas, emissão de materiais particulados e gás carbônico. Para maiores informações, ver: Ataíde (2011).

destrutivas para a classe trabalhadora, conforme será esboçado ao longo deste capítulo.

O tratamento dos dados foi baseado em uma análise de conteúdo com o intuito de verificar a hipótese e identificar nos materiais analisados o que está previsto para atender às demandas dos trabalhadores afetados e como estão sendo implementadas as medidas da chamada *reparação* pela Samarco após o desabamento da Barragem de Fundão em Mariana (MG).

Trabalho e meio ambiente no marco do capitalismo dependente brasileiro

Inicia-se este capítulo ressaltando que apreender a dinâmica do capitalismo contemporâneo na sua totalidade implica reconhecer a discussão socioambiental como um dos temas medulares da crise capitalista, em que a acentuação da destrutividade socioambiental e a mercantilização dos seus efeitos evidenciam uma contradição crescente própria desse modo de produção, conforme argumentado por Letícia Soares Nunes (2017). O exposto pela autora remete para a reflexão de que, desde sua emergência, o capitalismo busca novas fronteiras de mercadoria para seguir sua lógica de desenvolvimento (NUNES, 2017).

Nessa perspectiva, considerando o processo de acumulação primitiva, Marx (2013) aponta que, além de todo o processo de expropriação da produção familiar, artesanal e camponesa que separou o produtor direto dos seus meios de produção e submeteu a atividade agrícola à lógica mercantil, a descoberta e a exploração das colônias nas Américas contribuíram para o enriquecimento da burguesia da metrópole europeia, sendo, portanto, importante para o desenvolvimento do capitalismo que estava emergindo.

Desse modo, convém salientar que no contexto da divisão internacional do trabalho, a região que conforma o que se denomina

América Latina se desenvolve em estreita consonância com a dinâmica do capitalismo internacional. Nessa lógica, a condição para a inserção da América Latina na economia mundial relaciona-se historicamente com a capacidade dessa região de criar uma oferta mundial de alimentos como base para o desenvolvimento do capitalismo central europeu. Além disso, à América Latina foi acrescentada a função de contribuir para a formação de um mercado de matérias-primas industriais, cuja importância crescia em função do próprio desenvolvimento industrial no centro do capitalismo (MATHEUS, 2017). Em outros termos, é a partir de então que se configura a relação de dependência dos países latino-americanos, já incluindo o Brasil, frente aos países capitalistas centrais.

Segundo Nunes (2017), os países periféricos foram e ainda são fornecedores de recursos naturais para os países desenvolvidos, sendo constantemente saqueados na expansão capitalista. Ou seja, a conquista de novos mercados, o caráter predatório em relação à natureza e o emprego de uma força de trabalho submetida ao processo de superexploração foram os motores da expansão capitalista.

Considerando a lógica de dependência pela qual os países latino-americanos historicamente estão submetidos, o Brasil se insere na lógica de acumulação do capital em escala mundial como uma região com economia dependente do grande capital internacional. Trata-se do que Ruy Mauro Marini chama de *a dialética da dependência*, entendendo a dependência como "uma relação de subordinação entre nações formalmente independentes, em cujo âmbito as relações de produção das nações subordinadas são modificadas ou recriadas para assegurar a reprodução ampliada da dependência" (MARINI, 2000, p. 109). Assim, a relação entre países periféricos e países centrais está condicionada por uma situação de antagonismo e complementaridade, em que a condição de desenvolvimento e de subdesenvolvimento apresenta características que, mesmo contraditórias, pertencem à mesma lógica de desenvolvimento no sistema de acumulação de capital em âmbito mundial, ou seja, a categoria dependência expressa aqui subordinação, a premissa de que o desenvolvimento dos países de economia periférica está submetido (ou limitado) pelo desenvolvimento dos países do centro do capitalismo.

No transcorrer de séculos, a dependência dos países periféricos em relação aos centrais ainda esteve associada à exploração de seus recursos naturais, constituindo o Estado um ente indispensável a esse processo. À vista disso, as ações do Estado brasileiro voltadas ao meio ambiente se iniciam lentamente e de modo focalizado, prevalecendo o atendimento às demandas do mercado internacional, visto que o Brasil teve uma inserção tardia no debate ambiental mundial e em condições muito peculiares, pois, até o final da década de 1970, o país se mostrou contrário ao efetivo reconhecimento e enfrentamento dos problemas ambientais, indo na contramão da discussão proposta pela comunidade internacional (FREITAS; NÉLSIS; NUNES, 2012).

Nesse sentido, as relações de classes, ainda fundadas na sociedade escravocrata e na estrutura latifundiária brasileira, bem como a relação de dependência entre o desenvolvimento do capitalismo brasileiro — e dos demais países da América Latina — e os interesses de expansão econômica dos países capitalistas centrais, conferiram particularidades na forma como os governos brasileiros se posicionavam frente à destrutividade dos recursos naturais (NUNES, 2017; BOURCKHARDT, 2009). Ou seja, enquanto na década de 1970 internacionalmente a discussão acerca do reconhecimento e do enfrentamento dos problemas socioambientais ganhava notoriedade, no Brasil era afastada devido ao auge do modelo desenvolvimentista (NUNES, 2017). Tal realidade demonstra que o posicionamento brasileiro em relação ao meio ambiente reflete o caráter dependente da economia e como os recursos naturais foram sendo apropriados destrutivamente para garantir uma adequação do país aos interesses do mercado internacional.

Nessa conjuntura, nota-se ainda que, além da apropriação predatória dos recursos naturais, um dos aspectos que chamam a atenção no desenvolvimento do Brasil é a forma como o modelo de produção capitalista dependente tem-se apropriado do processo de superexploração da força de trabalho brasileira, com vista a ampliar seus níveis de acumulação e taxas de lucros. Ruy Mauro Marini (2000) parte do conceito marxiano de exploração e, aplicando-o à materialidade concreta da América Latina, concluiu que, nas economias dependentes, a exploração assume uma função especial na busca, pela burguesia nativa, de uma compensação pela desigualdade dos termos de troca com as nações economicamente desenvolvidas. A essa característica da exploração latino-americana, Marini (2000) chama de superexploração, que possui três pressupostos intrínsecos: prolongamento da jornada de trabalho; intensificação do trabalho dentro da jornada; e redução do salário abaixo do valor da Força de Trabalho. Nessa lógica, o posicionamento assumido pelo Estado brasileiro frente à intensificação da superexploração do trabalho e aos problemas ambientais, em grande parte, oriundos do processo de expansão industrial capitalista, evidencia a relação de subordinação e dependência da burguesia nacional em face dos interesses e das diretrizes impostos pelos países do centro do capitalismo.

Sem negar a influência e a vicissitude dos interesses estrangeiros sobre a estrutura socioeconômica do Brasil nas mais diversas fases do capitalismo, representados por relações de dependência mais estreitas com determinados países de acordo com o momento histórico do modo de produção: Portugal (no período colonial), Inglaterra (neocolonial) e Estados Unidos (capitalismo monopolista), Florestan Fernandes (2005) aponta a influência do passado colonial e escravocrata, o processo de formação do mercado de trabalho livre, a constituição do regime de classes e a particular revolução burguesa no Brasil, que se entrelaçam de modo a funcionalizar e perpetuar a superexploração.

Nessa perspectiva, na base das relações entre a economia capitalista central e periférica, está o que Marini (2000) chama de segredo do *intercâmbio das trocas desiguais* que o vinculou à superexploração do trabalho, pois enquanto a indústria avançou nos países centrais, elevando a produtividade do trabalho extraindo a mais-valia sob a forma absoluta e relativa, o percurso imposto ao Brasil como país latino-americano foi outro, no qual ainda prevalece um baixo nível de capacidade produtiva do trabalho, uma produção de bens de origem agropecuária e uma indústria extrativa, direcionados para o mercado mundial e baseados no emprego extensivo e intensivo da força de trabalho.

Ao cumprirem essas funções na divisão internacional do trabalho posta pela grande indústria, as economias dependentes passaram a sofrer, notadamente no caso do Brasil, no âmbito do intercâmbio internacional, uma deterioração dos termos de troca a favor dos países do centro do capitalismo e a transferir uma parcela do valor que produziam para as economias centrais, que lhes vendiam mercadorias a um preço de produção mais baixo, em decorrência de sua produtividade mais alta, fato que resultou na queda das taxas de mais-valia e de lucro na economia dependente e subordinada ao capital internacional (SOBRINHO, 2017). Nessa direção, Marini (2000, p. 113) argumenta que as perdas de mais-valia que as burguesias latino-americanas sofrem com o intercâmbio desigual levam-nas a "agudizar os métodos de extração do trabalho excedente", engendrando a superexploração dos trabalhadores.

Sob essa perspectiva, os elevados níveis de superexploração da classe trabalhadora despontam como o mecanismo por excelência de reprodução do capitalismo dependente, forjado (ainda que com forte influência externa) internamente. A dupla articulação — dependência externa e segregação social — interage, então, para perpetuar essa formação específica, os privilégios restritos e a pauperização. A depredação do meio ambiente engendrada pela mineradora Samarco S.A., com sérias implicações socioeconômicas que se refletem na miséria do grosso da classe trabalhadora da região de Mariana (MG),[2]

---

2. Em 2017, a proporção de pessoas ocupadas em relação à população total era de 26,1%. Considerando domicílios com rendimentos mensais de até meio salário mínimo por pessoa, havia 36,7% da população nessas condições, o que colocava essa região na posição 448 de 853, dentre as cidades do estado de Minas Gerais, e na posição 3.230 de 5.570, dentre as cidades do Brasil (IBGE, 2017). Disponível em: https://cidades.ibge.gov.br/brasil/mg/mariana/panorama. Acesso em: jul. 2019.

se sedimenta como o padrão *normal* de desenvolvimento brasileiro nos marcos do capitalismo dependente latino-americano.

Nesse contexto, Mészáros (2003), igualmente, ressalta o quanto o meio ambiente tornou-se um importante elemento no que tange às trocas desiguais entre os Estados-Nação e à relação desenvolvimento/subdesenvolvimento ou norte/sul. Aspecto fundamental, subestimado na discussão sobre o desenvolvimento sustentável. Apreende-se que o desenvolvimento econômico do capitalismo sempre acarretou a degradação social e ecológica.

Nos termos de Florestan Fernandes (2005), o desenvolvimento capitalista brasileiro é, em realidade, o desenvolvimento do capitalismo dependente, cuja revolução burguesa é específica (atrasada).

Isso se torna perene e funcional ao processo de acumulação em âmbito global e à autonomia da burguesia brasileira, com a dupla articulação entre os setores *atrasado* e *moderno*, a superexploração da força de trabalho, a concentração social da renda, a dilapidação do meio ambiente, os laços de dependência e a articulação subalterna com o imperialismo.

Desse modo, o desenvolvimento das economias dos países europeus é consequência do processo de espoliação (HARVEY, 2005) e, portanto, da expropriação dos países latino-americanos e, de modo particular, do Brasil, pelos mais diversos mecanismos diretos e indiretos, como a superexploração da força de trabalho, bem como dos recursos naturais, que se refletem no predatório processo de degradação ambiental realizado por grandes empresas multinacionais, como a Samarco S.A. Tal processo de superexploração laboral e ambiental, tanto no Brasil como nos demais países da América Latina, não só permitiu historicamente o enriquecimento dos países capitalistas centrais, como também é condição necessária para a sustentação da acumulação via mais-valia relativa nos países de economia periférica e dependente, como o Brasil. Vale ressaltar a relevância das relações estabelecidas com a questão do apoderamento e uso da terra nesse processo histórico que, na atualidade, se expressa na apropriação destrutiva do meio ambiente com implicações nocivas nas condições de trabalho e vida dos trabalhadores.

Nessa conjuntura, a relação de dependência, de superexploração do trabalho e de degradação ambiental se tornou, assim, processo inerente ao desenvolvimento das economias latino-americanas ao longo do tempo histórico e, portanto, se constitui nas bases de sustentação da relação de dependência e subordinação entre a burguesia brasileira, personificada na Fundação Renova, e os interesses do capital internacional, representado pela empresa Samarco S.A.

Na perspectiva neoliberal, a crise ambiental não é efeito da acumulação de capital, mas do fato de não haver dado direitos de propriedades e definido valor de mercado aos bens comuns, pois as leis do mercado se encarregariam de ajustar os desequilíbrios ecológicos, as diferenças sociais, a equidade e a sustentabilidade (LEFF, 2004).

À luz dessas considerações, o capitalismo é totalmente insustentável do ponto de vista ambiental. O ciclo de produção do capital é guiado pela necessidade do lucro, do consumo mais rápido e cada vez maior dos recursos naturais. Isso leva à destruição da natureza, pois a apropriação contínua dos recursos não é compatível com o tempo necessário para a recomposição dos ciclos naturais. A esse processo predatório somam-se a depredação e a destruição de grandes territórios pelas mãos de grandes empresas transnacionais de energia e mineração, tais como a Samarco e a Vale, bem como de madeireiras. Esse desequilíbrio e descontrole do capital é chamado por Marx (2013) de falha metabólica.

Segundo Marx (2013), destruindo as circunstâncias do metabolismo entre o homem como ser social e seu meio ambiente natural, a produção capitalista impede sua restauração sistemática como uma lei reguladora da produção social de maneira apropriada ao pleno desenvolvimento da raça humana. Para Marx (2013), essa exploração da natureza caminha junto à exploração do trabalhador. Nem as melhorias tecnológicas no capitalismo são uma solução, visto que, quando uma empresa obtém maior eficiência, ela utiliza-a para produzir quantidades mais baratas ou maiores de mercadorias para maximizar seus lucros. Isso significa mais exploração do meio ambiente e dos trabalhadores. Nesses termos, o capitalismo nunca deixará de ganhar mais por consumir menos recursos. Se uma empresa faz isso, ela é suprimida por outra empresa que usaria o avanço tecnológico rapidamente para afastá-la do mercado.

Desse modo, nota-se que a gestão ambiental pública brasileira vem estabelecendo estratégias que estão submetidas à lógica do capital para a obtenção de lucro, não interferindo nas causas estruturais da crise ambiental. Fato que será observado no caso do desabamento da Barragem de Mariana (MG).

Rompimento da barragem de Fundão (MG): expressão da relação de dependência e subordinação ao capital

Foi no dia 5 de novembro de 2015 que ocorreu o rompimento da estrutura da barragem de Fundão situada na região de Mariana (MG), controlada pela empresa Samarco Mineração S.A. Essa barragem, em extensão e volume depositado, era a segunda maior administrada pela Samarco no Brasil, destinada à estocagem dos rejeitos resultantes do processo de extração e beneficiamento do minério de ferro.[3]

Essa barragem foi inaugurada em 2008 e despejou um volume total de 62 milhões de metros cúbicos de rejeitos de minério no meio ambiente e impactou a vida de várias comunidades que viviam no entorno do rio Doce (XAVIER; VIEIRA, 2016).

---

3. Segundo o *Relatório bienal 2015-2016* da Samarco, em extensão e volume depositado, a Barragem de Fundão era a segunda maior da empresa, atrás, apenas, da barragem de Germano. Cf. Samarco (2016).

Os rejeitos decorrentes do rompimento da barragem de Fundão passaram por cima da barragem de Santarém — usada na estocagem de água e sedimentos. Houve erosão parcial no maciço de Santarém, com danos na parte da estrutura. O reservatório da barragem de Fundão passou por rápido rebaixamento, que danificou também as paredes laterais da barragem de Germano. Os detritos contidos nas barragens criaram um rastro de lama, atingindo primeiro a comunidade de Bento Rodrigues e, logo após, alcançaram os rios Gualaxo do Norte e do Carmo. Em seguida, atingiram o rio Doce, perfazendo um total de 39 municípios dos estados de Minas Gerais e do Espírito Santo, que foram atingidos e impactados com os rejeitos de minério.

Após o rompimento da Barragem e com o intuito de reparar e recuperar os danos causados, foi criado um Comitê Interfederativo (CIF) para deliberar ações, medidas e programas que constam no Termo de Transação e Ajustamento de Conduta (TTAC) a serem desenvolvidos e implementados pela Fundação Renova.

O Comitê Interfederativo é presidido pelo Instituto Brasileiro do Meio Ambiente e dos Recursos Naturais Renováveis (Ibama) e composto por representantes da União, governos de Minas Gerais e do Espírito Santo, Defensoria Pública, Comitê da Bacia Hidrográfica do Rio Doce e representantes das comunidades afetadas. A função do Comitê Interfederativo no processo é orientar e validar os atos da Fundação Renova, instituída pela Samarco e por suas acionistas, Vale e BHP Billiton, para gerir e executar as medidas de recuperação dos danos resultantes da tragédia (IBAMA, 2016).

A Fundação Renova é a entidade responsável por gerir e executar as medidas de recuperação dos danos resultantes do rompimento da Barragem de Fundão (MG) nas regiões atingidas, de acordo com o Termo de Transação e Ajustamento de Conduta (TTAC) firmado em março de 2016.

O TTAC define o escopo de atuação da Fundação Renova, contendo em seu texto Programas que se desdobram em Projetos a serem executados nos 663 quilômetros de área impactada ao longo do rio Doce e de seus afluentes, até encontrar o mar, no município de Regência, Espírito Santo. Esses programas se dividem em duas áreas — Socioeconômicos e Socioambientais — que "compreendem medidas e ações com o objetivo de recuperar, mitigar, remediar e/ou reparar, incluindo indenizações, impactos advindos do evento, tendo como referência a situação anterior" (TTAC, 2016, p. 14).

A lama da Barragem de Fundão (MG) afetou 35 cidades de Minas Gerais e três do Espírito Santo, comprometendo os serviços de abastecimento de água e a arrecadação dos municípios, decorrente da interrupção de atividades econômicas dependentes do rio. Diversas espécies de peixes e crustáceos foram encontradas mortas, tanto no rio Doce e em seus afluentes como no litoral marítimo do Espírito Santo, inclusive na Reserva Biológica de Comboios, uma área de proteção costeira usada para desova de tartarugas-marinhas. Os ecossistemas fluviais, terrestres e oceânicos da Bacia do Rio Doce, de acordo com pesquisadores, foram profundamente afetados (MACHADO, 2018).

Famílias perderam seus imóveis que foram destruídos pelo mar de lama, propriedades rurais ficaram inundadas, impedidas de produzir. Comunidades de pescadores inteiras proibidas de pescar, privadas de sua fonte de trabalho, sendo o rio Doce a fonte de subsistência desses trabalhadores. Dados do Relatório do Grupo da Força-Tarefa do Estado de Minas Gerais (2016) apontaram que a lama provocou a morte de mais de 11 toneladas de peixes e ameaçou a extinção de algumas espécies. Quanto à cobertura vegetal impactada da área em que se encontravam as barragens de Santarém e Fundão até parte do rio Gualaxo do Norte em direção ao rio do Carmo, estima-se impacto em 560,35 ha, desses 384,71 ha seriam de Mata Atlântica; e do prolongamento do rio Gualaxo do Norte em direção à foz do Rio Doce, estima-se 1.026,65 ha de cobertura vegetal atingida, com 126,37 ha de Mata Atlântica (GRUPO DA FORÇA-TAREFA DE MINAS GERAIS, 2016).

Após o rompimento da barragem, comunidades tradicionais e indígenas, pescadores, artesãos, agricultores, comerciantes, ou seja, a população do entorno da bacia hidrográfica do Rio Doce ficou por vários dias sem água, devido à impossibilidade de abastecimento. O Grupo da Força-Tarefa de Minas Gerais (2016, p. 124) apontou a "interrupção do abastecimento de água, principalmente em Governador Valadares, em que 275 mil pessoas foram atingidas".

Contabilizaram-se 19 mortos e, segundo a Defensoria Pública do Espírito Santo, 51.400 famílias de Minas Gerais e Espírito Santo entraram com pedidos de indenização contra a Samarco (MACHADO, 2018).

As propostas estabelecidas no Termo de Transação e de Ajustamento de Conduta (TTAC) e as ações realizadas referentes às condições socioeconômicas dos trabalhadores atingidos pelo rompimento da Barragem de Fundão controlada pela Mineradora Samarco S.A. e por suas acionistas, Vale e BHP Billiton, são sistematizadas em dois eixos temáticos: Organização Social e Economia.

Dentro desses eixos, encontram-se:

1. **Programa de Ressarcimento e de Indenizações dos Impactos**, que visa ressarcir pessoas e micro e pequenas empresas que tenham sofrido danos materiais ou morais, bem como perdas referentes às suas atividades econômicas, em consequência direta do rompimento da barragem de Fundão, "[...] de forma rápida, sem a burocracia e os custos de uma ação judicial (FUNDAÇÃO RENOVA, 2017, p. 25).

2. **Programa de Retomada das Atividades Aquícolas e Pesqueiras**, que visa ajudar financeiramente até que a condição de pesca seja equivalente à situação anterior ao evento, e também prevê a qualificação profissional e assistência técnica para viabilizar realocação em nova atividade produtiva.

3. **Programa de Retomada das Atividades Agropecuárias**, que visa ao reassentamento daqueles que tiveram atividades inviabilizadas e à assistência técnica.

4. **Programa de Recuperação de Micro e Pequenos Negócios no Setor de Comércio, Serviços e Produtivo**, que visa incluir empreendedores individuais e trabalhadores autônomos, formalizados ou não (TTAC, 2016).

Os resultados obtidos ao longo da pesquisa — setembro de 2016 a junho de 2019 — apontaram que algumas ações previstas no TTAC foram realizadas e ainda existem muitas outras em andamento sob a responsabilidade de execução pela Fundação Renova. No próximo quadro, podem-se identificar as ações associadas ao Programa de Ressarcimento e de Indenizações dos Impactos.

Ano	Mês	Programa de Ressarcimento e de Indenizações dos Impactos
2016	Set.	• Ocorreram audiências para esclarecimentos sobre as medidas de ressarcimento e de indenização dos impactados; • Emitiram-se cartões de benefícios de dano moral de água.
	Out.	• Foram entregues 927 cartões indenizatórios, sendo 495 em Governador Valadares (MG) e 432 em Colatina (ES); • Iniciou-se o atendimento para o processo de indenização mediado por danos gerais.
	Dez.	• A Fundação Renova propôs o pagamento de 2.639 indenizações por danos morais referente à água; apenas 1.202 indenizações foram realizadas em Governador Valadares (MG) e 1.437 em Colatina (ES); • Continuação do atendimento para o processo de indenização mediado por danos gerais.
2017	Maio	• 138.059 propostas geradas para dano moral à água em Minas Gerais e Espírito Santo, em que 82.077 impactados aceitaram a proposta de indenização em Minas Gerais e 47.087 no Espírito Santo. A Renova realizou 30.801 (MG) e 14.119 (ES) pagamentos indenizatórios; • 96 pessoas aceitaram o pagamento realizado para os danos gerais.
	Ago.	• Apresentação de propostas de indenização final aos atingidos no turismo (ES), comércio (MG) e agricultura nos dois estados; • Realização de reuniões de precificação e construção coletiva da política da pesca com representantes das comunidades pesqueiras nas regiões continental, estuarina e marinha.
2018	Jan.	• Início dos atendimentos aos municípios de São Mateus e Aracruz, no Espírito Santo, referentes aos danos gerais.

Fonte: Fundação Renova (2019).

Cabe destacar que o TTAC prevê na cláusula nº 38, do Programa de Ressarcimento e de Indenização dos Impactados, que o Programa de Negociação Coordenada deveria ser concluído no prazo máximo de 12 meses da data de assinatura do acordo, devendo o pagamento das indenizações ser efetuado em até três meses da conclusão da negociação, sem prejuízo das ações emergenciais que já estavam em curso, prevista no Programa Socioeconômico (TTAC, 2016).

No entanto, o acordo estipulado no TTAC foi assinado em 2 de março de 2016, e pelas informações disponíveis on-line no site da Fundação Renova até o período analisado de 2019, o programa de negociação coordenada não estava concluído, muito menos foram realizados os pagamentos das indenizações

Diante das informações expostas anteriormente no Programa (1), evidencia-se que a Fundação Renova não está cumprindo os prazos estabelecidos e percebe-se que:

> A lama não soterrou só as casas e plantações. Soterrou também os planos e sonhos das pessoas. Cerca de metade das vítimas não foram indenizadas e as que foram tiveram que abrir mão de direitos para conseguir fazer o acordo. Muitos atingidos não conseguiram sequer fazer o cadastro. Nesse caso, os responsáveis por esse crime ambiental continuam livres e com o processo "caminhando para trás". Em julho do ano passado, a Justiça Federal de Minas Gerais suspendeu o processo criminal contra os diretores da empresa. Isso porque o Ministério Público já tinha demorado um ano para denunciar os responsáveis (ESPAÇO SOCIALISTA, 2018, n. p.).

Além disso, os atingidos pelo rompimento da barragem tiveram de se submeter a uma distância territorial para recorrer e discutir seus direitos, mesmo tendo previsão legal. O TTAC menciona que as negociações deveriam ocorrer em localidades e ambientes que facilitassem o acesso e a participação desses trabalhadores, no entanto ficou determinado pela Fundação Renova apenas dois lugares para receberem os pagamentos das indenizações aos danos cometidos, sendo eles: Governador Valadares (MG) e Colatina (ES). Somente duas cidades para atender aos estados de Minas Gerais e do Espírito Santo, que foram atingidos e impactados com os rejeitos de minério.

De volta aos documentos, verifica-se que o Programa de Retomada das Atividades Aquícolas e Pesqueiras tem como objetivo viabilizar o retorno da atividade pesqueira ao longo da área de abrangência, com base na concepção de manejo sustentável dos recursos, além de possibilitar a realocação dos pescadores que desejassem migrar para uma nova atividade econômica ou produtiva (FUNDAÇÃO RENOVA, 2019).

A seguir, as ações efetuadas pela Fundação Renova referentes às atividades aquícolas e pesqueiras no período de setembro de 2016 a junho de 2019.

Programa de Retomada das Atividades Aquícolas e Pesqueiras

Set. 2016 a dez. 2017	• Medidas de manutenção dos cartões de auxílio financeiro; • Reuniões e articulações para realização de *workshops* técnicos em Minas Gerais e Espírito Santo.
Abr. 2019	• Início da execução do projeto Cultivando para Pescar; • Início da análise integrada dos estudos socioambientais; • Início da construção de narrativas; • Início da implementação do fortalecimento do associativismo; • Início do processo de contratação para parceria com a Empresa de Pesquisa Agropecuária de Minas Gerais (Epamig).

Fonte: Fundação Renova (2019).

Pelo quadro anterior, verifica-se que as atividades aquícolas e pesqueiras só foram, de fato, iniciadas como medidas para as reparações aos danos dos trabalhadores em abril de 2019, sendo que o desabamento da barragem ocorreu no ano de 2016, contudo os projetos estão apenas na fase inicial.

Essas alterações no meio ambiente demonstram haver uma contradição estrutural entre a natureza e o capital. Ou seja, a preservação da natureza é impossível sob esse sistema, pois o progresso no capitalismo necessariamente significa destruição da natureza. É um processo que ocorre em todos os países com o capitalismo, destruição ambiental. A razão de tudo isso é simples. Medidas de proteção ambiental significariam aumentar os custos para produzir e isso abaixaria os lucros dos capitalistas. Entre manter o lucro e preservar a natureza, os capitalistas ficam com o lucro (ESPAÇO SOCIALISTA, 2018, n. p.).

O Programa de Retomada das Atividades Agropecuárias tem como objetivo a disponibilização de área aos produtores que tiveram suas atividades agropecuárias permanentemente inviabilizadas, de forma equivalente à situação anterior; a recomposição das áreas produtivas passíveis de restauração e das condições para produzir, conforme situação anterior, incluindo solo, animais, equipamentos e instalações; a recuperação de pastagens nas áreas impactadas, quando tecnicamente viável; a formação de pastagens equivalentes em outras áreas da propriedade em substituição às pastagens tecnicamente não recuperáveis; a substituição de pastagens por outras fontes de alimentação animal com maior produtividade que possam ser cultivadas na propriedade impactada; o restabelecimento das estruturas de captação de água para irrigação e dessedentação animal impactadas com a situação anterior ou, não sendo possível, desenvolver alternativas ao restabelecimento das estruturas de captação de água; e o fornecimento de alimentação para animais nas propriedades rurais diretamente impactadas, até recuperação da pastagem (FUNDAÇÃO RENOVA, 2019).

O quadro a seguir demonstra as ações realizadas pela Fundação Renova no que tange às atividades agropecuárias no período de setembro de 2016 a junho de 2019.

Programa de Retomada das Atividades Agropecuárias	
Set. 2016 a jun. 2019	• Restituição de equipamentos aos trabalhadores; • Atividades de manutenção aos plantios; • Visitas técnicas aos locais atingidos para reuniões e conversas com os impactados; • Cursos de pastagem ecológica; • Capacitação em horticultura orgânica; • Identificação de propriedades rurais para plantio e cultivo de animais; • Oferecimento de silagem aos trabalhadores que tiveram suas terras atingidas.

Fonte: Fundação Renova (2019).

Observa-se que nem todos os itens do objetivo foram atendidos; novamente, nota-se que as "decisões políticas do capital em construir regiões industriais só levam em conta as possibilidades de lucro. Os impactos na natureza nunca são pensados. É a irracionalidade desse sistema social que opõe desenvolvimento e progresso à natureza" (ESPAÇO SOCIALISTA, 2018, n. p.).

E, por último, o Programa de Recuperação de Micro e Pequenos Negócios no Setor de Comércio, Serviços e Produtivo, que tem como objetivo a recuperação de micro e pequenos negócios no setor de comércio, serviços e produtivo, impactados e localizados de Fundão a Candonga, e de Regência e Povoação, diretamente atingidos pelo rompimento (FUNDAÇÃO RENOVA, 2019). A seguir, as ações de recuperação efetuadas pela Fundação Renova referentes aos micro e pequenos negócios, no período de setembro de 2016 a junho de 2019.

Programa de Recuperação de Micro e Pequenos Negócios no Setor de Comércio, Serviços e Produtivo

2016		• 249 atendimentos emergenciais.
2017	Out.	• Lançamento do Desenvolve Rio Doce — Fundo de Incentivo à Economia Local, parceria da Renova com o Banco de Desenvolvimento de Minas Gerais (BDMG) e o Banco de Desenvolvimento do Espírito Santo (Bandes), com carteira de R$ 40 milhões para financiamento de capital de giro de micro e pequenos empreendedores, com juros e prazos especiais;
2017	Dez.	• 88 micro e pequenos negócios concluíram os trâmites da documentação e foram contemplados com os recursos do fundo de investimento Desenvolve Rio Doce.
2018		• 174 atendimentos com reposição de estoques, equipamentos, locações e instalações, recursos; • 43 atendimentos com suporte técnico à retomada das atividades, parceria com o Sebrae; • Assessoria aos grupos produtivos artesanais de Barra Longa (parceria com a Associação Gerais).
2019		• Realização de 19 diagnósticos e/ou devolutivas para empresas participantes da assessoria técnica; • Realização de dez diagnósticos operacionais de loja para negócios em Linhares (ES);

Programa de Recuperação de Micro e Pequenos Negócios no Setor de Comércio, Serviços e Produtivo
• Realização de cursos; *workshops*; oficinas; palestras; encontros; reuniões; atendimentos; qualificação em gestão; consultorias; assessorias técnicas para recuperação dos micro e pequenos empreendimentos; e ressarcimento de ferramentas e materiais aos micro e pequenos negócios impactados.

Fonte: Fundação Renova (2019).

Observa-se que no percurso de tempo, de setembro de 2016 a junho de 2019, em sua grande maioria, as atividades desenvolvidas foram palestras, reuniões, encontros, cursos, consultorias especializadas em artesanatos, ressarcimento de ferramentas e materiais, assessorias técnicas para recuperação do micro e pequenos negócios impactados.

Desde fevereiro de 2016, quando a Justiça proibiu a pesca na foz do rio Doce, o Ibama aplicou 110 multas por pesca ilegal na área interditada. Na soma de todas as infrações, o valor das penalidades chega a R$ 833 mil. Entre 2017 e 2018, por exemplo, foram aplicadas 19 multas, totalizando R$ 339 mil. Os dados são do Ibama. Já os pescadores e empresários reclamam de "excesso" de multas e fiscalização quando, por outro lado, tiveram suas vidas despedaçadas pela tragédia. A maioria deles hoje tem dificuldade em se manter com a pesca e ainda não receberam qualquer indenização pelos danos causados pela lama (MACHADO, 2018, n. p.).

Nesse contexto de novas configurações no mundo do trabalho, assim como na relação homem-natureza, o consumo de matéria-prima não se limita mais a satisfazer a necessidade de subsistência do homem, visto que os recursos naturais passam a ser fetichizados e usados para a valorização do capital visando à maximização dos lucros, produzindo, com isso, resultados destrutivos tanto para os trabalhadores como para o meio ambiente. Portanto, as interferências do homem na natureza em busca do aumento da produtividade e acumulação de riquezas ao rigor da lógica capitalista de mercantilização dos recursos naturais têm engendrado efeitos nocivos ao meio ambiente e, consequentemente, ao homem como ser social e classe trabalhadora, fragilizando suas condições de vida e trabalho.

Considerações finais

À guisa de conclusão, as novas faces do capitalismo contemporâneo na busca por novos campos de exploração e extração de mais--valia da força de trabalho têm causado danos irreversíveis ao meio ambiente, impelindo, por sua vez, os países da periferia do capital a se adequarem à lógica global do centro do capitalismo.

Mészáros (2011) menciona que o desenvolvimento do modo de produção capitalista é incompatível com o desenvolvimento pleno da natureza e das formas de vida, o capital é exceção e não a regra das formas de sociabilidade. No sistema capitalista, é difícil haver conciliação entre sustentabilidade e desenvolvimento, tornando assim a questão ambiental não integrável a esse modo de vida (MÉSZÁROS, 2011). Por isso, a crise socioambiental está imbricada em uma intensificação de uma crise societária produzida pelo modo de produção capitalista.

Nessa perspectiva, o intenso processo de destruição dos recursos naturais, o qual afetou incisivamente as formas de reprodução da vida, tanto humana quanto da fauna e da flora da região de Mariana (MG) no Brasil, legitima o processo predatório das relações marcadas pelo capital, como expressão da construção de uma sociabilidade latino--americana marcada por um capitalismo dependente, nos termos do desenvolvimento de caráter desigual e combinado (MARINI, 2000).

Desse modo, conforme se pôde observar neste estudo, conclui--se que o posicionamento do Estado brasileiro em relação à questão ambiental reflete o caráter dependente da sua economia, bem como a subordinação dos recursos naturais do país aos interesses do capital internacional. Além disso, nota-se que a gestão ambiental pública brasileira vem estabelecendo estratégias que estão submetidas à lógica do capital internacional para a obtenção de lucro, não interferindo nas causas estruturais da crise ambiental, tendo como exemplo o caso do rompimento da Barragem de Fundão na região de Mariana (MG), analisado neste capítulo.

Por fim, observa-se ainda que os dados apresentados demonstram que não há interesse por parte do Estado e das grandes empresas mineradoras em atender às reais demandas dos atingidos pelo rompimento da barragem. Ao contrário, empenham-se somente em realizar ações paliativas nesse processo, o que demonstra que os interesses do capital continuam a ser garantidos, havendo uma submissão dos interesses do trabalho aos do capital.

Referências

ATAÍDE, Soraya Gama de. *Capital, trabalho, saúde e meio ambiente*: uma relação destrutiva analisada em uma indústria de pelotização. 2011. Tese (Doutorado) — Programa de Pós-graduação em Serviço Social, Universidade Estadual do Rio de Janeiro, Rio de Janeiro, 2011. Disponível em: http://www.bdtd.uerj.br/. Acesso em: 18 fev. 2020.

BOURCKHARDT, Vandenéia. O capitalismo dependente latino-americano e a apropriação do meio ambiente no caso brasileiro. *In*: JORNADA INTERNACIONAL DE POLÍTICAS PÚBLICAS, 4., 2009, São Luís. *Anais* [...]. São Luís, 2009. p. 1-10. Disponível em: http://www.joinpp.ufma.br/jornadas/joinppIV/eixos/8_agricultura/o-capitalismo-dependente-latino-americano-e-a-apropriacao-do-meio-ambiente-no-caso-brasileiro.pdf. Acesso em: 26 jan. 2020.

ESPAÇO SOCIALISTA. A destruição do meio ambiente e o capitalismo. 2018. Disponível em: http://espacosocialista.org/portal/2018/04/a-destruicao-do--meio-ambiente-e-o-capitalismo/. Acesso em: 20 jul. 2019.

FERNANDES, Florestan. *Capitalismo dependente e classes sociais na América Latina*. 3. ed. Rio de Janeiro: Zahar, 2005.

FREITAS, Rosana de Carvalho Martinelli; NÉLSIS, Camila Magalhães; NUNES, Letícia Soares. A crítica marxista ao desenvolvimento (in)sustentável. *Katálysis*, Florianópolis, v. 15, n. 1, p. 41-51, jan./jun. 2012. Disponível em: www.scielo.br/pdf/rk/v15n1/a04v15n1.pdf. Acesso em: 26 fev. 2020.

FUNDAÇÃO RENOVA. *Relatório anual de atividades 2017*. Belo Horizonte, 2017. Disponível em: https://www.fundacaorenova.org/wp-content/uploads/2018/01/relatorio-mensal-de-atividades_dezembro_v02.pdf. Acesso em: 14 jan. 2020.

FUNDAÇÃO RENOVA. *Relatórios anuais*. Belo Horizonte, 2019. Disponível em: https://www.fundacaorenova.org/. Acesso em: 22 jan. 2020.

GRUPO DA FORÇA-TAREFA DE MINAS GERAIS. *Relatório*: avaliação dos efeitos e desdobramentos do rompimento da Barragem de Fundão em Mariana-MG. Belo Horizonte, fev. 2016. Disponível em: http://www.agenciaminas.mg.gov.br/ckeditor_assets/attachments/770/relatorio_final_ft_03_02_2016_15h5min.pdf. Acesso em: 21 fev. 2020.

HARVEY, David. *O novo imperialismo*. 2. ed. São Paulo: Loyola, 2005.

INSTITUTO BRASILEIRO DE GEOGRAFIA E ESTATÍSTICA (IBGE). *Mariana/MG*. Rio de Janeiro, 2017. Disponível em: https://cidades.ibge.gov.br/brasil/mg/mariana/panorama. Acesso em: 22 fev. 2020.

INSTITUTO BRASILEIRO DO MEIO AMBIENTE E DOS RECURSOS NATURAIS RENOVÁVEIS (IBAMA). *Comitê interfederativo*. Brasília: Ibama, 2016. Disponível em: http://www.ibama.gov.br/recuperacao-ambiental/rompimento-da-barragem-de--fundao-desastre-da-samarco/comite-interfederativo-cif. Acesso em: 25 jul. 2019.

LEFF, Enrique. *Racionalidad ambiental*: la reapropiación de sustentabilidad. México: Siglo XXI, 2004.

MACHADO, Leandro. Tragédia de Mariana: sem indenização, vítimas pescam em área contaminada e já acumulam R$ 833 mil em multas. *G1 On-line*, 2018. Disponível em: https://g1.globo.com/es/espirito-santo/noticia/2018/12/11/tragedia-de-mariana-sem-indenizacao-vitimas-pescam-em-area-contaminada-e--ja-acumulam-r-833-mil-em-multas.ghtml. Acesso em: 7 fev. 2020

MARINI, Ruy M. *Dialética da dependência*. Petrópolis: Vozes; Buenos Aires: Clacso, 2000.

MARX, Karl. *O capital*: crítica da economia política. São Paulo: Boitempo, 2013. Livro 1.

MATHEUS, Fernanda Aparecida. Articulação entre superexploração do trabalho e a degradação ambiental na América Latina: as bases de sustentação do agronegócio. *Boletim Dataluta*, n. 117, set. 2017. Disponível em: http://www2.fct. unesp.br/nera/artigodomes/9artigodomes_2017.pdf. Acesso em: 26 jan. 2020.

MÉSZÁROS, István. O desafio do desenvolvimento sustentável e a cultura da igualdade substantiva. 2003. Disponível em: http://resistir.info/mreview/desenvolvimento_sustentavel.html. Acesso em: 27 jan. 2020.

MÉSZÁROS, István. *Para além do capital*: rumo a uma teoria de transição. São Paulo: Boitempo, 2011.

NUNES, Letícia Soares. A questão socioambiental na particularidade brasileira: caráter destrutivo da acumulação capitalista. *Temporalis*, Brasília, ano 17, n. 34, jul./dez. 2017. Disponível em: file:///C:/Users/USUARIOS/Downloads/17170-Texto%20do%20artigo-54859-1-10-20180321.pdf. Acesso em: 27 jan. 2020.

SAMARCO. Sobre o rompimento da barragem de Fundão. *Relatório bienal 2015-2016*, 2016. Disponível em: https://www.samarco.com/relatoriobienal20152016/pt/. Acesso em: 20 fev. 2020.

SOBRINHO, Maria Goreti Juvencio. O mecanismo da superexploração da força de trabalho e a crise estrutural do capital. *Rebela*, v. 7, n. 3, set./dez. 2017. Disponível em: file:///C:/Users/Renata/Downloads/358-1830-1-PB.pdf. Acesso em: 27 jan. 2020.

TERMO DE TRANSAÇÃO E DE AJUSTAMENTO DE CONDUTA (TTAC). *Termo de Transação e Ajustamento de Conduta (TTAC) entre União/estados de MG e ES/Samarco/Vale/BHP*. Brasília: Ibama, 2016. Disponível em: http://www.ibama. gov.br/phocadownload/cif/ttac/cif-ttac-completo.pdf. Acesso em: 7 jul. 2019.

XAVIER, Juliana Benício; VIEIRA, Larissa Pirchiner de Oliveira. O trabalho e seus sentidos: a destruição da força humana que trabalha. *In*: MILANEZ, Bruno; LOSEKANN, Cristiana. *Desastre no Vale do Rio Doce*: antecedentes, impactos e ações sobre a destruição. Rio de Janeiro: Folio Digital; Letra e Imagem, 2016.

Sobre os(as) Autores(as)

ALBA MARIA PINHO DE CARVALHO   Doutora em Sociologia. Professora do Programa de Pós-graduação em Sociologia e dos mestrados acadêmico e profissional em Avaliação de Políticas Públicas da Universidade Federal do Ceará (UFC).
E-mail: albapcarvalho@gmail.com

CAMILA POTYARA PEREIRA   Socióloga, mestre e doutora em Política Social (UnB) com período sanduíche na University of Copenhagen (Dinamarca). Líder do Grupo de Estudos Político-Sociais (Politiza) do Programa de Pós-graduação em Política Social da UnB. Vice-coordenadora do Núcleo de Estudos e Pesquisas em Política Social (Neppos) do Centro de Estudos Avançados Multidisciplinares (Ceam/UnB).
E-mail: camilapotyara@gmail.com

DEBORA LOPES DE OLIVEIRA   Assistente social do Cerest — Duque de Caxias, Rio de Janeiro. Professora assistente da Faculdade de Serviço Social da Universidade do Estado do Rio de Janeiro (FSS/UERJ). Doutoranda do Programa de Pós-graduação em Serviço Social da Universidade do Estado do Rio de Janeiro (PPGSS/UERJ).
E-mail: deboralopes640@gmail.com

Fabiola Xavier Leal Assistente social. Doutora em Política Social pela Universidade Federal do Espírito Santo (Ufes). Professora do Departamento de Serviço Social e do Programa de Pós-graduação em Política Social (PPGPS) da Ufes.

E-mail: fabiola.leal@ufes.br

Franciani Bernardes Doutora em Ciências da Comunicação pela Universidad San Pablo — CEU, com pós-doutorado pelo Programa de Pós-graduação em Política Social da Universidade Federal do Espírito Santo (Ufes).

E-mail: franbernardess@gmail.com

Jane Cruz Prates Doutora em Serviço Social (2003) pela Pontifícia Universidade Católica do Rio Grande do Sul (PUCRS). Professora adjunta da PUCRS, docente da Escola de Humanidades, do Curso de Graduação e Programa de Pós-Graduação em Serviço Social (Mestrado e Doutorado).

E-mail: jprates@pucrs.br

Leila Maria Passos de Sousa Bezerra Doutora em Sociologia. Professora do curso de Serviço Social da Universidade Estadual do Ceará (Uece). Integrante do corpo docente do mestrado em Avaliação de Políticas Públicas da Universidade Federal do Ceará (UFC) e do Programa de Pós-graduação em Planejamento de Políticas Públicas da Uece.

E-mail: leila.passos@uece.br

Marcello Musto Doutor em Filosofia e Política pela Universidade de Nápoles "L'Orientale e também em Filosofia pela Universidade de Nice Sophia Antipolis. É professor de Sociologia na York University, em Toronto, Canadá.

E-mail: marcello.musto@googlemail.com

MÁRCIO LUPATINI   Doutor em Serviço Social pela ESS/UFRJ. Professor da Universidade Federal dos Vales do Jequitinhonha e Mucuri (UFVJM). Docente do Programa de Pós-graduação em Tecnologia, Ambiente e Sociedade da UFVJM. Coordenador do Grupo de Estudos de Crítica da Economia Política (GECEP/UFVJM). Membro da Sociedade Brasileira de Economia Política (SEP).
E-mail: mlupatini@yahoo.com.br

MARIA ANTÔNIA CARDOSO NASCIMENTO   Doutora em Serviço Social. Professora do Programa de Pós-graduação em Serviço Social da Universidade Federal do Pará (UFPA). Vice-coordenadora do Grupo de Estudos e Pesquisa Trabalho, Estado e Sociedade na Amazônia (Gepe-Tesa), da UFPA.
E-mail: mariaant@ufpa.br

MARIA LÚCIA TEIXEIRA GARCIA   Doutora em Psicologia Social pela Universidade de São Paulo, professora titular do Departamento de Serviço Social e coordenadora do Programa de Pós-graduação em Política Social da Universidade Federal do Espírito Santo (Ufes).
E-mail: lucia-garcia@uol.com.br

MARINEIA VIALE QUINELATO   Especialista em Educação em Direitos Humanos pela Universidade de Brasília. Pesquisadora do Núcleo de Estudos do Trabalho vinculado ao Programa de Pós-graduação em Política Social da Ufes.
E-mail: mqvargas@gmail.com

MAURICIO DE S. SABADINI   Mestre em Política Científica e Tecnológica pelo IG/Unicamp. Doutor em Economia pela Université Paris 1 Panthéon-Sorbonne. Professor do Departamento de Economia e do Programa de Pós-graduação em Política Social da Universidade Federal do Espírito Santo (Ufes). Diretor (2016-2018) e membro (2019-2020) da Sociedade Brasileira de Economia Política (SEP).
E-mail: sabadini.mauricio@gmail.com

NAYANE VIALE VARGAS ARQUIVISTA Mestre em Ciência da Informação pela Ufes. Pesquisadora do Núcleo de Estudos do Trabalho (UFES/NET).
E-mail: nay.nvv@hotmail.com

OLGA PÉREZ SOTO Doutora em Economia Internacional pela Universitat de Barcelona (2003). Professora Titular da Universidad de La Habana.
E-mail: perezolgasoto@yahoo.es

POTYARA A. P. PEREIRA Professora titular e emérita da Universidade de Brasília (UnB). Integrante do Grupo de Estudos Político-Sociais (Politiza) do Programa de Pós-graduação em Política Social da UnB. Pesquisadora (fundadora) do Núcleo de Estudos e Pesquisas em Política Social (Neppos) do Centro de Estudos Avançados Multidisciplinares (Ceam/UnB) e do CNPq.
E-mail: potyamaz@gmail.com

RENATA SILVA SOUZA Doutora em Política Social pela Ufes. Pesquisadora do Grupo de Pesquisa Estudos Marxistas sobre a Teoria da Dependência América Latina — Coletivo Anatália de Melo (Ufes).
E-mail: renatas47@yahoo.com.br

SILVIA ODRIOZOLA GUITART Doutora em Ciências Econômicas. Professora de Economia da Facultad de Economía da Universidad de la Habana.
E-mail: silviao@fec.uh.cu

SORAYA GAMA DE ATAIDE PRESCHOLDT Doutora em Serviço Social (Uerj). Professora adjunta do Departamento de Serviço Social (Ufes) e do Programa de Pós-graduação em Política Social (Ufes).
E-mail: sorayagama@hotmail.com

VALERIA PEREIRA BASTOS   Doutora em Serviço Social. Professora adjunta do Departamento de Serviço Social e coordenadora do Programa de Pós-graduação em Serviço Social da PUC-Rio. Pesquisadora apoiada pela Fundação de Amparo à Pesquisa do Estado do Rio de Janeiro — Faperj — Jovem Cientista.

E-mail: vbastos@puc-rio.br

VICTOR NEVES   Doutor em Serviço Social pela Universidade Federal do Rio de Janeiro (2010 e 2016). Professor do Programa de Pós-graduação em Política Social (PPGPS) e do Departamento de Teoria da Arte e Música da Universidade Federal do Espírito Santo (Ufes).

E-mail: victornsouza01@gmail.com

GRÁFICA PAYM
Tel. [11] 4392-3344
paym@graficapaym.com.br